国家"双一流"建设学科
辽宁大学应用经济学系列丛书

青年学者系列

总主编◎林木西

# 共享经济企业商业模式及其合法性获取研究：
# 基于价值共创与独创理论视角

Research on Business Model and Legitimacy Acquisition of Sharing Economy Enterprises:
Based on Value Co-creation and Independent Value Creation Perspective

关钰桥　著

中国财经出版传媒集团
经济科学出版社
Economic Science Press

图书在版编目（CIP）数据

共享经济企业商业模式及其合法性获取研究：基于
价值共创与独创理论视角/关钰桥著 . -- 北京：经济
科学出版社，2021. 11

（辽宁大学应用经济学系列丛书. 青年学者系列）
ISBN 978 - 7 - 5218 - 3171 - 9

Ⅰ. ①共…　Ⅱ. ①关…　Ⅲ. ①商业模式 - 研究　Ⅳ.
①F71

中国版本图书馆 CIP 数据核字（2021）第 250332 号

责任编辑：于　源　陈　晨
责任校对：靳玉环
责任印制：范　艳

**共享经济企业商业模式及其合法性获取研究：**
基于价值共创与独创理论视角
关钰桥　著
经济科学出版社出版、发行　新华书店经销
社址：北京市海淀区阜成路甲 28 号　邮编：100142
总编部电话：010 - 88191217　发行部电话：010 - 88191522
网址：www. esp. com. cn
电子邮箱：esp@ esp. com. cn
天猫网店：经济科学出版社旗舰店
网址：http://jjkxcbs. tmall. com
北京季蜂印刷有限公司印装
710 × 1000　16 开　14 印张　220000 字
2021 年 11 月第 1 版　2021 年 11 月第 1 次印刷
ISBN 978 - 7 - 5218 - 3171 - 9　定价：62. 00 元
（图书出现印装问题，本社负责调换。电话：010 - 88191510）
（版权所有　侵权必究　打击盗版　举报热线：010 - 88191661
QQ：2242791300　营销中心电话：010 - 88191537
电子邮箱：dbts@ esp. com. cn）

# 总　序

　　本丛书为国家"双一流"建设学科"辽宁大学应用经济学"系列丛书，也是我主编的第三套系列丛书。前两套系列丛书出版后，总体看效果还可以：第一套是《国民经济学系列丛书》（2005 年至今已出版 13 部），2011 年被列入"十二五"国家重点出版物出版规划项目；第二套是《东北老工业基地全面振兴系列丛书》（共 10 部），在列入"十二五"国家重点出版物出版规划项目的同时，还被确定为 2011 年"十二五"规划 400 种精品项目（社科与人文科学 155 种），围绕这两套系列丛书取得了一系列成果，获得了一些奖项。

　　主编系列丛书从某种意义上说是"打造概念"。比如说第一套系列丛书也是全国第一套国民经济学系列丛书，主要为辽宁大学国民经济学国家重点学科"树立形象"；第二套则是在辽宁大学连续主持国家社会科学基金"八五"至"十一五"重大（点）项目，围绕东北（辽宁）老工业基地调整改造和全面振兴进行系统研究和滚动研究的基础上持续进行探索的结果，为促进我校区域经济学学科建设、服务地方经济社会发展做出贡献。在这一过程中，既出成果也带队伍、建平台、组团队，使得我校应用经济学学科建设不断跃上新台阶。

　　主编这套系列丛书旨在使辽宁大学应用经济学学科建设有一个更大的发展。辽宁大学应用经济学学科的历史说长不长、说短不短。早在 1958 年建校伊始，便设立了经济系、财税系、计统系等 9 个系，其中经济系由原东北财经学院的工业经济、农业经济、贸易经济三系合成，财税系和计统系即原东北财经学院的财信系、计统系。1959 年院系调整，将经济系留在沈阳的辽宁大学，将财税系、计统系迁到大连组建辽宁财经学院（即现东北财经大学前身），将工业经济、农业经济、贸易经济三个专业的学生培养到毕业为止。由此形成了辽宁大学重点发展理论经济学（主要是政治经济学）、辽宁财经学院重点发展应用经济学的大体格局。实际上，后来辽宁大学也发展了应用经济学，东北财经大学也发展了理论经济学，发展得都不错。1978年，辽宁大学恢复招收工业经济本科生，1980年受人民银行总行委托、经教育部批准开始招收国际金融本科生，1984年辽宁大学在全国第一批成立了经济管理学院，增设计划统计、会计、保险、投资经济、国际贸易等本科专业。到20世纪90年代中期，辽宁大学已有西方经济学、世界经济、国民经济计划与管理、国际金融、工业经济5个二级学科博士点，当时在全国同类院校似不多见。1998年，建立国家重点教学基地"辽宁大学国家经济学基础人才培养基地"。2000年，获批建设第二批教育部人文社会科学重点研究基地"辽宁大学比较经济体制研究中心"（2010年经教育部社会科学司批准更名为"转型国家经济政治研究中心"）；同年，在理论经济学一级学科博士点评审中名列全国第一。2003年，在应用经济学一级学科博士点评审中并列全国第一。2010年，新增金融、应用统计、税务、国际商务、保险等全国首批应用经济学类专业学位硕士点；2011年，获全国第一批统计学一级学科博士点，从而实现经济学、统计学一级学科博士点"大满贯"。

在二级学科重点学科建设方面，1984年，外国经济思想史（即后来的西方经济学）和政治经济学被评为省级重点学科；1995年，西方经济学被评为省级重点学科，国民经济管理被确定为省级重点扶持学科；1997年，西方经济学、国际经济学、国民经济管理被评为省级重点学科和重点扶持学科；2002年、2007年国民经济学、世界经济连续两届被评为国家重点学科；2007年，金融学被评为国家重点学科。

在应用经济学一级学科重点学科建设方面，2017年9月被教育部、财政部、国家发展和改革委员会确定为国家"双一流"建设学科，成为东北地区唯一一个经济学科国家"双一流"建设学科。这是我校继

1997 年成为"211"工程重点建设高校 20 年之后学科建设的又一次重大跨越，也是辽宁大学经济学科三代人共同努力的结果。此前，2008 年被评为第一批一级学科省级重点学科，2009 年被确定为辽宁省"提升高等学校核心竞争力特色学科建设工程"高水平重点学科，2014 年被确定为辽宁省一流特色学科第一层次学科，2016 年被辽宁省人民政府确定为省一流学科。

在"211"工程建设方面，在"九五"立项的重点学科建设项目是"国民经济学与城市发展"和"世界经济与金融"，"十五"立项的重点学科建设项目是"辽宁城市经济"，"211"工程三期立项的重点学科建设项目是"东北老工业基地全面振兴"和"金融可持续协调发展理论与政策"，基本上是围绕国家重点学科和省级重点学科而展开的。

经过多年的积淀与发展，辽宁大学应用经济学、理论经济学、统计学"三箭齐发"，国民经济学、世界经济、金融学国家重点学科"率先突破"，由"万人计划"领军人才、长江学者特聘教授领衔，中青年学术骨干梯次跟进，形成了一大批高水平的学术成果，培养出一批又一批优秀人才，多次获得国家级教学和科研奖励，在服务东北老工业基地全面振兴等方面做出了积极贡献。

编写这套《辽宁大学应用经济学系列丛书》主要有三个目的：

一是促进应用经济学一流学科全面发展。以往辽宁大学应用经济学主要依托国民经济学和金融学国家重点学科和省级重点学科进行建设，取得了重要进展。这个"特色发展"的总体思路无疑是正确的。进入"十三五"时期，根据"双一流"建设需要，本学科确定了"区域经济学、产业经济学与东北振兴""世界经济、国际贸易学与东北亚合作""国民经济学与地方政府创新""金融学、财政学与区域发展""政治经济学与理论创新"五个学科方向。其目标是到 2020 年，努力将本学科建设成为立足于东北经济社会发展、为东北振兴和东北亚区域合作做出应有贡献的一流学科。因此，本套丛书旨在为实现这一目标提供更大的平台支持。

二是加快培养中青年骨干教师茁壮成长。目前，本学科已形成包括长江学者特聘教授、国家高层次人才特殊支持计划领军人才、全国先进工作者、"万人计划"教学名师、"万人计划"哲学社会科学领军人才、国务院学位委员会学科评议组成员、全国专业学位研究生教育指导委员会委员、文化名家暨"四个一批"人才、国家"百千万"人才工程入选者、国家级教学名师、全国模范教师、教育部新世纪优秀人才、教育部高等学校教学指导委员会主任委员和委员、国家社会科学基金重大项目首席专家等在内的学科团队。本丛书设学术、青年学者、教材、智库四个子系列，重点出版中青年教师的学术著作，带动他们尽快脱颖而出，力争早日担纲学科建设。

三是在新时代东北全面振兴、全方位振兴中做出更大贡献。面对新形势、新任务、新考验，我们力争提供更多具有原创性的科研成果、具有较大影响的教学改革成果、具有更高决策咨询价值的智库成果。丛书的部分成果为中国智库索引来源智库"辽宁大学东北振兴研究中心"和"辽宁省东北地区面向东北亚区域开放协同创新中心"及省级重点新型智库研究成果，部分成果为国家社会科学基金项目、国家自然科学基金项目、教育部人文社会科学研究项目和其他省部级重点科研项目阶段研究成果，部分成果为财政部"十三五"规划教材，这些为东北振兴提供了有力的理论支撑和智力支持。

这套系列丛书的出版，得到了辽宁大学党委书记周浩波、校长潘一山和中国财经出版传媒集团副总经理吕萍的大力支持。在丛书出版之际，谨向所有关心支持辽宁大学应用经济学建设与发展的各界朋友，向辛勤付出的学科团队成员表示衷心感谢！

林木西

2019 年 10 月

　　共享经济是基于互联网等信息技术，集成和共享大量闲置资源的一种新型的经济形态和资源配置方式，主要体现为使用权的暂时性转移和剩余所有权的转让。近年来，我国共享经济发展迅速，业已成为全球共享经济创新发展的主阵地，据《中国共享经济发展年度报告2021》显示：2020年中国共享经济市场交易规模达到33773亿元，参与共享经济活动者约8.3亿人，其中提供服务者约8400万人，"共享经济+"的态势越发显著。然而，受2020年初新冠肺炎疫情的影响，国内经济出现短暂低迷、增长缓慢的情况，人们的消费方式也发生了很大变化，协同消费有了进一步发展。共享经济作为一种新业态、新技术和新的商业模式，可以有效地将闲置资源优化利用，激活消费市场带动扩大就业，对新冠肺炎疫情常态化后的新经济发展有一定促进作用。值得一提的是，2020年7月，国家发改委等13个部门联合出台的《关于支持新业态新模式健康发展激活消费市场带动扩大就业的意见》中再次强调了发展共享经济的重要性，要求"培育发展共享经济新业态"并提出"鼓励产品智能化升级与商业模式创新"等一系列发展意见。

　　然而，在快速发展的同时，共享经济领域也出现了诸多问题，如用户权益保障难、属地化管理与网络化运营的矛盾进一步凸显、资本市场的非理性引发行业大起大落等，尤其是一些影响严重的恶性事件的出现，使得社会公众认为共享经济是"昙花一现"等负面的舆论大量出现，直接影响公众与市场对共享经济发展的信心和信任，造成了一定的社会危害和不良影响。政府和相关部门不得不把规范共享经济健康发展放在首位。可见，我国共享经济企业是如何在短时间快速成长并迅速地令大众接受是一个十分重要但未被充分研究的议题。

探讨共享经济的重要性离不开对其商业模式的关注，目前有关商业模式及其分类的研究更多聚焦于价值创造视角，共享经济也不例外。基于此，提出主要三个研究问题：其一，基于价值共创与独创理论视角下的共享经济商业模式基本特征与价值创造服务层次研究，阐述与传统商业模式的差异；其二，共享经济商业模式的分类及趋同路径；其三，构建中国情境下共享经济商业模式合法性的获取机制。针对以上研究问题，本书具体的内容安排、研究设计、主要结论如下：

首先，为完成研究问题一，总结出共享经济商业模式的基本特征与用户价值独创的内涵，以共享经济平台型企业爱彼迎（Airbnb）和社群型闲鱼为例，进行双案例比较研究并通过扎根编码构建出共享经济用户价值独创运行机制。同时，对"共享经济与传统经济价值创造服务层次"以及"消费社群、社群经济与共享经济"进行探讨。研究发现：用户价值独创受环境因素影响的同时消费社群具有重要的调节作用。共享经济价值创造的服务逻辑以及服务层次是主要区别于单一层次服务逻辑的传统经济价值创造的一大特点，共享经济价值创造服务层次细分为"企业—用户""P用户—D用户"以及"服务提供方—D用户"三个层次。该结论引发了共享经济企业如何应对不同制度环境提升合法性地位以及不同共享经济模式对价值创造不同的思考。

其次，为完成研究问题二，第四章归纳总结出共享经济商业模式的六个维度，采用模糊集定性比较分析（fsQCA）方法，将全球代表性共享经济企业分成四种共享经济商业模式类型，即轻资产共创协同型、重资产层级型、资源共享平台型和实体空间低技术型，并对不同类型的未来发展路径进行案例分析与探讨，在一定程度上完善了共享经济商业模式理论框架。此外，研究总结了共享经济未来发展的三条趋同路径以便企业及时调整战略。

最后，为完成研究问题三，采用了多案例研究方法，选择滴滴出行、哈啰和闲鱼作为研究对象，在构建共享经济商业模式合法性获取机制的基础上，对不同商业模式类型合法化战略进行对比，从而构建出不同共享经济商业模式类型合法化的动态发展路径。研究发现：共享经济商业模式类型，对共享经济企业合法化获取有一定的调节作用，体现了内部制度情境因素对合法化获取的影响。"协同治理""技术赋能"和"模式多元化"不仅是共享经济企业发展的趋同路径，更是共享经济商业模式获得合法性地位的三大重要合法化战略。

本书的理论贡献有以下三点：第一，整合运用价值共创和独创理论对共享经济与传统经济价值创造服务层次进行探讨，从用户视角上对现有共享经济研究的丰富；第二，利用 fsQCA 方法（模糊集定性比较分析方法）对共享经济商业模式进行分类并探讨其未来发展的趋同路径，进一步探索共享经济商业模式基础问题研究，丰富企业组织理论；第三，构建共享经济商业模式合法性获取动态机制，强调不同商业模式类型在合法化获取中的调节作用，丰富了合法性在商业模式领域的应用。

本书提出以下管理与政策建议：一是企业应重视用户价值创造，鼓励用户参与协同治理，积极搭建消费社群从而提升企业创新能力；二是企业应结合"中国情境"，具备"动态"能力，提升合法性地位；三是政府应坚持"包容审慎"态度，鼓励共享经济模式多元化发展，构建全面的共享经济政策体系以及市场准入机制；四是提倡构建多主体协同治理体系，共享共治共建共享经济智能化治理路径。此外，为了进一步凸显结论的实践性和时效性，研究将其应用于突发疫情所带来的合法化挑战以及未来疫情常态化的战略调整。

虽然本书较为全面地回答了所提出的研究问题，但仍有一些问题值得深入研究和思考。未来研究可以采用多种研究方法，注重定性与定量相结合从而增强研究的信度和效度。从研究内容上，可围绕共享经济不同类型商业模式和新领域进一步探索，如疫情期间出现的共享员工、共享制造模式等；继续关注制度环境与共享经济合法性获取；也可探寻共享经济协同治理机制、相关政策性研究等。从研究视角上，可考虑动态能力、资源编排等视角对共享经济进一步探索或相关组织研究，如社群组织形成机制等。

# 目　录

# 第一章

# 绪　　论

## 第一节　研究背景与研究问题

### 一、现实背景

共享经济（sharing economy）是基于互联网等信息技术，集成和共享大量闲置资源的一种新型的经济形态和资源配置方式[1]，主要体现为使用权的暂时性转移和剩余所有权的转让[2][3]。在优步（Uber）、爱彼迎（Airbnb）等外国共享经济典型企业的带动下，中国共享经济发展迅速，据《中国共享经济发展报告（2021）》显示：2020 年，在突发的新冠肺炎疫情的冲击下，以共享经济为代表的新业态新模式表现出巨大的韧性

---

[1]　Martin C J. The Sharing Economy：A Pathway to Sustainability or a Nightmarish Form of Neoliberal Capitalism？. *Ecological Economics*，Vol. 121，2016，pp. 149 – 159.

[2]　Belk R.，You are What You Can Access：Sharing and Collaborative Consumption Online. *Journal of Business Research*，Vol. 67，No. 8，2014，pp. 1595 – 1600.

[3]　Bardhi F，& Eckhardt G M. Access-based Consumption：The Case of Car Sharing. *Journal of Consumer Research*，Vol. 39，No. 4，2012，pp. 881 – 898.

和发展潜力。全年共享经济市场交易约为 33773 亿元，同比增长约 2.9%。不同领域发展不平衡情况更加突出。知识技能、医疗共享等领域的市场规模大幅增长，同比分别增长 30.9% 和 27.8%；共享住宿、共享办公、交通出行等领域市场规模同比显著下降，降幅分别为 29.8%、26% 和 15.7%；生活服务领域同比下降 6.5%。测算表明，共享经济参与者约为 8.3 亿人，其中服务提供者约为 8400 万人，同比增长约 7.7%；平台企业员工数约 631 万人，同比增长约 1.3%[①]。

随着互联网以及移动互联技术的发展，共享经济发展风起云涌，通过充分利用互联网技术互联互通降低成本的优势，匹配起双边市场海量闲置资源与个性化需求，越来越多的用户使用共享资源来解决其在工作、生活等各方面现实需求，共享经济正在以其革命性的力量影响着众多传统和新兴产业以及人们的生活与消费方式，业已发展成为数字经济时代下影响全球经济的一种新兴经济发展模式。美、英、加等国都积极推动共享经济，使之成为推动新经济的重要增长点，先后列为国家层面的发展战略。我国政府非常重视共享经济的发展，2016 年《政府工作报告》，标志着共享经济正式上升成为国家战略。此后，连续四年出现在年度《政府工作报告》中，2019 年 3 月，李克强总理在报告中指出："坚持包容审慎监管，促进共享经济健康成长。""新发展理念"（创新、协调、绿色、开放、共享）。在过去的几年中，国家鼓励共享经济发展的政策密集出台，主要有：2017 年 7 月的《关于促进共享经济发展的指导性意见》；2018 年 5 月的《关于做好引导和规范共享经济健康良性发展有关工作的通知》等。

2020 年初受新冠肺炎疫情的影响，国内经济出现短暂低迷、增长缓慢的情况，人们的消费方式也发生了很大变化，协同消费有了进一步发展。共享经济作为一种新业态、新技术和新的商业模式，可以有效地将闲置资源优化利用，实现交易成本与组织成本的同时降低，消费者之

---

① 国家信息中心：《中国共享经济发展报告（2021）》，国家信息中心官网，2021 年 2 月 19 日，http://www.sic.gov.cn/News/557/10779.htm。

间及与平台间的价值共创，形成经济增长新动能，激活消费市场带动扩大就业，对疫情常态化后的新经济发展有一定促进作用。为此，2020年7月，国家发改委等13个部门联合出台的《关于支持新业态新模式健康发展激活消费市场带动扩大就业的意见》（以下简称《意见》）中再次强调了发展共享经济的重要性，要"培育发展共享经济新业态"并提出"鼓励产品智能化升级与商业模式创新"等一系列发展意见。

共享经济的商业模式在现实中纷繁复杂，层出不穷，国内外的模式也相差甚远，再加上有关共享经济的理论研究不足，使得学术界目前无法有效地解释共享经济出现的一些现象：如：哈啰、美团等共享单车企业是中国特有的共享经济表现形式吗？共享经济商业模式的基本特征是什么？它与传统经济相比有何优越性？因此，在后疫情时代和新常态背景下，为了促进共享经济健康可持续发展，共享经济商业模式的分类标准以及影响其模式呈现的决定因素是急需被厘清的。同时，随着共享经济企业的发展，其商业模式是一成不变的吗？不同类型共享经济企业未来发展的可行性路径有哪些？这些问题，都值得学术界进行深入的探讨。

然而，在其快速发展的同时，共享经济领域也出现了诸多问题，导致出现了一系列新社会问题：用户信用安全保障难、国家政策落地难以及各地方管理标准不一、非理性资本投资导致个别领域大起大落等，尤其是一些影响重大的恶性事件的出现，例如 ofo 小黄车退押金难等，使得社会公众认为共享经济是"昙花一现"等负面的舆论大量出现，直接影响公众与市场对共享经济发展的信心和信任，造成了一定的社会危害和不良影响。共享经济企业的合法性地位遭到前所未有的挑战，其商业模式受到社会公众质疑，因此政府和相关部门不得不把规范共享经济健康发展放在首位。可见，我国共享经济企业是如何在短时间快速成长并迅速地令大众接受的是一个十分重要但未被充分研究的议题。基于此，深入探讨共享经济企业快速成长的原因以及构建在外部制度环境变化的影响下企业在不同发展阶段获取合法性的动态化内在机理是很有必要的。

## 二、理论背景

21 世纪以来，优步、爱彼迎等共享经济现象和企业出现后，就迅速成为经济与管理领域的研究热点，形成了多种概念和理论，如：协同经济/协同消费①、商业分享系统②、基于使用的消费③、零工经济④、点对点经济⑤、混合经济⑥、平台经济⑦、水平交换市场⑧等。目前，共享经济的概念能够准确表述这种新型资源配置方式，已然成为一把"大伞"，涵盖了上述多种理论阐释和现象描述，在理论界形成了概念共识。

共享经济的研究正百花齐放、方兴未艾，已有的共享经济研究多侧重于平台企业的研究，主要涉及共享经济平台组织⑨及其分类⑩、平台

①　Botsman R，Rogers R. *What's Mine is Yours*：*The Rise of Collaborative Consumption*. London：Harper Collins，2010.

②　Lamberton C P，Rose R L. When is Ours Better than Mine? A Framework for Understanding and Altering Participation in Commercial Sharing Systems. *Journal of Marketing*，Vol. 76，No. 4，2012，pp. 109 – 125.

③　Bardhi F，& Eckhardt G M. Access-based Consumption：The Case of Car Sharing. *Journal of Consumer Research*，Vol. 39，No. 4，2012，pp. 881 – 898.

④　Friedman G. Workers Without Employers：Shadow Corporations and the Rise of the Gig Economy，*Review of Keynesian Economics*，Vol. 2，No. 2，2014，pp. 171 – 188.

⑤　Schor，J. B.，Fitzmaurice，C.，*Collaborating and Connecting*：*the Emergence of the Sharing Economy*. In：Reisch，L. A.，Thøgersen，J.（Eds.），Handbook of Research on Sustainable Consumption. Edward Elgar，Cheltenham，2015，pp. 410 – 425.

⑥　Scaraboto D. Selling，Sharing，and Everything in Between：The Hybrid Economies of Collaborative Networks. *Journal of Consumer Research*，Vol. 42，No. 1，2015，pp. 152 – 176.

⑦　Kenney M，Zysman J. The Rise of the Platform Economy. *Issues in Science and Technology*，Vol. 32，No. 3，2016，pp. 61 – 69.

⑧　Perren R，Kozinets R V. Lateral Exchange Markets：How Social Platforms Operate in a Networked Economy. *Journal of Marketing*，Vol. 82，No. 1，2018，pp. 20 – 36.

⑨　Mair J，Reischauer G. Capturing the Dynamics of the Sharing Economy：Institutional Research On the Plural Forms and Practices of Sharing Economy Organizations. *Technological Forecasting and Social Change*，Vol. 125，2017，pp. 11 – 20.

⑩　孟韬、李佳雷、郝增慧：《中国共享经济组织的分类与比较研究》，载《经济社会体制比较》2019 年第 5 期，第 149～158 页。

治理、商业模式理论与案例研究①、价值共创②、政府治理监管③与政策规制、制度视角下企业战略选择和合法性获取④等。同时，对共享经济用户的研究也有一定的基础，集中在共享经济参与者的动机与消费行为，即信任和互惠是用户持续参与的动因⑤，以及参与价值创造。

　　商业模式是企业组织进行价值创造的方法和逻辑，是人们理解企业成长与发展的重要角度之一。共享经济作为互联网时代下的一种新型商业模式和价值创造方式⑥，探讨共享经济的重要性离不开对其商业模式的关注⑦。目前，有关商业模式及其分类的研究更多聚焦于价值创造视角⑧，共享经济也不例外。学术界对共享经济商业模式的研究已有一定的成果，具体而言：共享经济与商业模式理论型研究⑨，包括共享经济商业模式的维度、分类与基本特点⑩。此外，共享经济商业模式的案例研究也成为热点，但仍集中于商业模式创新的单案例或多案例比较

　　①　孙凯、王振飞、鄢章华：《共享经济商业模式的分类和理论模型——基于三个典型案例的研究》，载《管理评论》2019 年第 5 期，第 97 ~ 109 页。

　　②　杨学成、涂科：《出行共享中的用户价值共创机理——基于优步的案例研究》，载《管理世界》2017 年第 8 期，第 154 ~ 169 页。

　　③　刘乃梁：《包容审慎原则的竞争要义——以网约车监管为例》，载《法学评论》2019 年第 5 期，第 122 ~ 132 页。

　　④　姚小涛、黄千芷、刘琳琳：《名正则言顺？——"共享"之名下的共享单车商业模式与制度组凑案例探析》，载《外国经济与管理》2018 年第 10 期，第 139 ~ 152 页。

　　⑤　Celata F, Hendrickson C Y, Sanna V S. The Sharing Economy as Community Marketplace? Trust, Reciprocity and Belonging in Peer – To – Peer Accommodation Platforms. *Cambridge Journal of Regions, Economy and Society*, Vol. 10, No. 2, 2017, pp. 349 – 363.

　　⑥　Muñoz P, Cohen B. Mapping Out the Sharing Economy: A Configurational Approach to Sharing Business Modeling. *Technological Forecasting and Social Change*, Vol. 125, 2017, pp. 21 – 37.

　　⑦　Gobble M M. Defining the Sharing Economy. *Research – Technology Management*, Vol. 60, No. 2, 2017, pp. 59 – 63.

　　⑧　李鸿磊：《基于价值创造视角的商业模式分类研究——以三个典型企业的分类应用为例》，载《管理评论》2018 年第 4 期，第 257 ~ 272 页。

　　⑨　Mair J, Reischauer G. Capturing the Dynamics of the Sharing Economy: Institutional Research On the Plural Forms and Practices of Sharing Economy Organizations. *Technological Forecasting and Social Change*, Vol. 125, 2017, pp. 11 – 20.

　　⑩　关钰桥、孟韬：《共享经济背景下企业商业模式比较分析——以美国 Uber 与中国滴滴为例》，载《企业经济》2018 年第 4 期，第 27 ~ 35 页。

研究①，尤其是价值创造视角②以及制度合法化③。

就价值创造视角而言，目前学术界更倾向用价值共创理论来解释共享经济，主要表现在平台价值创造的过程④⑤、企业数据赋能对价值共创的作用⑥、价值共创与商业模式创新⑦等，而独立于共享经济企业的价值创造活动即用户价值独创则鲜有探讨，缺少将价值共创和独创理论综合运用的共享经济研究。同时，共享经济商业模式的分类标准，以及影响其模式呈现的决定因素是急需被厘清的。

此外，共享经济作为一种商业模式和组织模式创新，具有一定的内在经济逻辑与牢固的学理基础，不仅受我国当前复杂的制度环境影响与限制，还会促成新的制度的产生。"企业合法性地位是如何获取的"一直受学术界关注⑧，但先前理论研究的重点是关注组织层面⑨，或是行业层面⑩，有关企业战略层面尤其是商业模式的合法性研究相对较少。同时，在"双创"战略、供给侧改革的中国情境制度创新的背景下，

① 郝金磊、尹萌：《共享经济：赋能、价值共创与商业模式创新——基于猪八戒网的案例研究》，载《商业研究》2018 年第 5 期，第 31 ~ 40 页。

② 孟韬、关钰桥、董政、王维：《共享经济平台用户价值独创机制研究——以 Airbnb 与闲鱼为例》，载《科学学与科学技术管理》2020 年第 8 期，第 111 ~ 130 页。

③ 姚小涛、黄千芷、刘琳琳：《名正则言顺？——"共享"之名下的共享单车商业模式与制度组凑案例探析》，载《外国经济与管理》2018 年第 10 期，第 139 ~ 152 页。

④ 杨学成、涂科：《行共享中的用户价值共创机理——基于优步的案例研究》，载《管理世界》2017 年第 8 期，第 154 ~ 169 页。

⑤ 王水莲、李志刚、杜莹莹：《共享经济平台价值创造过程模型研究——以滴滴、Airbnb 和抖音为例》，载《管理评论》2019 年第 7 期，第 45 ~ 55 页。

⑥ 周文辉、杨苗、王鹏程、王昶：《赋能、价值共创与战略创业：基于韩都与芬尼的纵向案例研究》，载《管理评论》2017 年第 7 期，第 258 ~ 272 页。

⑦ 孙楚、曾剑秋：《共享经济时代商业模式创新的动因与路径——价值共创的视角》，载《江海学刊》2019 年第 2 期，第 102 ~ 108、254 页。

⑧ Suchman M C. Managing Legitimacy：Strategic and Institutional Approaches. *Academy of Management Review*，Vol. 20，No. 3，1995：571 –610.

⑨ 杜运周、任兵、张玉利：《新进入缺陷、合法化战略与新企业成长》，载《管理评论》2009 年第 8 期，第 57 ~ 65 页。

⑩ 程宣梅、谢洪明、陈侃翔、程聪、王菁、刘淑春：《集体行动视角下的制度逻辑演化机制研究——基于专车服务行业的案例分析》，载《管理科学学报》2018 年第 2 期，第 16 ~ 36 页。

共享经济企业如何在特定的社会情境和制度环境中进行商业模式创新，从而获得合法性地位是尤其必要的。然而，目前有关制度环境对共享经济的影响①，以及共享经济企业合法性获取的研究②，更多倾向于理论演绎，侧重政策规制层面治理③，而实证研究较少。

因此，研究通过对以往文献进行梳理与深度分析，总结出共享经济商业模式的基本特征、影响因素以及其价值创造服务层次与传统商业模式的差异；并利用 fsQCA 方法对共享经济商业模式进行分类并提出未来发展可行性路径，再而运用合法性等制度理论核心概念，通过多案例研究了解中国情境下共享经济商业模式合法性获取机制。

## 三、研究问题

商业模式是企业组织进行价值创造的方法和逻辑，是人们理解企业成长与发展的重要角度之一④。穆尼奥斯、科恩认为共享经济作为互联网时代下的一种新型商业模式和价值创造方式，了解其商业模式特点与价值创造方式，从而探讨与传统经济的区别有一定理论与现实意义。同时，商业模式的分类一直是学者们所关注的重点，共享经济商业模式也不例外。为了促进共享经济健康可持续发展，共享经济商业模式的分类标准，以及影响其模式呈现的决定因素是急需被厘清的。此外，共享经济作为一种商业模式和组织模式创新，如何迅速地令大众接受是一个十分重要但未被充分研究的议题⑤。虽然，爱彼迎、滴滴出行（以下简称"滴滴"）等

---

① 林润辉、谢宗晓、王兴起、魏军：《制度压力、信息安全合法化与组织绩效——基于中国企业的实证研究》，载《管理世界》2016 年第 2 期，第 112 ~ 127、188 页。
② 彭正银、吴晓娟：《制度压力下平台型企业合法性获取演化研究——以滴滴出行为例》，载《商业经济与管理》2019 年第 4 期，第 58 ~ 70 页。
③ 许荻迪：《共享经济政策目标、政策导向与体系优化》，载《改革》2018 年第 4 期，第 92 ~ 101 页。
④ 李鸿磊：《基于价值创造视角的商业模式分类研究——以三个典型企业的分类应用为例》，载《管理评论》2018 年第 4 期，第 257 ~ 272 页。
⑤ 姚小涛、黄千芷、刘琳琳：《名正则言顺?——"共享"之名下的共享单车商业模式与制度组凑案例探析》，载《外国经济与管理》2018 年第 10 期，第 139 ~ 152 页。

典型共享经济企业，借势"互联网＋"发展共享经济这一新的商业模式，在短时间内获得了一定的合法性地位①。但随着共享经济发展以及新商业模式的不断出现，共享经济领域也出现了诸多问题，尤其是一些影响重大的恶性事件的出现，使得社会公众认为共享经济是"昙花一现"，直接影响公众与市场对共享经济发展的信心和信任。可见，当新模式发展远超于已有政策监管时，则会出现一定的社会问题与乱象进而阻碍了商业模式的成功推展②。因此，共享经济企业应基于制度情境进行合法化战略选择，克服"合法性门槛"，提高社会对于企业的认可。可见，受制度因素影响，共享经济如何被大众认可、接受并获得合法性地位对其未来发展尤为重要，分析共享经济商业模式合法性地位的获取具有一定的理论意义。

基于此，本书主要完成三个研究目标：其一，探索共享经济商业模式的基本特征及其价值创造的服务层次，阐述与传统商业模式的不同；其二，价值创造视角下的共享经济商业模式的分类及其未来发展路径；其三，构建中国情境下共享经济商业模式合法性的获取机制。具体来讲，主要包括以下三个研究问题：

（1）研究问题一：基于价值共创与独创视角的共享经济商业模式基本特征与价值创造服务层次研究。

此前，关钰桥和孟韬通过对美国优步和中国滴滴出行案例进行对比研究其商业模式的创新异同，发现在共享经济商业模式创新中有以下共同点：提倡分享概念；搭建互联网平台；提供个性化服务；建立信任机制；重塑供需匹配③。同时简单探讨了共享经济商业模式与传统企业商业模式的区别。目前共享经济相关的研究在管理和营销领域已有一定的积累，内容涉及内涵、分类、商业模式及创新、价值共创、消费者行为

---

① 蔡宁、贺锦江、王节祥：《"互联网＋"背景下的制度压力与企业创业战略选择——基于滴滴出行平台的案例研究》，载《中国工业经济》2017 年第 3 期，第 174～192 页。

② Muñoz P, Cohen B. Mapping Out the Sharing Economy: A Configurational Approach to Sharing Business Modeling. *Technological Forecasting and Social Change*, Vol. 125, 2017, pp. 21－37.

③ 关钰桥、孟韬：《共享经济背景下企业商业模式比较分析——以美国 Uber 与中国滴滴为例》，载《企业经济》2018 年第 4 期，第 27～35 页。

与动机等多方面。因此，本书欲在前期研究成果的基础上，进一步对国内外高水平文献整理并归纳出共享经济商业的基本特征。

此外，近几年，价值创造是国内外学者争相研究的热点①。在共享经济这一新情境下，价值创造的参与者不再是企业与顾客，而是用户与平台②，用户价值创造行为、商业模式是共享经济研究学者所关注的重点③。除价值共创外，学者杨学城、涂科认为价值独创和社会化共创也是共享经济背景下的独特价值创造方式。因此，共享经济下的价值创造方式复杂多样，是值得对其进行进一步细分和探讨的。

然而，基于价值创造视角的共享经济商业模式研究已有一定成果，但多集中于"企业—用户"间的价值共创，而作为"产消者"的共享经济用户间的价值独创很少研究。因此，前期研究主要对共享经济背景下的用户价值独创机制进行补充④，不仅丰富了学术界当前顾客价值独创的研究，还从用户这一视角丰富了对现有共享经济的研究。同时，结合价值共创和价值独创理论对"共享经济价值创造服务层次"问题进行分析，并深入探讨与传统经济价值创造服务层次的区别。与杨学成、涂科仅仅利用价值共创理论的研究成果（连接服务层次"平台—双方用户"和具体服务层次"服务提供方—服务需求方"两个层次）不同⑤，本书将共享经济价值创造服务层次细分为三个层次，进一步增强了对共享经济的解释从而打开共享经济组织的"黑箱"。

（2）研究问题二：共享经济商业模式分类与趋同路径研究——基于 fsQCA 方法。

商业模式的分类一直是学者们所关注的重点，共享经济商业模式也

① Malin, H. N., Tomas B. "Co-creation as a Strategy for Program Management". *International Journal of Managing Projects in Business*, Vol. 8, No. 1, 2015, pp. 58 – 73.

②⑤ 杨学成、涂科：《行共享中的用户价值共创机理——基于优步的案例研究》，载《管理世界》2017 年第 8 期，第 154 ~ 169 页。

③ 杨学成、涂科：《共享经济背景下的动态价值共创研究——以出行平台为例》，载《管理评论》2016 年第 12 期，第 258 ~ 268 页。

④ 孟韬、关钰桥、董政、王维：《共享经济平台用户价值独创机制研究——以 Airbnb 与闲鱼为例》，载《科学学与科学技术管理》2020 年第 8 期，第 111 ~ 130 页。

不例外①。共享经济的内部复杂性导致其现实表现形式具有多样性，无法用某一种固定的模式完全概括②。可见，研究共享经济商业模式的分类以及共享经济企业未来发展路径，具有一定的理论和现实意义。而定性比较分析（QCA）方法，近年来，颇受管理界学者关注。其组态思维和整体的分析视角，与"由不同因素如何匹配"的商业模式有一定的关联性和适用性③。因此，此部分主要借鉴李鸿磊④与外国学者穆尼奥斯、科恩的 fsQCA 定性研究成果，即依据 7 个共享经济商业模式维度（协同平台、闲置资源利用、点对点（P2P）交互型、协同治理、目标驱动、替代融资、技术依赖）对国外 36 个共享经济企业进行分类研究，得出了 5 种商业模式类型。

基于此，本书通过对相关文献系统地梳理，归纳总结出共享经济商业模式的六个维度：协作平台、闲置资源、互动与共创、协同治理、资产模式与技术赋能；并采用模糊集定性比较分析方法（fsQCA）将中外知名的 40 个共享经济企业案例分成四种共享经济商业模式类型，即轻资产共创协同型、重资产层级型、资源共享平台型和实体空间低技术型，并对不同类型的未来发展路径进行案例分析与探讨，在一定程度上完善共享经济商业模式理论框架。

（3）研究问题三：共享经济商业模式合法性获取机制研究。

爱彼迎、滴滴等典型共享经济企业，借势"互联网＋"发展共享经济这一新的商业模式，在短时间内获得了一定的合法性地位⑤。然而，

---

① Mair J, Reischauer G. Capturing the Dynamics of the Sharing Economy：Institutional Research On the Plural Forms and Practices of Sharing Economy Organizations. *Technological Forecasting and Social Change*，Vol. 125，2017，pp. 11 – 20.

② Muñoz P, Cohen B. Mapping Out the Sharing Economy：A Configurational Approach to Sharing Business Modeling. *Technological Forecasting and Social Change*，Vol. 125，2017，pp. 21 – 37.

③ 杜运周、任兵、张玉利：《新进入缺陷、合法化战略与新企业成长》，载《管理评论》2009 年第 8 期，第 57 ~ 69 页。

④ 李鸿磊：《基于价值创造视角的商业模式分类研究——以三个典型企业的分类应用为例》，载《管理评论》2018 年第 4 期，第 257 ~ 272 页。

⑤ 蔡宁、贺锦江、王节祥：《"互联网＋"背景下的制度压力与企业创业战略选择——基于滴滴出行平台的案例研究》，载《中国工业经济》2017 年第 3 期，第 174 ~ 192 页。

在其快速发展的同时，共享经济领域也出现了诸多问题，导致出现了一系列新社会问题，使得社会公众认为共享经济是"昙花一现"等负面的舆论频繁出现，直接减弱了社会公众与市场对共享经济发展的信心和信任。因此，政府和相关部门不得不把规范共享经济健康发展放在首位。可见，共享经济作为一种新业态、新模式，当其发展远超于已有政策监管时，则会出现一定的社会问题与乱象进而阻碍了商业模式的成功推展[①]。

共享经济商业模式是一个从无到有的新制度逻辑形成的过程，在这个过程中，其巨大的创新性必然引发了传统行业既有制度逻辑的强烈反弹[②]。如滴滴、优步等共享出行模式的兴起，使得多地爆发了出租车司机罢工、维权的时间，而人民日报等中央媒体、分享出行企业联合呼吁监管部门保护共享经济创新萌芽，不断放大滴滴等网约车的制度合法性。同时，共享经济企业作为新创企业，大量发生在政策管制强的传统行业，应基于制度情境的合法化战略选择，克服"合法性门槛"，提高社会对于企业的认可，进而整合资源和促进成长的过程[③]。同时，企业需要依靠自身的战略行动突破已有制度的约束。基于此，探索我国共享经济企业在发展中是如何应对我国独特的制度环境，从而获得合法性地位，是本书的另一个重点。

## 第二节　研究意义与创新点

### 一、理论意义

伴随共享经济而形成的共享经济商业模式，与传统企业、电商、平

---

[①]　Cohen B, Kietzmann J. Ride on! Mobility Business Models for the Sharing Economy. *Organization & Environment*, Vol. 27, No. 3, 2014, pp. 279 – 296.

[②]　程宣梅、谢洪明、陈侃翔、程聪、王菁、刘淑春：《集体行动视角下的制度逻辑演化机制研究——基于专车服务行业的案例分析》，载《管理科学学报》2018年第2期，第16～36页。

[③]　Zimmerman M A, Zeitz G J. Beyond Survival: Achieving New Venture Growth by Building Legitimacy. *Academy of Management Review*, Vol. 27, No. 3, 2002, pp. 414 – 431.

台模式不同，有着独特的生成性质，其基本特征、分类、价值创造服务层次、形成机制以及合法性获取都有着特殊的内涵，亟须给予有力的理论解析。因此，共享经济商业模式的研究是一项基础的理论研究，有着重要的理论研究价值。

## （一）价值共创和独创理论的综合运用，对现有的共享经济研究起到丰富作用

近几年，价值创造是国内外学者争相研究的热点。目前学术界更倾向用价值共创理论来解释共享经济，即企业与用户间共同的价值创造①②。然而，在共享经济这一新情境下，价值创造的参与者不再单单是用户与平台，用户间也可以独立于企业（平台）创造价值。而除价值共创外，价值独创和社会化共创也是共享经济背景下的独特价值创造方式③。

## （二）进一步探索共享经济商业模式基础问题研究，丰富企业组织理论

随着技术、社会、经济环境的快速变化，企业需要及时适应并形成相适配的组织模式，这就引致了企业组织理论和思想的变迁。组织的演变是人的积极性逐渐被释放的过程，组织理论则沿着从封闭系统向开放系统变迁的历史规律。共享经济是新经济时代背景下的新经济现象，既代表了一种新的经济形态，也代表了一种新的商业模式，亟须新的视角和方法来解释共享经济商业模式的内涵、模式与形成机制，从而对企业组织理论起到丰富与发展的作用。

---

① 杨学成、涂科：《共享经济背景下的动态价值共创研究——以出行平台为例》，载《管理评论》2016 年第 12 期，第 258～268 页。

② 周文辉、杨苗、王鹏程、王昶：《赋能、价值共创与战略创业：基于韩都与芬尼的纵向案例研究》，载《管理评论》2017 年第 7 期，第 258～272 页。

③ 杨学成、涂科：《行共享中的用户价值共创机理——基于优步的案例研究》，载《管理世界》2017 年第 8 期，第 154～169 页。

在商业模式维度和结果变量的设计上，技术赋能与资产模式转型体现了互联网背景下企业关注热点，更具全面性与时效性。

此外，本书考虑共享经济企业可持续发展的"动态性"特征，在商业模式分类的基础上深入探讨其动态发展路径，具有一定的理论意义和实践价值。

### （三）构建共享经济商业模式合法性获取动态机制，强调不同商业模式类型在合法化获取中的调节作用，丰富了合法性在商业模式层面的应用

"企业合法性地位是如何获取的？"这一问题一直受学术界关注，但先前理论研究的重点是关注组织层面[①]，或是行业层面[②]，有关企业战略层面尤其是商业模式的合法性研究相对较少。合法性获取是进行商业模式创新的共享经济组织，自适应环境、制度性嵌入的过程。在"双创"战略、供给侧改革的中国情境制度创新的背景下，共享经济作为一种新业态、新的商业模式，如何获得合法性地位显得尤为重要。然而，目前相关研究更多倾向于理论演绎，侧重政策规制层面治理[③]，而实证研究较少。因此，本书采用多案例实证研究方法探寻不同类型的共享经济商业模式在企业成长各个阶段的合法性动态获取机制，不仅丰富了合法性在企业战略层面尤其是商业模式的研究，还将其应用于共享经济新情境下，尤其是探讨了新冠肺炎疫情的影响，使得研究具备一定时效性；还考虑了制度环境的复杂性、内部制度因素（商业模式类型不同）以及合法化的"动态性"特征。

---

① 杜运周、任兵、张玉利：《新进入缺陷、合法化战略与新企业成长》，载《管理评论》2009 年第 8 期，第 57～65 页。

② 程宣梅、谢洪明、陈侃翔、程聪、王菁、刘淑春：《集体行动视角下的制度逻辑演化机制研究——基于专车服务行业的案例分析》，载《管理科学学报》2018 年第 2 期，第 16～36 页。

③ 姚小涛、黄千苣、刘琳琳：《名正则言顺？——"共享"之名下的共享单车商业模式与制度组凑案例探析》，载《外国经济与管理》2018 年第 10 期，第 139～152 页。

## 二、实践意义

共享经济的出现不仅改变人们的生活方式和工作方式，还蕴含着新的、巨大的发展机遇和对传统产业的挑战。我国已将共享经济列入国家的发展战略规划，以期促进经济结构的调整升级、推动供给侧改革。特别是在 2020 年初抗击新冠肺炎疫情中，共享经济作为新业态新模式发挥了积极作用，成为推动我国经济社会发展的新引擎之一。鉴于此，国家发改委等 13 部门于 2020 年 7 月发布支持新业态《意见》，明确鼓励共享经济各个领域商业模式创新。可见，本书研究的现实意义在于：

### （一）有助于正在实施共享经济的中国企业了解其商业模式、提高合法化地位

商业模式是人们理解企业成长与发展的重要角度之一，共享经济也不例外。互联网技术的普及促进了共享经济中新商业模式的产生，共享经济业已发展成为互联网时代下影响全球经济发展的一种新型经济模式。"共享经济企业的合法性地位是如何获取？其商业模式是如何被社会公众所接纳？"是一个十分重要但仍处于理论初级阶段的研究问题。因此，随着不同的共享经济商业模式的不断涌现，构建共享经济商业模式合法化机制、探讨不同类型的共享经济商业模式获取合法性地位方式的异同，对指导共享经济企业实践具有重要意义。

### （二）有助于正确认识共享经济，制定引导其健康有序发展的规制政策

共享经济模式是技术变革所催生出来的新事物，在不断丰富和深入实践的同时，关于共享经济的企业监管、责任界定、税收及不正当竞争方面的争议愈演愈烈。虽然，近年来我国为鼓励和支持共享经济发展下达了许多政策与规范条例，但从一些部门与地方的具体政策和执行来看，许多方面严重背离共享经济的发展规律与内在要求，也与国家包容

创新的政策相背离。究其根本原因则是政策制定者对共享经济平台企业行业属性、性质阶段以及运行机制等问题缺乏准备和正确认知，所以导致其习惯于用传统思维和方式对待新技术、新业态和新模式。因此，在尚无成熟的监管机制借鉴的情况下，了解共享经济商业模式的基本特点，并剖析共享经济商业模式合法性获取的机制，有利于正确和全面地认识共享经济的形成逻辑和运行规律，为规制政策的制定、监管方法的创新具有借鉴意义。

### （三）有助于加速传统产业的升级转型，为中国"双创"提供支撑

共享经济作为破坏式创新模式，正在改变着传统行业的价值创造方式。如爱彼迎共享住宿抢占传统旅游酒店业的市场份额。为迎接共享经济带来的机遇与挑战，传统企业通过重塑组织模式和商业模式，或拓展新业务，或自己构建分享平台，参与到共享经济。同时，共享经济基于互联网平台促进分享盈余、闲置的物品或服务，这使得人们进入共享经济环境进行创新创业的门槛更低、成本更少、速度更快、参与更广，激发亿万群众智慧和创造力。同时，这也导致共享经济领域出现激烈的恶性竞争，共享经济企业接连倒闭破产，如悟空共享单车、共享睡眠舱、"电乐"共享充电等存活不到1年便宣告"死亡"。导致其失败的最重要的原因之一是共享经济作为一个新兴业态，人们对共享经济的认识普遍不足，所以深入探讨共享经济本身对于新进入和即将进入共享经济领域的企业和创业者具有重要的指导意义。

## 三、研究创新点

（1）强调价值共创和独创理论的综合运用，利用fsQCA方法对共享经济商业模式进行分类。一直以来，商业模式概念上的模糊使得商业模式分类的研究难以达成一致，目前有关共享经济的商业模式分类尚有空缺。近几年，价值创造是国内外学者争相研究的热点，尤其在共享经

济这一新情境下，用户价值创造行为、商业模式是共享经济研究学者所关注的重点，但目前研究多聚焦于价值共创视角。然而，共享经济的价值创造者不再单单是用户与平台，用户间也可以独立于企业创造价值。除价值共创外，价值独创和社会化共创也是共享经济背景下的独特价值创造方式（杨学城和涂科，2017）。因此，本书中"互动与价值共创"作为评估共享经济商业模式的重要维度，强调价值共创和独创理论的综合运用，使得本书更有理论意义与创新性。基于此，通过 fsQCA 定性研究方法，基于价值创造视角对共享经济商业模式进行分类，并指出其商业模式升级与创新的可选择路径。

（2）综合考虑内外部制度环境以及商业模式类型对共享经济企业合法性获取机制的影响。在"双创"战略、供给侧改革的中国情境制度创新的背景下，企业如何在特定的社会情境和制度环境中进行商业模式创新，从而获得合法性地位，逐渐成为近年管理营销学者所关注的热点[1]。共享经济作为一种新的经济形态、新的商业模式，不仅受我国当前复杂的制度环境影响与限制，还会促成新的制度逻辑的产生。因此，研究剖析合法性对共享经济商业模式的影响，帮助我国共享经济企业适应制度环境的同时进行商业模式创新，从而帮助其获得合法性地位。

（3）在企业组织领域，开展对共享经济的研究。共享经济不仅是一种新兴的经济形态或资源配置方式，也是一种新兴的商业模式、组织模式。目前，共享经济的组织"黑箱"尚未被打开，而研究共享经济商业模式有助于对其组织进行深入理解。企业组织领域作为管理学研究的重要领域，应当参与到共享经济的研究热潮中，增强对共享经济的解释力，并进一步丰富企业组织理论。

---

① 罗兴武、项国鹏、宁鹏、程聪：《商业模式创新如何影响新创企业绩效？——合法性及政策导向的作用》，载《科学学研究》2017 年第 7 期，第 1073～1084 页。

## 第三节 研究思路与方法

### 一、研究内容

研究内容呈现出逐层递进的逻辑顺序"引入价值共创和独创整合视角—探讨共享经济下的价值创造—价值创造视角是研究共享经济商业模式的重要视角—共享经济商业模式分类研究—不同模式类型的共享经济企业的合法性获取路径的异同"。(见图 1 – 1)

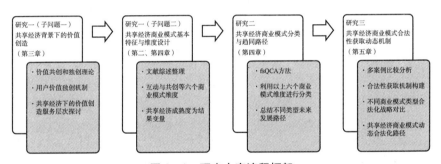

**图 1 – 1 研究内容流程框架**

价值创造是研究商业模式的重要理论视角,共享经济也不例外。首先,研究从"共享经济是如何进行价值创造的?"这一问题入手,在已有的共享经济价值共创及其机制构建的相关研究基础上,补充并构建了用户价值独创机制,并综合运用价值共创和独创理论对共享经济价值创造及其服务层次进行探讨,这不仅为后续共享经济商业模式研究提供一定的理论基础,也是对共享经济研究的重要补充。其次,通过典型文献整理出共享经济商业模式的基本特征也是判断商业模式类型的评估维度设计,并将共享经济成熟度为结果变量,运用 fsQCA 对共享经济商业模式进行分类与比较，从而总结出未来发展的趋同路径，为后续不同商业模式类型合法化战略对比以及合法化动态发展路径的进一步研究做铺垫。最后，研究采取多案例研究方法，通过层级编码，构建了以"制度环境—获取合法性的行为举措—合法化结果"为主结构、强调不同的"共享经济商业模式类型和特征"的共享经济商业模式合法性获取机制，并对相关问题进行探讨，从而得出理论贡献与管理建议。

综上，研究问题一的子问题一"共享经济背景下的价值创造"中，对现有研究进行补充构建了用户价值独创机制，编码得出消费社群的调节作用以及制度等环境因素对用户价值独创机制的影响，是本书的一大创新点。

为了更加系统地对研究问题进行分析和解释，实现预期的研究目标，研究共分为六章节。

第一章绪论。本章节主要阐述了选题的研究背景、内容、意义与创新点、整体思路与方法。通过研究的理论和现实背景分析，引出三个研究问题，并根据问题提出研究意义和可能的创新点，最后确定研究内容结构、技术路线和与之契合的研究方法。

第二章理论基础与文献综述。本章内容围绕研究问题和研究内容所涉及的理论基础进行系统回顾和有针对性的论述。具体包括：共享经济的内涵、分类与研究现状；商业模式的内涵与分类研究；共享经济商业模式的基本特点与研究现状（完成研究问题一的子问题：共享经济商业模式基本特点）；制度理论应用与合法性，即对制度环境、制度创业、制度压力以及合法性的基础概念、分类、策略等进行总结归纳；合法性与共享经济商业模式研究现状；价值共创和独创理论介绍。

第三章共享经济价值创造及其服务层次。是基于价值独创与共创理论视角的共享经济价值创造探讨。主要完成研究问题一"共享经济价值服务层次"。本章采用双案例研究方法，以平台型企业爱彼迎和社群型企业淘宝闲鱼为例，沿袭"动机—行为—结果"的研究思路，通过扎根理论深入分析与构建共享经济背景下用户价值独创机制。同时，在此基础上本章对"共享经济与传统经济价值创造服务层次"以及"与传统经济背景下顾客独创价值区别"进行探讨。值得一提的是，本书的研究编码得出消费社群的调节作用以及制度等环境因素对用户价值独创机制的影响，为后续研究做铺垫。

第四章共享经济商业模式分类与趋同路径。主要完成研究问题二的任务，并为研究问题三中案例选择提供依据。本章首先阐述了组态视角、QCA 与案例研究的关系以及 QCA 方法在商业模式研究应用的相关性和必要性。其次，运用模糊集定性比较分析（fsQCA）研究方法对共享经济企业商业模式进行分类即轻资产共创协同型、重资产层级型、资源共享平台型以及实体空间低技术型四种类型并对不同类型的未来发展路径进行案例分析与探讨。

第五章合法性获取机制研究。本章主要为了完成第三个研究问题"共享经济商业模式组织合法性获取机制研究"，聚焦于介绍如何设计案例研究、数据收集以及编码，与基于滴滴出行、哈啰和闲鱼三个企业的案例分析。即通过"环境—行为—结果"主结构分析和探讨共享经济企业在其"初创期—快速扩张期—领导期"不同发展阶段，采取哪些合法化策略来应对各阶段存在的有利的制度环境或制度压力。随后，通过案例分析，构建共享经济企业合法性获取机制；并对不同商业模式类型合法化战略对比以及共享经济商业模式合法化动态发展路径进行探讨。

第六章结论与建议。本章节对前面章节的分析内容和研究结论进行概述与总结，并在此基础上得出本书的理论贡献以及管理建议。此外，本章还对研究存在的局限做出说明，并提出未来研究展望。

## 二、研究方法

### （一）案例研究法

案例研究法（case study method）是一种常用的社会学实证研究方

法。案例研究是通过提炼和总结实践现象从而阐释关系之间的作用机理的基于实践的研究方法，它主要解释"是什么"和"怎样做"的问题①，可以深化一般理论在特定情境中的应用。

研究采用质性研究（qualitative research）方法，在分析方法上采用迈尔斯、胡伯曼的归纳式分析法②，遵循焦亚、科里、汉密尔顿的逐级编码形式③，编码的概念定义沿用施特劳斯、卡宾的开放编码（open coding）、轴心编码（axial coding）和选择性编码（selective coding）④。

为了确保所构建理论的信度和效度，研究采用多来源数据收集方法并使其形成三角验证。本书资料收集的总体时间为 2018～2019 年，主要途径为一手数据、二手数据相结合，其中：

1. 一手数据

作为本书的主要信息来源，一手数据包含：

（1）半结构化访谈。分别通过微信语音、平台私信或发送访谈问卷等形式，对共享经济用户进行 20～30 分钟的半结构式采访，访谈过程全程录音并进行详细记录。在访谈后 24 小时内将访谈录音整理形成文本存档。

（2）参与式观察。注册成为共享经济平台用户，在其多次使用后形成体验报告。

2. 二手数据

作为本书的辅助信息来源，二手数据主要包含：

（1）共享经济企业网站、重点关注用户评论。

（2）媒体报道，主要包括企业高层有较充足公开访谈影音文字资料。

① Yin R K. *Case Study Research*：*Design and Methods*. 4th edn. Thousand Oaks，CA：Sage，2009.

② Miles M B.，Huberman A M. *Qualitative Data Analysis*：*An Expanded Sourcebook*. 2nd edn. Thousand Oaks，CA：Sage，1994.

③ Gioia D A，Corley K G，Hamilton A L. Seeking Qualitative Rigor in Inductive Research：Notes on the Gioia Methodology. *Organizational Research Methods*，Vol. 16，No. 1，2013，pp. 15－31.

④ Strauss A，Corbin J. *Basics of Qualitative Research*. 3rd edn. Thousand Oaks，CA：Sage Publishing，2008.

（3）相关书籍和文献，主要渠道为企业及领导人介绍的相关书籍，知网数据库上的学术及商业期刊文献。

## （二）QCA 定性比较分析方法

QCA 定性比较分析法是一种集合分析的方法，与传统的相关性研究方法不同，QCA 研究方法重视探索多种变量对结果的综合影响，是一种针对组态的集合研究[①]。相较于传统的多元回归分析，QCA 方法分析的是集合与结果的联系而非变量与结果的联系。

与传统研究不同，定性比较分析（QCA）方法下的组态研究，着重多个自变量组合对目标变量的整体影响，在对复杂社会组织进行研究时，能通过分析多重并发因果关系，找到实现目标的不同路径。在本书中，主要用到清晰集定性比较分析（qsQCA）和模糊集定性比较分析（fsQCA）两种方法。通过对原始数据进行整理生成具有 $2^n$ 种组态的真值表，并通过尝试增加 $N+1$ 种自变量来解决矛盾组态。

一致性的计算公式为：consistency $(X_i \leqslant Y_i) = \sum [\min (X_i, Y_i)] / \sum (X_i)$

QCA 方法的一般步骤是先通过归纳演绎构建原因条件，以便选择合适的前因变量，然后再针对变量确定合理的校准标准，进行数据的校准。[②] 除了上述 QCA 方法的优势以外，在使用该方法时还应注意两点重要假设：QCA 方法遵从非对称假设，既包括因果的非对称性假设，又包括条件的非对称性假设。本书是对共享经济商业模式分类的探索研究，QCA 作为一种新的研究方法应用于管理学领域内，正适用于本书的情境。

① Ragin C C. *Redesigning Social Inquiry*：*Fuzzy Sets and Beyond*. Chicago：University of Chicago Press，2008.

② 杜运周、贾良定：《组态视角与定性比较分析（QCA）：管理学研究的一条新道路》，载《管理世界》2017 年第 6 期，第 155～167 页。

## 三、技术路线

本书的技术路线，如图 1-2 所示。

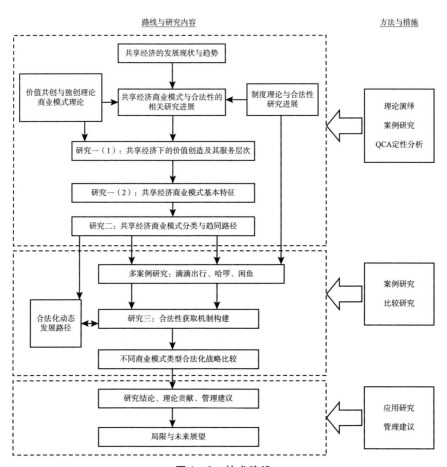

**图 1-2 技术路线**

# 第二章

# 理论基础与文献综述

## 第一节　制度理论及组织合法性

合法性（legitimacy）是制度理论中的核心概念，用来解释组织和外界环境关系并分析组织如何通过获得合法性地位来获取外部资源。合法化是制度化过程中的重要组成部分，它受制度情境的影响，是一个复杂的社会建构过程①，是企业获取社会支持和认可的过程。企业会根据制度环境来决定采取不同的合法化战略。第三个研究问题"共享经济企业合法性获取机制"在采用作为制度理论重要机制的合法性战略进行构建和案例分析外，制度逻辑、制度环境等相关概念也是重要补充，故此对制度理论及合法性方为一章节进行梳理并突出合法性的重要性。

### 一、制度理论

制度理论用于解释组织现象的主要理论视角，强调制度环境对组织

---

① Bitektine A，Haack P. The "Macro" and the "Micro" of Legitimacy：Toward a Multilevel Theory of the Legitimacy Process. *Academy of Management Review*，Vol. 40，No. 1，2015，pp. 49 – 75.

或个人行为的约束与作用机制①。制度理论是在社会学、经济学和政治学的基础上综合形成的，有的学者认为社会学的本质就是一门"关于制度的研究"。20 世纪七八十年代，外国学者迈耶、罗文将社会学中制度理论应用于组织研究，形成组织社会学的新制度主义学派，认为组织的行为和决策受制度影响②。

目前，企业战略领域所涉及的制度理论主要源于组织社会学。制度是高度抽象的概念，是一个社会的行事"规则"的集合，涉及社会、政治和经济等方方面面，影响着社会不同阶层的行为方式；学者斯科特给出了更为广义的定义：除了具体规章制度与约定俗成的习惯外，制度是提供稳定社会行为的一种具有认知性、规范性和规制性的活动。制度由正式制度和非正式制度两部分构成，其中正式制度是指法律法规、政策条款等明文规定的相对正式不易更改的制度，但是会随着环境和时代的变迁而不断发展的；而非正式制度则是一些约定俗成的文化、行为规范或活动准则，对人们的日常生活有着潜移默化影响，是人们长期形成的习惯、较难改变③。

制度逻辑（institutional logics）是制度的核心，它会产生特有的制度内容，组织若脱离制度内容，则不能解释社会关系对组织或个人行为的作用。企业作为一种社会组织，受限各种社会制度；面对不同制度逻辑的组织会采取各种相应策略从而促使组织变革，使组织呈现不同的特点④。制度逻辑是组织场域中稳定存在的制度化规范和相应的行动机制，是塑造场域内个人认知与行为的文化信仰和规制⑤。

---

① 尤树洋、杜运周、张祎：《制度创业的概念述评、量化分析与研究展望》，载《管理学报》2015 年第 11 期，第 1718～1728 页。

② Meyer, J., and Brian Rowan. Institutional Organizations: Formal Structure as Myth and Ceremony. *The American Journal of Sociology*, Vol. 83, No. 2, 1977, pp. 340 – 363.

③ Scott W. R. *Institutions and Organizations*. Thousand Oaks: Sage, 1995.

④ 杜运周、尤树洋：《制度逻辑与制度多元性研究前沿探析与未来研究展望》，载《外国经济与管理》2013 年第 12 期，第 2～10、30 页。

⑤ 缑倩雯、蔡宁：《制度复杂性与企业环境战略选择：基于制度逻辑视角的解读》，载《经济社会体制比较》2015 年第 1 期，第 125～128 页。

制度环境是指那些具有完善的规则和要求为特征的环境，包含正式制度因素和非正式制度因素。新制度主义学派把组织环境中制度要素和技术要素明显地区分开来，将组织环境划分为技术环境和制度环境[1]。技术环境强调企业的技术需求、资源与信息不同，制度环境侧重文化因素及其来源对组织的影响。受制度因素的影响，企业并非完全理性的，其行为也单单是由效率机制决定的。迈耶、罗文指出，制度环境中的是在复杂环境系统中的一个有机构成，是反映社会建构的现实[2]。目前，学术界已有一些研究对制度环境进行分类，其中最为典型的划为是学者比特克廷、哈克基于制度状态将制度环境分为制度稳定和制度不稳定，并在这两种状态下切换。制度稳定表现为主导制度逻辑难以撼动，组织一般不会对抗主导制度逻辑；而制度不稳定的环境下，组织都倾向建立新的主导制度逻辑并主动构建合法性[3]。基于制度内容的异同，将制度环境分为基于企业特有制度逻辑的制度环境和基于普适性制度逻辑的制度环境两种，侧重于具体制度逻辑和企业的相关性。国内学者邓晓辉、李志刚、殷亚琨和武琼在研究修辞策略的合法性管理时，从综合制度状态（稳定或不稳定）和制度内容（企业特有制度逻辑和普适性制度逻辑）两个维度，将制度环境分为四种类型[4]。

组织和环境的关系是相互作用的，组织既是制度环境的服从者，也是制度规则的制定者。制度压力的来源可以划分为规制压力、规范压力和认知压力三种，企业可以采取"嵌入"或"能动"战略来应对制度压力[5]。具体而言，"嵌入"是指企业受制度压力影响，会不

① Scott W. R. *Institutions and Organizations*. Thousand Oaks：Sage，1995.

② Meyer，J.，and Brian Rowan. Institutional Organizations：Formal Structure as Myth and Ceremony. *The American Journal of Sociology*，Vol. 83，No. 2，1977，pp. 340 – 363.

③ Bitektine A，Haack P. The "Macro" and the "Micro" of Legitimacy：Toward a Multilevel Theory of the Legitimacy Process. *Academy of Management Review*，Vol. 40，No. 1，2015，pp. 49 – 75.

④ 邓晓辉、李志刚、殷亚琨、武琼：《企业组织正当性管理的修辞策略》，载《中国工业经济》2018 年第 4 期，第 137 ~ 155 页。

⑤ 蔡宁、贺锦江、王节祥：《"互联网＋"背景下的制度压力与企业创业战略选择——基于滴滴出行平台的案例研究》，载《中国工业经济》2017 年第 3 期，第 174 ~ 192 页。

断地进行"同构"（不改变制度环境）以获取合法性，强调制度环境对组织的塑造。即企业基本上不具有能力和资源去挑战已经存在的社会结构情景。这也是早期新制度理论主要是关注于制度的稳定性和持久性，强调了制度环境对组织的影响主要表现为同构性压力，即制度是组织的外生变量，组织遵从其要求制度环境压力会通过强迫、模仿、规范三种机制①，促使组织最终同形；"能动"则指组织在应对制度压力时具有能动性，强调组织具有主动改变甚至重构制度环境的能力。

制度创业是创业者意识到改变既有制度或创造新制度所能获得的利益时，主动地对新理念、新价值以及新模式进行推广，从而获得新机会②③。企业的制度创业也可以理解为行动者调动资源改变现有制度或创造新的制度并合法化的过程④，可以通过聚集资源、利益在内的物质策略；以游说、贬低旧制度为主的话语策略；以及运用权威、联盟合作等组织策略来进行制度创业⑤。制度创业具备相对性、动态性和复杂性的特点。相对性，指打破已有制度框架约束的趋异性变革；动态性，随着制度创业者的推广，新制度会在长期获得越来越高的合法性，制度创业不是一个瞬间的行为，而是一个动态的、逐渐发展为制度框架整体变革的过程；复杂性是根据不同情境其表象不一致，体现在对象和形式上的多样性。

---

① Dimaggio P. J. , W. W. Powell. The Iron Cage Revisited: Institutional Isomorphism and Collective Rationality in Organizational Fields. *Advances in Strategic Management*, Vol. 48, No. 2, 2000, pp. 147 - 160.

② 尤树洋、杜运周、张祎:《制度创业的概念述评、量化分析与研究展望》，载《管理学报》2015 年第 11 期，第 1718 ~ 1728 页。

③ 肖红军、阳镇:《可持续性商业模式创新：研究回顾与展望》，载《外国经济与管理》2020 年第 9 期，第 3 ~ 18 页。

④ 徐二明、肖坚石:《中国企业制度创业战略选择探析》，载《科学学与科学技术管理》2016 年第 2 期，第 113 ~ 122 页。

⑤ 尚好:《商业模式创新与制度变革：合法性导向下的制度创业过程研究》，载《中国科技论坛》2020 年第 6 期，第 161 ~ 167 页。

## 二、组织合法性

韦伯是较早关注合法性在社会生活中作用的社会理论家之一。他强调在合法性秩序中存在的信念是行为的准则，是决定行为方式的评判标准①。帕森斯将合法性第一次纳入组织社会学研究中，运用合法性来解释组织制度结构趋同的现象②。随后，组织合法性的探讨受到学者们的关注。组织作为一种位于"可理解的、有意义的世界"中的行动主体，其行为不能仅仅追求效率以及利益最大化，还应考虑迎合群体政治力量、社会规则、利益相关者等制度环境中制度力量的要求。因此，组织需要在其生存环境中建立并维护合法性以谋求生存与发展。

合法性是新制度主义理论应用于战略管理理论发展的重要贡献，其打破了战略管理理论中将企业作为单纯追求效率的假设，将企业看作一种社会化的组织，强调企业的战略行为应适应和遵从规制、规范和认知等社会价值以及被大众所认可。合法性对于组织的发展至关重要，具备合法性的组织可以获取资源以及持续的支持③，诸如技术、财务和关系等关键资源④。合法性影响到组织的存亡，具备合法性的组织的成功率较高⑤。合法性影响到利益相关者如何理解组织的活动和战略。因此，苏克曼认为具备合法性的组织更有价值、更有社会意义，更可预测和值得信赖。基于合法性对组织生存与发展的重要作用，组织合法性的研究受到了学者们的重视。

①　Weber M. *Economy and Society*：*An Interpretive Sociology.* New York：Bedminister Press，1968.

②　Parsons T. *Structure and Process in Modern Societies.* Glencoe：Free Press，1960.

③　Ashforth B E，Gibbs B W. The Double-edge of Organizational Legitimation. *Organization Science*，1990，pp. 177 – 194.

④　Zimmerman M A，Zeitz G J. Beyond Survival：Achieving New Venture Growth by Building Legitimacy. *Academy of Management Review*，Vol. 27，No. 3，2002，pp. 414 – 431.

⑤　Singh，J. V.，Tucker. D. J.，House，R，J. Organizational Legitimacy and the Liability of Newness. *Administrative Science Quarterly*，Vol. 31，No. 2，1986，pp. 171 – 193.

## (一) 合法性概念及类型

合法性 (legitimacy) 作为新制度理论中的核心概念和最主要的行动逻辑, 是一种在既有社会体系建构的信念、规范、价值和标准中, 对组织行动的接受性、适当性和合意性的社会整体判断, 适用于解释组织和外界环境关系并分析组织如何通过获得合法性地位来获取外部资源①, 是一种 "能够帮助组织获得其他资源的重要战略资源"②。组织合法性的开创性研究始于对组织趋同现象的观察③, 是指组织除了在技术环境中追求效率之外, 还需要满足制度环境中不同要素的期待。

学界主要基于制度和战略两种视角。制度视角主张 "向内看", 认为合法性主要是对外部制度压力被动的回应, 是结构化的信念机制。同时, 它强调制度逻辑下合法性及合法性机制对组织的影响; 战略视角主张 "向外看", 苏克曼认为合法性则是一种独特的运营资源④, 包括了对组织存在的接受性、适宜性和期望性的社会整体判断, 代表了现有法规、价值观和信念等社会体系结构对组织活动的存在所提供的解释程度⑤, 并为企业获取其他成长资源提供了可能。组织可以凭借合法性这种 "操控性资源" 达成目标⑥, 强调企业与制度环境的互动以及组织主观能动性地发挥、改变或重构既存制度, 即通过企业战略行为可以获得

---

① Suchman M C. Managing Legitimacy: Strategic and institutional Approaches. *Academy of Management Review*, Vol. 20, No. 3, 1995, pp. 571 – 610.

② Zimmerman M A, Zeitz G J. Beyond Survival: Achieving New Venture Growth by Building Legitimacy. *Academy of Management Review*, Vol. 27, No. 3, 2002, pp. 414 – 431.

③ Meyer, J., and Brian Rowan. Institutional Organizations: Formal Structure as Myth and Ceremony. *The American Journal of Sociology*, Vol. 83, No. 2, 1977, pp. 340 – 363.

④ Suchman M C. Managing legitimacy: Strategic and Institutional Approaches. *Academy of Management Review*, Vol. 20, No. 3, 1995, pp. 571 – 610.

⑤ DiMaggio, P. J., Walter W. The Iron Cage Revisited: Institutional Isomorphism and Collective Rationality in Organizational Fields. *American Sociological Review*, Vol. 48, 1983, pp. 147 – 160.

⑥ Ashforth B E, Gibbs B W. The Double-edge of Organizational Legitimation. *Organization Science*, 1990, pp. 177 – 194.

合法性进而实现企业成长，如制度创业、企业社会责任及战略联盟等。相关合法性定义如表 2 - 1 所示。

表 2 - 1　　　　　　　　　　合法性的定义

| 学者 | 定义 |
| --- | --- |
| 辛格、图克、豪斯 | 组织内部成员或组织外的社会成员对组织权威结构的认同、支持和服从 |
| 苏克曼 | 一种普遍的认知或假设，认为组织所采取的行动是恰当的，是与社会结构系统的规范、价值观等相匹配的 |
| 斯科特 | 是一种反映文化取向、规范支持或符合法律法规的一种状况 |
| 道林、普费弗 | 强调了评价的视角，但相对于自我证明合法化的过程，更强调文化上的一致性 |
| 普费弗 | 环境中所期望的、接受的活动被看成具有合法性 |
| 齐默尔曼、蔡茨 | 新企业在成长中，其行为被利益相关者认为是值得的、合适的和恰当的。合法性是一种"能够帮助组织获得其他资源的重要战略资源" |
| 达信、奥利弗、罗伊 | 合法性是一种包含在规范、价值观、信念和规定的社会化制度结构内主体活动被期待正确或恰当的总体感知关系或整体设想 |
| 帕森斯 | 合法性意味着与组织活动相关的或组织活动所体现的社会价值观与社会系统中可接受的行为准则之间的一致性 |
| 迪普豪斯 | 利益相关者对组织的支持和认可的状态 |

资料来源：陈怀超、陈安、范建红：《组织合法性研究脉络梳理与未来展望》，载《中央财经大学学报》2014 年第 4 期，第 87 ~ 96 页。

随后，不同学者基于研究的需要对合法性进行了分类（见表 2 - 2）。例如，鲍威尔、迪马吉奥提出了三种机制来解释制度趋同或组织趋同现象——强制趋同机制、规范趋同机制及模仿趋同机制[①]。学者苏克曼从社会学角度，对合法性进行表述并将其划分为实用合法性、道德合法

---

[①] DiMaggio, P. J., Walter W. The Iron Cage Revisited: Institutional Isomorphism and Collective Rationality in Organizational Fields. *American Sociological Review*, Vol. 48, 1983, pp. 147 - 160.

性和认知合法性。他认为合法性是在由规范、价值观、信念、定义构建的社会系统中，一种行为被认可的、合适的或恰当的一般性感知和假设。

表 2 - 2                                              合法性分类

| 划分依据 | 分类 | 来源 |
|---|---|---|
| 社会制度 | 社会政治合法性和认知合法性 | 奥尔德里奇、菲奥尔 |
| | 实用合法性、道德合法性和认知合法性 | 苏克曼 |
| | 规制合法性、规范合法性及认知合法性 | 斯科特 |
| | 社会政治管制、社会政治规范和认知合法性 | 亨特、奥尔德里奇 |
| | 规制合法性、规范合法性、认知合法性、产业合法性 | 齐默尔曼和蔡茨 |
| | 规制合法性和文化合法性 | 奥尔德里奇 |
| 受众来源 | 规范合法性分为专家合法性、一般规范合法性 | 格林伍德 |
| | 内部合法性、外部合法性 | 辛格、图克、豪斯 |
| | 市场、投资、关系、社会以及联盟合法性 | 达信、奥利弗、罗伊 |
| 技术创新 | 技术合法性、管理合法性 | 卢比、斯科特 |

资料来源：笔者整理所得。

与鲍威尔、迪马吉奥提出的三种机制相对应，斯科特对组织合法性的分类最为经典，应用也最为广泛。他把组织合法性分成三类——规制合法性、规范合法性及认知合法性①。具体来说，规制合法性来自政府、行业协会等相关机构制定的一系列政策、规则等强制性约束，强调组织的行为必须遵守和适应；企业需要按照相关政策、规则从事经营活动并应当取得各种质量和资质认定；规范合法性来自社会价值观、社会规范对组织行为的约束，要求组织行为与其保持一致性；认知合法性来自大众对某种活动或行为的理解及广为接受的社会事实。规范合法性要求企业"做正确的事"，而认知合法性基于公众的"普遍接受"，侧重

① Scott W. R. *Institutions and Organizations*. Thousand Oaks：Sage，1995.

于"被人们所理解和认可"的状态①，强调人们的感受、认知和接受，要求企业"正确地做事"。

## （二）合法性获取机制

在合法性约束下，企业的成功取决于管理者对合法性的重视程度以及采取恰当的合法化行动。合法化是制度化过程中的重要组成部分，它受制度情境的影响，是一个复杂的社会建构过程②，是企业获取社会支持和认可的过程。

企业应该根据制度情境采取不同的合法化战略③（见表 2 - 3、表 2 - 4），其中，齐默尔曼和蔡茨的合法化战略划分较为经典的是从外部环境视角出发的"依从、选择、操控以及创造环境战略"。具体而言，依从环境，即企业在当前的制度环境下，开展的活动尽可能地满足现有制度的要求，常出现于制度情境难以改变。选择环境，即企业发现有支持组织行为的利益相关者且在有选择更为有利环境的条件时所应选择合法化战略；操纵环境，即影响和改变现有的环境，使得制度环境更有利于组织发展，常出现于现有制度无法完全接受企业较大的创新活动④；创造环境，即创造新的有利制度环境来支持企业发展，常出现于缺乏支持新企业的规制、规范以及认知基础的新兴领域。企业需要构造新词汇、制造新标签⑤、制度创业和普及新模式等，以建立新领域作为实体的声誉，从而获得合法性。

---

① 陈怀超、陈安、范建红：《组织合法性研究脉络梳理与未来展望》，载《中央财经大学学报》2014 年第 4 期，第 87~96 页。

② Bitektine A, Haack P. The "Macro" and the "Micro" of Legitimacy：Toward a Multilevel Theory of the Legitimacy Process. *Academy of Management Review*, Vol. 40, No. 1, 2015, pp. 49 - 75.

③ Scott W. R. *Institutions and Organizations*. Thousand Oaks：Sage, 1995.

④ 陈怀超、陈安、范建红：《组织合法性研究脉络梳理与未来展望》，载《中央财经大学学报》2014 年第 4 期，第 87~96 页。

⑤ Aldrich H E, Fiol C M. Fools Rush In? The Institutional Context of Industry Creation. *Academy of Management Review*, Vol. 19, No. 4, 1994, pp. 645 - 670.

表 2 – 3 合法性获取战略

| 合法性战略 | 学者 |
|---|---|
| 实质性管理、象征性管理 | 阿什福思、吉布斯 |
| 依从环境、选择环境、操控环境战略 | 苏克曼 |
| 依从环境、选择环境、操控环境以及创造环境战略 | 齐默尔曼、蔡茨 |
| 默许、妥协、规避、挑战与操纵 | 奥利弗 |
| 嵌入、能动及其组合战略 | 蔡宁、贺锦江、王节祥 |
| 结构化、绑定和撬动资源 | 王凯、柳学信 |

资料来源：笔者整理所得。

表 2 – 4 合法性获取战略以及相应策略举例

| 合法性 | 依从环境战略 | 选择环境战略 | 操控环境战略 | 创造环境战略 |
|---|---|---|---|---|
| 规制合法性 | 遵从政府规章制度<br>● 及时回应需求<br>● 与利益相关者建立联系、建立声誉 | 选择有利的市场<br>● 选择有税收减免的地区进入市场 | 游说改变既有规则<br>● 广告树立品牌形象 | 创造新规章规则<br>● 制度创业 |
| 规范合法性 | 顺应社会规范、价值观<br>● 提供合适产品与服务嵌入于制度 | 选择价值观和规范更易被接受的领域<br>● 共享单车先进入大学校园 | 改变现有的规范和价值观<br>● 展示所得成就<br>● 改变利益相关者观点 | 发展规范和价值观<br>● 提供新产品与服务 |
| 认知合法性 | 遵守既有的模式、惯例<br>● 模仿标准<br>● 运营专业化规范化 | 选择既有模式和惯例被认可的领域<br>● 选择认证体系 | 改变现有的信念、模式与行为实践<br>● 制度化、持续性 | 创造新的运营模式<br>● 普及标准化新模式<br>● 利用信息技术 |

资料来源：陈怀超、陈安、范建红：《组织合法性研究脉络梳理与未来展望》，载《中央财经大学学报》2014 年第 4 期，第 87 ~ 96 页；Zimmerman M A, Zeitz G J. Beyond Survival：Achieving New Venture Growth by Building Legitimacy. *Academy of Management Review*, Vol. 27, No. 3, 2002, pp. 414 –431.

## 第二节 价值共创与独创理论

### 一、价值共创理论

价值共创，是指生产者和消费者共同合作创造价值。它是继商品主导逻辑（goods-dominant logic）之后，基于服务主导逻辑（service-dominant logic）而形成的一种新的营销理念。外国学者普拉哈拉德、拉马斯瓦米首次从企业竞争视角对价值共创进行了明确的定义，认为价值是由企业和顾客一起创造的，而非企业单独创造[①]。

此后，学术界从企业竞争视角，系统福利视角[②]，体验环境构建[③]，以及资源整合与顾客互动[④]等不同视角对价值共创概念的界定。虽然对价值共创的定义不一，但基本都强调互动是其核心内容，是共创价值的实现过程。然而，共创价值的行为过程实际是企业与顾客之间的互动，其研究则聚焦于企业与顾客的二元关系。如外国学者罗鲁斯、沃玛明确指出价值共创是一个直接互动的过程，说明了企业在价值共创过程中与顾客直接互动的重要性[⑤]。但是，其互动实质上是一种垂直模式，企业

---

① Prahalad C K, Ramaswamy V. Co – Creation Experiences：The Next Practice in Value Creation. *Journal of Interactive Marketing*, Vol. 18, No. 3, 2004, pp. 5 – 14.

② Vargo S L, Maglio P P, Akaka M A. On Value and Value Co-creation：A Service Systems and Service Logic Perspective. *European Management Journal*, Vol. 26, No. 3, 2008, pp. 145 – 152.

③ Gebauer H, Johnson M, Enquist B. Value Co-creation as a Determinant of Success in Public Transport Services：A Study of the Swiss Federal Railway Operator（SBB）. *Managing Service Quality*, Vol. 20, No. 6, 2010, pp. 511 – 530.

④ Lambert D M, Enz M G. Managing and Measuring Value Co-creation in Business-to-business Relationships. *Journal of Marketing Management*, Vol. 28, No. 13 – 14, 2012, pp. 1588 – 1625.

⑤ Grönroos C., Voima P. Critical Service Logic：Making Sense of Value Creation and Co-creation. *Journal of the Academy of Marketing Science*, Vol. 41, No. 2, 2013, pp. 133 – 150.

仍然是互动的主导者①。因此，学者们主要从企业视角来探寻价值共创过程，即企业如何成功地进行价值共创。其中，普拉哈拉德、拉马斯瓦米提出的 DART 价值共创管理模型较为经典，即对话（dialogue）、获取（access）、风险评估（risk assessment）、透明（transparency）是推动企业搭建价值共创环境的四个重要策略。价值共创可以激发企业核心竞争力、维持创新能力并持续获得新的经济收益。

佩恩、斯托巴卡和芙劳②认为价值共创是指存在至少两种自愿的资源整合者，通过个性化的互利合作最终实现彼此价值创造的一种交互式的过程。基于服务、顾客价值及关系营销等多种理论，将价值共创分顾客方价值创造过程、供应方价值创造过程以及遭遇过三个过程。学者瓦戈、卢施基于服务主导逻辑将价值共创理论理解为消费者作为资源整合者参与到共创价值体系中，通过利用各方面的资源和互动与企业共同创造价值，并强调价值并不是交换价值（value-in-exchange），而是使用价值（value-in-use）③。顾默桑、梅尔进一步完善了共创价值的概念，提出了价值共创的概念框架和五个基本命题。他们认为价值共创的整个过程包括互动和资源整合两个阶段，并指出服务主导逻辑注重的使用价值和产品主导逻辑注重的交换价值都不能涵盖价值共创的内涵，他们从网络层面提出了情境价值（value in context）的观点，认为情境价值可以涵盖消费者导向的使用价值和生产者导向的交换价值，可以更加清楚地界定价值共创的内涵。此外，还有许多学者对价值共创赋予了新的概念。多尔恩认为价值共创就是企业和消费者通过共同采取创意、设计和其他自主行为，在价值创造的过程中共同合作。李、金将价值共创定义为"价值共创是能够为服务增加互惠价值的顾客公民

---

① Alves H. Co-creation and Innovation in Public Services. *Service Industries Journal*, Vol. 33, No. 7-8, 2013, pp. 671-682.

② Payne A, Storbacka K, Frow P, et al. Co-creating Brands: Diagnosing and Designingthe Relationship Experience. *Journal of Business Research*, Vol. 563, No. 3, 2009, pp. 379-389.

③ Vargo S L, Lusch R F. Evolving to a New Dominant Logic for Marketing. *Journal of Marketing*, Vol. 68, No. 1, 2004, pp. 1-17.

行为"①。国内学者杨学成、涂科在探寻共享经济价值共创机制时，将其定义为企业或组织与顾客之间通过直接互动共同创造价值的过程②。

## 二、顾客独创价值理论

随着服务主导逻辑向顾客主导逻辑的转变，以及价值创造的研究重点从企业生产过程向顾客消费过程的转移③，顾客独创价值受到学者们的关注。起初，学者们只是在研究价值共创过程中发现顾客独创价值的现象并进行了描述④。随后，罗鲁斯教授在研究价值创造过程时，将其分为价值促进、价值共创和单独和创造三个阶段，并首次提出了"顾客单独价值创造"（customer sole value creation）⑤。罗鲁斯认为价值是由顾客单独完成的，企业并不参与，是区别于价值共创的一种价值创造模式。然而，在这一阶段的研究重心仍然是基于服务主导逻辑的共创与互动，只是强调顾客在创造价值过程中的主导作用。在国外学者海诺宁等提出了顾客主导逻辑（customer dominant logic）后，顾客独创价值才正式进入了概念化阶段⑥。

顾客独创价值（customer independent value creation）由罗鲁斯教授、沃玛在研究价值创造过程中正式提出的⑦，是指顾客将企业提供的产品

---

① Lee Y, Kim I. A Value Co-creation Model in Brand Tribes: the Effect of Luxury Cruiseconsumers, Power Perception. *Service Business*, Vol. 13, No. 1, 2019, pp. 129 – 152.

② 杨学成、涂科：《出行共享中的用户价值共创机理——基于优步的案例研究》，载《管理世界》2017 年第 8 期，第 154 ~ 169 页。

③ 李耀、周密、王新新：《顾客独创价值研究：回顾、探析与展望》，载《外国经济与管理》2016 年第 3 期，第 73 ~ 85 页。

④ Payne A, Storbacka K, Frow P, et al. Co-creating Brands: Diagnosing and Designingthe Relationship Experience. *Journal of Business Research*, Vol. 563, No. 3, 2009, pp. 379 – 389.

⑤ Grönroos C. Adopting a Service Logic for Marketing. *Marketing Theory*, Vol. 6, No. 3, 2006, pp. 317 – 333.

⑥ Heinonen K., Strandvik T., and Jacob Mickelsson K., Edvardsson B., Sundström E., Andersson P. "A Customer – Dominant Logic of Service", *Journal of Service Management*, Vol. 21, No. 4, 2010, pp. 531 – 548.

⑦ Grönroos C., Voima P. Critical Service Logic: Making Sense of Value Creation and Co-creation. *Journal of the Academy of Marketing Science*, Vol. 41, No. 2, 2013, pp. 133 – 150.

或服务作为生产资源投入自己的消费过程，通过消费活动创造价值，企业的生产和顾客的消费是两个相互独立的过程，企业不参与顾客的消费过程，即价值由顾客单独创造①。国内学者郑凯、王新新为了与"共创价值"概念相呼应，将其简称为"顾客独创价值"②。罗鲁斯教授认为顾客独创价值是区别于价值共创的一种价值创造模式，不同在于是否存在企业与顾客之间互动③。郑凯、王新新在研究互联网下的顾客独创价值时，不再强调价值创造发生在顾客消费的过程中，并指出顾客是价值创造者，企业可能是价值创造的协助者。李耀、周密和王新新结合其已有研究将顾客独创价值定义为"顾客在日常消费过程中进行的以产品为基础的自主生产创造行为，由顾客独立完成，企业并不参与"，这种情况下顾客和企业之间并没互动的产生。学者杨学成、涂科将其翻译成"顾客价值独创"并较为系统地梳理其理论发展的三个阶段，并将其定义为：顾客在没有与企业或组织发生直接互动的情况下，单独创造价值的过程④。顾客独创价值是顾客的自主创造行为，它受自我实现、刺激体验、知识获取等自主动机和独特需求、成本节约等受控机的驱动⑤。在随后的研究中，李耀、周密和王新新基于情景模拟实验的方法发现，顾客知识对顾客独创价值行为具有驱动作用，而创意效能和内在动机则作为其链式中介变量。

目前，有关顾客独创价值的研究大多集中于理论推导的初级阶段，如顾客独创价值的概念、特征与动机；结果与途径⑥等，具体来说，顾

① Grönroos, C. Marketing as Promise Management: Regaining Customer Management for Marketing. *Journal of Business & Industrial Marketing*, Vol. 29, No. 5, 2009, pp. 351 – 359.

② 郑凯、王新新：《互联网条件下顾客独立创造价值理论研究综述》，载《外国经济与管理》2015 年第 5 期，第 14 ~ 24 页。

③ 李耀、王新新：《价值的共同创造与单独创造及顾客主导逻辑下的价值创造研究评介》，载《外国经济与管理》2011 年第 9 期，第 43 ~ 50 页。

④ 杨学成、涂科：《行共享中的用户价值共创机理——基于优步的案例研究》，载《管理世界》2017 年第 8 期，第 154 ~ 169 页。

⑤ 李耀、周密、王新新：《顾客独创价值研究：回顾、探析与展望》，载《外国经济与管理》2016 年第 3 期，第 73 ~ 85 页。

⑥ 李耀：《顾客单独创造价值的结果及途径——一项探索性研究》，载《管理评论》2015 年第 2 期，第 120 ~ 127 页。

客独创价值的动机可以分为自主动机和受控动机两种，其途径与方式可以分为消费体验、消费社群、消费代理和消费抵制四种①；同时，李耀认为顾客对操作对象的认知加工是顾客独创价值的主要途径②；随后，他又指出顾客独创价值的途径还包括顾客之间合作、竞争和交换等互动以及顾客与消费对象间认知和行为的互动；此后，李耀、周密和王新新基于情景模拟实验的方法发现，顾客知识对顾客独创价值行为具有驱动作用，其中创意效能和内在动机是其链式中介变量③。

此外，郑凯、王新新探析了互联网背景下顾客独创价值是发生在顾客消费的过程中，强调顾客是价值创造者，企业可能是协助者，而价值创造的主要途径是顾客之间的强互动和弱互动④。同时，李耀、周密和王新新将顾客独创价值的创造方式系统地归纳为线上与线下生活两类，并认为该过程需经过顾客设计、顾客生产和顾客分享三个阶段。关于顾客独创价值的结果和影响，李耀提出顾客忠诚、顾客体验、顾客身份构建和消费内容构建是顾客独创价值的创造结果⑤；随后他进一步阐述了顾客独创价值对顾客与企业的影响，其中对顾客的影响包括享乐需求的满足和功能需求的满足两个方面，对企业的影响包括产品价值提升、顾客与企业间关系改善和企业创新能力提升三个方面。此外，杨学成、涂科以出行共享企业优步为例，通过梳理价值共创和顾客独创价值理论，将共享经济模式下出行行业价值创造分为三个阶段，并认为在用户接触阶段，由于共享经济用户并未与平台有直接接触，其价值创造方式为用户独创价值，并认为用户独创价值是共享经济价值创造中的关键创造方式。

---

① 李耀、王新新：《价值的共同创造与单独创造及顾客主导逻辑下的价值创造研究评介》，载《外国经济与管理》2011 年第 9 期，第 43～50 页。

② 李耀：《顾客主导逻辑下顾客单独创造价值——基于认知互动视角的实证研究》，载《中国工业经济》2014 年第 1 期，第 101～113 页。

③ 李耀、周密、王新新：《顾客知识对顾客独创价值行为的驱动机理：一个链式中介模型》，载《管理评论》2017 年第 7 期，第 103～112 页。

④ 郑凯、王新新：《互联网条件下顾客独立创造价值理论研究综述》，载《外国经济与管理》2015 年第 5 期，第 14～24 页。

⑤ 李耀：《顾客单独创造价值的结果及途径——一项探索性研究》，载《管理评论》2015 年第 2 期，第 120～127 页。

综上，顾客独创价值现象随着网络信息技术、经济发展与顾客自主意识的提升而增多，但其理论研究相对落后。就研究内容与方法而言，大多集中于文献综述与理论推导的初级阶段，有关顾客独创价值影响因素以及机制形成的实证研究仍为空缺；就研究对象与背景而言，目前的研究大多集中于传统经济背景下顾客如何进行价值独创的，而在互联网技术发展的新兴经济背景下的研究较少。虽然郑凯和王新新（2015）将顾客独创价值应用于互联网情境，发现顾客之间强弱互动是价值创造的主要途径，强调顾客是价值创造者，企业是协助者；或在共享经济背景下进行论述与应用，发现在用户接触阶段，由于共享经济用户并未与平台有直接接触，其价值创造方式为用户独创价值[①]。但新兴情境下的顾客独创价值理论研究仍屈指可数。基于此，研究新情境下尤其是依托互联网技术发展的共享经济背景下的用户价值独创机制的实证研究具有一定的紧迫性和创新性。

## 第三节　商业模式理论

### 一、商业模式内涵

商业模式被用于凝练和概括企业如何创造并获取价值的基本逻辑。作为一个新的研究领域，近年来受到学术界广泛的关注。研究主要聚焦于商业模式定义、分类等基础理论研究、商业模式创新以及企业战略的运用上[②]。但仍有一定的共性即商业模式是一种新的分析单元，不仅关注价值获取更关注价值创造，强调系统性地解释企业如何经营，而企

---

[①] 杨学成、涂科：《行共享中的用户价值共创机理——基于优步的案例研究》，载《管理世界》2017 年第 8 期，第 154～169 页。

[②] Zott C, Amit R, Massa L. The Business Model: Recent Developments and Future Research. *Journal of Management*, Vol. 37, No. 4, 2011, pp. 1019–1042.

业、合作伙伴和顾客在其中起了重要作用。同时，商业模式的本质是"企业的价值创造逻辑"获得了中外学者的共识①，是"一种集合②、一种主张、一种叙述、一种表现、一种行为逻辑③、一种基础架构、一种概念化模式、一种结构模式、一种方式④、一种新的分析单元⑤、一种框架等"。

国外学者蒂默尔斯首次将商业模式的内涵明确：商业模式是由产品、服务与信息流构成的体系，是企业商业活动参与者的利益与企业利润来源⑥。佐特、阿密特认为商业模式是描述客户价值主张，价值创造和价值获取等活动连接的架构，其分析单位为客户、公司，以及合作伙伴之间连接的架构，该架构涵盖了企业为满足客户价值主张而创造价值，最终获取价值的概念化模式⑦。国内学者罗珉、李亮宇认为商业模式是用于整合组织本身、顾客、供应链伙伴、员工、股东或利益相关者来获取超额利润的一种战略创新意图和可实现的结构体系以及制度安排的集合。德米尔、莱科克则认为商业模式是企业为实现自己提出的顾客价值主张而设计的业务活动组合。姚小涛、黄千芷和刘琳琳通过梳理以往文献认为商业模式是通过某种特定的方式为企业与客户等相关者创造价值，从而创建商业、促进企业成长的商业逻辑。

由于学术界对商业模式的表述不一，一些学者试图对这些定义进行归纳总结。莫里斯、辛德胡特和艾伦将商业模式定义可分为经济类、运

---

① 原磊：《商业模式体系重构》，载《中国工业经济》2007年第6期，第70～79页。

② 罗珉、李亮宇：《互联网时代的商业模式创新：价值创造视角》，载《中国工业经济》2015年第1期，第95～107页。

③ Casadesus - MasnaellR., Ricart J. E. From Strategy to Business Models and onto Tactics. *Long Range Planning*, Vol. 43, No. 3, 2010, pp. 195 – 215.

④ 姚小涛、黄千芷、刘琳琳：《名正则言顺？——"共享"之名下的共享单车商业模式与制度组凑案例探析》，载《外国经济与管理》2018年第10期，第139～152页。

⑤ 李鸿磊：《基于价值创造视角的商业模式分类研究——以三个典型企业的分类应用为例》，载《管理评论》2018年第4期，第257～272页。

⑥ Timmers P. Business Models for Electronic Markets. *Journal on Electronic Markets*, Vol. 8, No. 2, 1998, pp. 3 – 8.

⑦ Zott C, Amit R. Business Model Design：An Activity System Perspective, *Long Rangw Planning*, Vol. 43, No. 2, 2010, pp. 216 – 226.

营类、战略类。国内学者也常将商业模式定义分为三类，如张其翔、吕廷杰分为组织理论视角、经营系统视角、价值创造视角；原磊通过详细分析了国外研究者的概念研究，认为商业模式的概念是存在"经济向运营、战略和整合递进"的逻辑关系①。项国鹏、杨卓和罗兴武整理 2000年以后的商业模式研究将其分为战略、经营系统（组织内部结构）、价值创造三个视角②，也是本书对商业模式概念划分的主要依据（见表 2 - 5）。

表 2 - 5                                商业模式的定义

| 视角 | 定义 | 学者 |
| --- | --- | --- |
| 战略管理 | 商业模式的本质是企业向顾客传递价值、诱发顾客为价值买单、并将顾客支付转变为利润的途径 | 蒂斯 |
| | 商业模式是公司实现战略的反映 | 卡萨德修、里卡特 |
| | 商业模式是解释如何在限定市场持续创造竞争优势 | 莫里斯、辛德胡特、艾伦 |
| 战略管理 | 商业模式是商业战略的概念和结构上的实施以及商业过程的基础 | 奥斯特瓦尔德、皮格纽 |
| | 商业模式是鼓励企业战略创新的流程、产品与服务营销，通过改变市场竞争过程中的主要盈利条件来赢得竞争优势 | 罗兴武 |
| 经营系统视角 | 商业模式是产品、服务和信息流的架构，是各种商业角色及其作用以及其潜在利益和收益来源的描述 | 蒂默尔斯 |
| | 商业模式是一个基于交易链接获得的事实，超越核心企业并扩展其边界的相互依赖的活动系统 | 佐特、阿密特 |
| | 商业模式是目标企业与其合作伙伴共同连接的交易活动系统以及互动机制 | 阿密特、佐特 |

---

① 原磊：《商业模式体系重构》，载《中国工业经济》2007 年第 6 期，第 70~79 页。
② 项国鹏、杨卓、罗兴武：《价值创造视角下的商业模式研究回顾与理论框架构建——基于扎根思想的编码与提炼》，载《外国经济与管理》2014 年第 6 期，第 32~41 页。

续表

| 视角 | 定义 | 学者 |
|---|---|---|
| 价值创造 | 商业模式是指为实现价值共创、共享、合作共赢，生产者、消费者、合作伙伴三方利益相关者，在研发生产、营销交易和服务体验三大环节，基于资源能力所形成的互补性组合相应的交易结构、盈利模式和收支方式 | 李鸿磊 |
| | 商业模式是开发、识别机会的价值创造机制，并通过内容创新、结构创新和治理创新加以实现 | 阿密特、佐特 |
| | 商业模式是各个要素共同作用于价值创造和价值获取 | 约翰逊、克里斯坦森 |
| | 商业模式是描述价值创造、价值传递和获取机制的设计或架构 | 蒂斯 |
| | 商业模式是企业的自我维持并清楚表达价值链中的定位及如何获利 | 拉帕 |
| | 商业模式是解释企业如何运营的故事 | 玛格丽特 |
| | 商业模式描述企业为其利益相关者提出的价值主张的基本细节，以及企业用来为客户创造和交付价值的活动体系 | 佐特、阿密特、玛莎 |

资料来源：原磊：《商业模式分类问题研究》，载《中国软科学》2008 年第 5 期，第 35 ～ 44 页；孙凯、王振飞、鄢章华：《共享经济商业模式的分类和理论模型——基于三个典型案例的研究》，载《管理评论》2019 年第 5 期，第 97 ～ 109 页；项目鹏、杨卓、罗兴武：《价值创造视角下的商业模式研究回顾与理论框架构建——基于扎根思想的编码与提炼》，载《外国经济与管理》2014 年第 6 期，第 32 ～ 41 页等文献梳理所得。

## （一）战略管理视角

商业模式是企业战略的核心反映，是战略管理的中介机制从而改善企业价值链①。商业模式是鼓励企业战略创新的流程、产品与服务营销，通过改变市场竞争过程中的主要盈利条件来赢得竞争优势②。商业

---

① Casadesus – Masnaell R., Ricart J. E. From Strategy to Business Models and onto Tactics. *Long Range Planning*, Vol. 43, No. 3, 2010, pp. 195 –215.

② Demil B., Lecocq X. Business Model Evolution: In Search of Dynamic Consistency. *Long Range Planning*, Vol. 43 (2 /3), 2010, pp. 354 –363.

模式的本质在于定义企业向顾客传递价值、诱发顾客为价值买单、并将顾客支付转变为利润的途径和方式①。基于此，德米尔、莱科克认为资源和能力、组织结构、价值主张三个维度构成商业模式；莫里斯、辛德胡特和艾伦将商业模式解构为战略、运营和财务三个维度。

## （二）经营系统视角或企业内部结构视角

商业模式被认为是企业的运营系统，重在通过内部流程和组织框架设计实现企业绩效，其主要源于"结构—行为—绩效"（SCP）的分析范式以及企业资源基础观。商业模式是企业活动的集合，包括战略、组织、技术、伙伴网络等②，其中合作关系发挥了关键作用③。商业模式是对组织运营管理与运营业务的描述，是组织运营管理过程中一系列元素的体现。因此，商业模式受到企业资源、价值链和利益相关者、社会环境的影响。

## （三）价值创造视角

商业模式是企业的经济运行模式，其本质是企业获取利润的逻辑。价值创造视角来源于学者波特的价值链分析框架，强调通过基本活动和支持活动的价值链的构成要素，来创造公司价值。在价值创造视角下，强调商业模式以价值为核心，包含价值主张、价值创造、价值获取三个部分，其本质就是探究价值主张、价值创造、价值获取之间的逻辑关系④。可见，价值三个维度之间的逻辑关系解释了商业模式运营的内在机理，而价

---

① Teece D. J. Business Models, Business Strategy and Innovation. *Long Range Planning*, Vol. 43, 2010, pp. 172 – 194.

② Morris M, Schindehutte M, Allen J. The Entrepreneur's Business model: Toward a Unified Perspective. *Journal of Business Research*, Vol. 58, No. 6, 2005, pp. 726 – 735.

③ Timmers P. Business Models for Electronic Markets. *Journal on Electronic Markets*, Vol. 8, No. 2, 1998, pp. 3 – 8.

④ Bocken N, Boons F, Baldassarre B. Sustainable Business Model Experimentation by Understanding Ecologies of Business Models. *Journal of Cleaner Production*, Vol. 208, 2019, pp. 1498 – 1512.

值创造作为商业模式的核心，反映了一个商业模式的核心竞争力。

深入了解商业模式，需要综合考虑其各个视角的定义与内涵。通过梳理可见，价值创造视角下的商业模式研究最为广泛、影响最大[①]，其更有利于增进对商业模式系统性和动态性的认知[②]，也为企业商业模式创新提供了坚实的理论依据。

## 二、商业模式分类

目前，有关商业模式的分类，更多聚焦于价值创造视角，涉及价值创造的属性、环节、方式载体以及组合模式等（见表2－6）。

表2－6　　　　　　基于价值创造的商业模式分类

| 视角 | 分类 | 学者 |
|---|---|---|
| 模式属性 | 战略性、颠覆性、模仿性、聚焦性 | 杨俊、薛鸿博、牛梦茜 |
| 创造环节 | 以企业具体运营为标准分为生产型、分销型和服务型 | 黄培、陈俊芬 |
| 创造方式 | 效率型、新颖型、锁定型和互补型 | 佐特、阿密特 |
| 创造方式 | 基于"角色"和"环节"的组合产生研发生产聚合型、营销交易聚合型、服务体验聚合型、研发生产关联型、营销交易关联型、服务体验关联型、研发生产型、营销交易型以及服务体验型 | 李鸿磊 |
| 传递载体 | 用价值内容和技术基础内外混合的二维度对商业模式整合出12种类型，其中将产品和服务分为：一般性、知识性和体验性；将技术基础划分为：专有性和共有性 | 原磊 |
| 传递载体 | 根据企业在价值链中的定位、竞争优势和潜在利润三个维度将其划分为聚焦型、一体化型、协调型和核心型 | 曾楚宏、朱仁宏、李孔岳 |
| 传递载体 | 价值链延展型和价值链拆分型 | 陈玉锋 |

资料来源：笔者根据相关文献整理所得。

---

① 项国鹏、杨卓、罗兴武：《价值创造视角下的商业模式研究回顾与理论框架构建——基于扎根思想的编码与提炼》，载《外国经济与管理》2014年第6期，第32～41页。

② Zott C, Amit R, Massa L. The Business Model: Recent Developments and Future Research. *Journal of Management*, Vol. 37, No. 4, 2011, pp. 1019－1042.

李鸿磊基于价值创造视角，以"企业的功能角色"和"价值创造环节"两个维度构成的商业模式"九宫格"分类法①。企业在其商业模式中扮演着"产品（服务）生产者""伙伴引入者""平台提供者"三种角色；可以从研发生产、营销交易和服务体验三大环节创造价值。通过"九宫格"分类法，可以把现实中复杂的商业模式拆分成一个或多个基本模式组成的"互补性组合"，从而区分不同商业模式的价值创造逻辑，并为企业商业模式升级与创新提供可选择的路径。杨俊、薛鸿博和牛梦茜基于商业模式价值创造的基础架构和竞争优势价值，将商业模式分为战略性、颠覆性、模仿性、聚焦性商业模式四种②。

## 第四节　共享经济概述

### 一、共享经济起源与内涵

"共享经济"最早以"协同消费"一词出现在 1978 年的《美国行为科学家》杂志上，指个人或多人与他人共同参与活动、消费经济产品或服务的过程。2010 年，英国学者雷切尔·布茨曼发现，人们开始越来越注重产品的使用价值而非私有价值，其共享性而非独占性，并在出版著作《我的就是你的："协同消费"的兴起》中指出"协同消费"将给革命性地颠覆人们的消费模式。然而，国外学者贝尔克将其进一步限定，强调必须支付相应报酬来获得资源③。当"协同消费"的概念嵌入

---

① 李鸿磊：《基于价值创造视角的商业模式分类研究——以三个典型企业的分类应用为例》，载《管理评论》2018 年第 4 期，第 257～272 页。

② 杨俊、薛鸿博、牛梦茜：《基于双重属性的商业模式概念化与研究框架建议》，载《外国经济与管理》2018 年第 4 期，第 96～109 页。

③ Belk R., You are What You Can Access: Sharing and Collaborative Consumption Online. *Journal of Business Research*, Vol. 67, No. 8, 2014, pp. 1595–1600.

互联网时代后，被理解为"依托互联网社区平台，以 P2P 点对点的方式，通过租赁、交换等方式获取、给予或共享物品和服务使用权的过程"①。

著有《零边际成本社会》的经济学家杰里米·里夫指出："共享经济是一种逐渐走向世界舞台的新型经济体系。"关于共享经济，国内外现在还没有一个约定俗成的定义。斯特凡尼认为共享经济是一个弱化所有权的过程，即依托互联网将未充分利用的物品的使用权提供于其他需要的用户。其本质是整合线下的闲散物品或服务者，以较低的价格提供产品或服务，在交易过程中，供给方通过在特定时间内让渡物品的使用权或提供服务获得一定的金钱回报，需求方不直接拥有物品的所有权，而是通过租、借等共享的方式使用物品。此外，孙凯、王振飞和鄢章华将共享经济含义广义和狭义之分，狭义共享经济强调资源的闲置性，指用户间通过共享平台分享闲置物品或资源，从而获取利益的经济活动；广义共享经济则指基于互联网技术，用户或组织间资源共享的商业模式②。笔者对共享经济进行了相关的整理，如表 2-7 所示。

表 2-7 共享经济定义整理

| 定义 | 来源 |
| --- | --- |
| 共享经济是技术赋能下的经济社会交换系统，拥有五个核心特质，分别为短期的使用权、流动的经济价值、作为中介的平台、被拓展的顾客角色，以及众包式的供给方 | 埃克哈特、休斯敦 |
| 共享经济是指由在线平台促进的交换形式，包括各种各样的营利性和非营利性的活动，这些活动的总体目标都是通过"共享"来开放未被充分利用资源的使用权 | 理查森 |
| 共享经济是一种通过共享未充分利用的资产来获取货币或非货币利益的经济模式，其中的资产包括空间、技能、物品 | 科恩、基茨曼 |

---

① Hamari J, Sjoklint M, Ukkonen A. The Sharing Economy: Why People Participate in Collaborative Consumption. *Journal of the Association for Information Science and Technology*, Vol. 67, No. 9, 2016, pp. 2047-2059.

② 孙凯、王振飞、鄢章华：《共享经济商业模式的分类和理论模型——基于三个典型案例的研究》，载《管理评论》2019 年第 5 期，第 97~109 页。

续表

| 定义 | 来源 |
|------|------|
| 服务提供者（企业或个人）通过短期租赁将所拥有的未充分利用资产货币化的过程 | 库玛尔 |
| 共享经济是一个弱化所有权的过程，即依托互联网将未充分利用物品的使用权提供于其他需要的用户 | 斯特凡尼 |
| 共享经济是一种社会经济系统，中介了个人与组织之间的商品或服务交换，目的是提高社会中未充分利用资源的效率 | 穆尼奥斯、科恩 |
| 一种公众将闲置资源通过社会化平台与他人分享，进而获得收入的经济现象 | 张孝荣、孙怡 |
| 整合利用互联网等新信息技术、将海量分散的闲置资源共享，满足不同需求的经济活动总和 | 《中国共享经济发展报告 2016》 |
| 分享经济是指利用互联网等现代信息技术，以使用权分享为主要特征，整合海量、分散化资源，满足多样化需求的经济活动总和 | 《中国共享经济发展报告 2017》 |
| 共享经济是一种以人群为基础的资本主义，并且通过按需使用，商品的物主在不断发生改变 | 森达拉然 |
| 共享经济是依托互联网技术平台，个体或组织间将闲置的、未被充分利用的资源的所有权或使用权转移，在客观上提升社会福利的经济活动总和 | 孙凯、王振飞、鄢章华 |
| 共享经济是一种借助互联网平台的中介作用，通过盈利或公益的形式而实现的提高闲置资源的社会利用率（基于 P2P，如共享住宿）或减少潜在的资源闲置率（基于 B2C，如共享单车）的一种具有广泛的社会准入性的资源循环使用模式 | 王宁 |

资料来源：笔者根据相关文献整理所得。

　　第一，由于共享经济是一个新生事物，并在不断地动态发展，不同学者对共享经济概念的认知不尽相同。贝尔克①；博茨曼、罗杰斯②；

①　Belk R R S Y. Sharing. *Journal of Consumer Research*，Vol. 36，No. 5，2010，pp. 715 – 734.

②　Botsman R，Rogers R. *What's Mine is Yours：The Rise of Collaborative Consumption.* London：Harper Collins，2010.

巴迪、埃克哈特①等国外学者认为共享经济是一个资源的拥有向使用的转移过程，而且这个过程具有协同性。纳迪姆将共享经济定义为产品在流动过程中产生了规模效应。森达拉然认为共享经济是处于市场经济与礼物经济之间的一种特殊经济形式②，表现为介于市场经济与礼物经济之间的混合经济③。埃克哈特、休斯敦将共享经济定义为技术赋能下的经济社会交换系统，拥有五个核心特质，分别为短期的使用权（temporary access）、流动的经济价值（transfer of economic value）、作为中介的平台（platform mediation）、被拓展的顾客角色（expanded consumer role）以及众包式的供给方（crowd-sourced supply）④。约翰则采用半结构访谈研究了共享经济中的"分享"兼具经济和社会双重属性的内涵⑤。

第二，关于共享经济的核心要素、核心特征的研究。佩伦、科济涅茨认为共享经济是一个水平交换市场，即利用技术平台连接经济和社会参与者的网络，是一个技术、经济和社会的交换系统，包含以下要素：一个广泛的市场；技术平台连接用户；包括所有权的交换，不仅仅是使用；不包括礼物式共享；同时存在业余从业者和专业工作者⑥。学者博茨曼、罗杰斯认为共享经济就是协同消费，是基于互联网背景下的一种新型商业模式，用户可以通过协同的方式与他人一起使用产品和服务，而无须获得所有权。虽然强调的是协同，其实本质是分享，着重提出了

①　Bardhi F, & Eckhardt G M. Access-based Consumption: The Case of Car Sharing. *Journal of Consumer Research*, Vol. 39, No. 4, 2012, pp. 881 – 898.

②　Sundararajan A. *The Sharing Economy: The end of Employment and the Rise of Crowd Based Capitalism*. Cambridge: MIT Press, 2016.

③　Scaraboto D. Selling, Sharing, and Everything in Between: The Hybrid Economies of Collaborative Networks. *Journal of Consumer Research*, Vol. 42, No. 1, 2015, pp. 152 – 176.

④　Eckhardt G M, Houston M B, Jiang B, et al. Marketing in the Sharing Economy. *Journal of Marketing*, Vol. 83, No. 5, 2019, pp. 5 – 27.

⑤　John N. What is Meant by "Sharing" in the Sharing Economy? . *Built Environment*, Vol. 46, No. 1, 2020, pp. 11 – 21.

⑥　Perren R, Kozinets R V. Lateral Exchange Markets: How Social Platforms Operate in a Networked Economy. *Journal of Marketing*, Vol. 82, No. 1, 2018, pp. 20 – 36.

分享的对象是产品和服务。

此外，还有关于共享经济平台应该是电子平台还是实体平台的争论。外国学者科恩、穆尼奥斯认为平台可以包含以上两种形式，即既可以通过电子方式维系用户连接，也可以是布局实体资源的方式，只要这种方式能够提高生产和消费的可持续性即可①。与此同时，国内涌现了一大批关于共享经济概念及内涵的讨论，已有研究从多个学科视角展开，如经济学、管理和营销、社会学、法学和伦理学等。

## 二、共享经济分类研究

共享经济的分类一直是学术界关注的重点，其分类研究视角也繁杂多样。目前，大多研究局限于对共享经济行业领域、服务产品内容的分类②。其中，被众多学者认可和应用的是博茨曼、罗杰斯于 2010 年提出的三种分类模式：一是基于"使用而非占有"的"商品服务系统"（product service system）；二是"再分配市场"（redistribution market），鼓励用户依托 P2P 社交网络进行匹配，将二手物品重新利用、租售；三是"协同的生活方式"（collaborative lifestyle），如共同意向的消费社群，时间、技能、内容、资金等虚拟资产共享，如 P2P 金融等③。

与之相似地，郑联盛认为共享经济主要表现为四种类型④：一是基于共享平台的商品再分配，本质是二手租赁；二是较高价值的有形产品服务共享模式，如轿车、住房、办公场地等使用权短暂转让；三是非有形资源的协作式分享，如金融、知识、技术等的共享与协作；四是基于社交网络系统的开放协作共享模式，如社群内容共享。也有学者从技术

① Cohen B, Muñoz P. Sharing Cities and Sustainable Consumption and Production: Towards an Integrated Framework. *Journal of Cleaner Production*, Vol. 134, 2016, pp. 87 – 97.

② 张新红：《共享经济：重构中国经济新生态》，北京联合出版公司 2016 年版。

③ Botsman R, Rogers R. *What's Mine is Yours: The Rise of Collaborative Consumption*. London: Harper Collins, 2010.

④ 郑联盛：《共享经济：本质、机制、模式与风险》，载《国际经济评论》2017 年第 6 期，第 45 ~ 69 页。

角度，将共享经济分为使用而非拥有（access over ownership）和转移所有权（transfer of ownership）两类[①]。学者孟韬、李佳雷和郝增慧基于横向交易市场的理论视角，利用类型学的分类方法选取 126 个共享经济企业案例，从"平台中介性程度"和"社会性程度"两个维度将共享经济分为四种类型，即交易中心型、用户匹配型、用户连接型和用户赋权型[②]。

近年来，共享经济定义尚未统一，何为"真"共享引发了广泛争议。许获迪基于双边市场理论视角分析共享经济的经济学原理和特征，分为共享经济和泛共享经济两类，将分时租赁、实物广告和在线二手交易归为常见的泛共享经济类别[③]。共享经济是颠覆式创新，泛共享经济是传统产业的数字化优化升级，更具有适宜性，并未冲击传统经济。此外，还有学者从经济剩余、职能差异、渗透领域等视角对共享经济进行分类。笔者对共享经济主要类型进行了相关的整理，如表 2 - 8 所示。

表 2 - 8　　　　　　　共享经济主要类型整理

| 分类 | 来源 |
| --- | --- |
| 产品服务系统、再分配市场、协同式生活方式 | 博茨曼、罗杰斯 |
| 使用而非拥有型；转移所有权型 | 哈马里、斯约克林特、乌科宁 |
| 代码共享、内容共享、生活共享以及资产共享 | 博茨曼、罗杰斯 |
| 商品再流通、耐用资产利用率提升、服务交换、生产性资产共享等 | 斯格尔、费兹里斯 |
| 物的共享、知识的共享 | 朱巍 |
| 基于共享平台的商品再分配；较高价值的有形产品服务共享模式；非有形资源的协作式分享；基于社交网络系统的开放协作共享模式 | 郑联盛 |

---

① Hamari J, Sjoklint M, Ukkonen A. The Sharing Economy: Why People Participate in Collaborative Consumption. *Journal of the Association for Information Science and Technology*, Vol. 67, No. 9, 2016, pp. 2047 - 2059.

② 孟韬、李佳雷、郝增慧：《中国共享经济组织的分类与比较研究》，载《经济社会体制比较》2019 年第 5 期，第 149 ~ 158 页。

③ 许获迪：《共享经济与泛共享经济比较：基于双边市场视角》，载《改革》2019 年第 8 期，第 48 ~ 60 页。

续表

| 分类 | 来源 |
|---|---|
| 产品分享、房屋分享、资金分享、知识技能分享、生活服务分享、生产能力分享 | 张新红 |
| 共享经济和泛共享经济 | 许荻迪 |
| 交易中心型、用户匹配型、用户连接型和用户赋权型 | 孟韬、李佳雷、郝增慧 |

资料来源：笔者整理所得。

## 三、共享经济研究现状

目前，已有的共享经济研究多侧重于平台企业的研究，主要涉及共享经济平台组织①及其分类②、平台治理、商业模式理论与案例研究③、政府治理监管与政策规制④、制度视角下企业战略选择和合法性获取⑤等。同时，对共享经济用户的研究也有一定的基础，集中在共享经济参与者的动机与消费行为。研究将其简单概括为前置影响因素和共享型经济行为的研究。具体来说：

### （一）关于共享经济的前置影响因素研究

主要研究集中在利己、效用、信任、成本、熟悉、互动和环境等因素。默尔曼的研究结果揭示了影响个人参与共享经济的前置影响因素，

---

① Mair J, Reischauer G. Capturing the Dynamics of the Sharing Economy: Institutional Research On the Plural Forms and Practices of Sharing Economy Organizations. *Technological Forecasting and Social Change*, Vol. 125, 2017, pp. 11 – 20.

② 孟韬、李佳雷、郝增慧：《中国共享经济组织的分类与比较研究》，载《经济社会体制比较》2019 年第 5 期，第 149 ~ 158 页。

③ Muñoz P, Cohen B. Mapping Out the Sharing Economy: A Configurational Approach to Sharing Business Modeling. *Technological Forecasting and Social Change*, Vol. 125, 2017, pp. 21 – 37.

④ 刘大洪：《网约顺风车服务的经济法规制》，载《法商研究》2020 年第 1 期，第 16 ~ 29 页。

⑤ 姚小涛、黄千芷、刘琳琳：《名正则言顺？——"共享"之名下的共享单车商业模式与制度组凑案例探析》，载《外国经济与管理》2018 年第 10 期，第 139 ~ 152 页。

即利己需要、效用、信任、成本节约和熟悉感①。塞拉特、亨德里克森和桑娜的研究综合分析了住宿分享领域，证明了信任对个人参与的重要影响作用②。森达拉然提出了共享经济中数字信任（digital trust）的重要意义③。图夏迪亚的研究揭示了社会互动在用户参与 P2P 在线租赁中的作用④。环境动机是另一个重要影响因素，资源视角下的共享经济是指闲置资源或产能过剩是共享经济得以产生的根本。姜奇平提出共享经济以充分利用知识资产与闲置资源的新型经济形态⑤。在此背景下使用而非占有的新消费观逐步兴起，可持续性发展、按需消费被广泛接受，并得到了持续性关注。此外还有其他如社会、文化和制度等多方面前置影响因素，不一而足。对共享经济前置影响因素的研究为共享经济行为研究提供了支持。

## （二）关于共享经济的行为研究

陈、王认为共享经济所带来的创新是在数字经济时代下改变了传统的交易与价值创造模式，进而影响了全球范围消费者和企业的行为⑥。这方面的主要研究涉及价值共创、知识共享、人力资源和运营管理等。其中，以共享经济为场所研究用户价值创造、价值共创和价值共毁过程的研究占据了大半。价值共创，是指生产者和消费者共同合作创造价

---

① Möhlmann M. Collaborative consumption: Determinants of Satisfaction and the Likelihood of Using a Sharing Economy Option Again. *Journal of Consumer Behaviour*, Vol. 14, No. 3, 2015, pp. 193 –207.

② Celata F, Hendrickson C Y, Sanna V S. The Sharing Economy as Community Marketplace? Trust, Reciprocity and Belonging in Peer – To – Peer Accommodation Platforms. *Cambridge Journal of Regions, Economy and Society*, Vol. 10, No. 2, 2017, pp. 349 –363.

③ Sundararajan A. Commentary: The Twilight of Brand and Consumerism? Digital Trust, Cultural Meaning, and the Quest for Connection in the Sharing Economy. *Journal of Marketing*, Vol. 83, No. 5, 2019, pp. 32 –35.

④ Tussyadiah I P. *An Exploratory Study on Drivers and Deterrents of Collaborative Consumption in Travel*. Information and communication technologies in tourism, Springer, Cham, 2015, pp. 817 –830.

⑤ 姜奇平：《共享经济：垄断竞争政治经济学》，清华大学出版社 2017 年版。

⑥ Chen Y, Wang L. Commentary: Marketing and the Sharing Economy: Digital Economy and Emerging Market Challenges. *Journal of Marketing*, Vol. 83, No. 5, 2019, pp. 28 –31.

值，是基于服务主导逻辑（service-dominant logic）而形成，强调价值并非由企业独立创造，而是与顾客共同创造的①。杨学成、涂科通过对案例研究，认为价值独创和社会化共创是共享经济背景下的独特价值创造方式②。约翰逊、诺伊霍费尔的研究将服务主导逻辑与共享经济的价值共创结合③。

# 第五节　共享经济商业模式与合法性

## 一、共享经济商业模式研究现状

商业模式体现了企业组织进行价值创造的行为与方法，是人们理解企业成长与发展的重要角度之一④。共享经济在宏观视角下是一种经济范式创新，在微观视角下则是一种商业模式创新，它实现了价值创造、价值传递和价值获取三部分的全面重构和创新⑤。共享经济作为互联网时代下的一种新型的商业模式和价值创造方式，研究其商业现象往往与企业的商业模式及其创新紧密相关，探讨"共享经济"的重要性离不开对其商业模式的关注⑥。

---

① Prahalad C K, Ramaswamy V. Co‐Creation Experiences：The Next Practice in Value Creation. *Journal of Interactive Marketing*, Vol. 18, No. 3, 2004, pp. 5–14.

② 杨学成、涂科：《行共享中的用户价值共创机理——基于优步的案例研究》，载《管理世界》2017 年第 8 期，第 154～169 页。

③ Johnson A G, Neuhofer B. Airbnb-an Exploration of Value co-creation Experiences in Jamaica. *International Journal of Contemporary Hospitality Management*, Vol. 29, No. 9, 2017, pp. 2361–2376.

④ 李鸿磊：《基于价值创造视角的商业模式分类研究——以三个典型企业的分类应用为例》，载《管理评论》2018 年第 4 期，第 257～272 页。

⑤ 许荻迪：《共享经济政策目标、政策导向与体系优化》，载《改革》2018 年第 4 期，第 92～101 页。

⑥ Gobble M M. Defining the sharing economy. *Research‐Technology Management*, Vol. 60, No. 2, 2017, pp. 59–63.

目前，学术界对共享经济商业模式的研究已有一定的成果，具体而言：共享经济与商业模式理论型研究①，包括共享经济商业模式的维度②、分类③与基本特点④。此外，共享经济商业模式的案例研究也成为热点，但仍集中于商业模式创新的单案例或多案例比较研究，尤其是价值创造视角⑤以及制度合法化⑥。如优客工场的共享办公商业模式创新⑦；基于猪八戒网对共享经济背景下"赋能—价值共创—商业模式创新"间机理的研究⑧；通过美国优步与中国滴滴的案例对比，研究中美共享经济企业商业模式的异同，并总结出共享经济商业模式基本特征⑨；与之相似的是学者王家宝、薛曼和敦帅基于画布模型对滴滴等多案例比较分析中国情境下的共享经济商业模式等⑩。

## 二、共享经济商业模式基本特点

关钰桥、孟韬通过美国 Uber 与中国滴滴的案例对比，发现共享经

---

① 郑志来：《供给侧视角下共享经济与新型商业模式研究》，载《经济问题探索》2016年第6期，第15~20页。

② 孟韬、关钰桥、董政：《共享经济商业模式分类及其发展路径研究——基于 fsQCA 方法》，载《财经问题研究》2020年第12期，第40~49页。

③ Muñoz P, Cohen B. Mapping Out the Sharing Economy: A Configurational Approach to Sharing Business Modeling. *Technological Forecasting and Social Change*, Vol. 125, 2017, pp. 21–37.

④ 孟韬、关钰桥、董政、王维：《共享经济平台用户价值独创机制研究——以 Airbnb 与闲鱼为例》，载《科学学与科学技术管理》2020年第8期，第111~130页。

⑤ 孙楚、曾剑秋：《共享经济时代商业模式创新的动因与路径——价值共创的视角》，载《江海学刊》2019年第2期，第102~108、254页。

⑥ 姚小涛、黄千芷、刘琳琳：《名正则言顺？——"共享"之名下的共享单车商业模式与制度组凑案例探析》，载《外国经济与管理》2018年第10期，第139~152页。

⑦ 张玉明、毛静言：《共享办公空间商业模式创新及成长策略研究——以优客工场为例》，载《科技进步与对策》2017年第17期，第1~8页。

⑧ 郝金磊、尹萌：《共享经济：赋能、价值共创与商业模式创新——基于猪八戒网的案例研究》，载《商业研究》2018年第5期，第31~40页。

⑨ 关钰桥、孟韬：《共享经济背景下企业商业模式比较分析——以美国 Uber 与中国滴滴为例》，载《企业经济》2018年第4期，第27~35页。

⑩ 王家宝、薛曼、敦帅：《基于多案例比较的中国情境下共享经济商业模式研究》，载《商业研究》2017年第9期，第21~27页。

济商业模式具备五个基本特点，即提倡分享概念、搭建互联网平台、提供个性化服务、建立信任机制、重塑供需匹配，这些共同点形成了在共享经济背景下新型商业模式雏形框架特征。具体而言：

## （一）提倡分享概念

无论是社会还是个人，都主动愿意将闲置的资源（包括闲置物品、闲置空间、碎片时间等）与需要的他人进行分享。资源或产能的过剩，是分享的前提。共享经济的本质就是将闲置物品、多余的生产力进行分享。

## （二）搭建互联网平台

在"互联网＋"的背景下，利用互联网平台进行社会化资源最优配置进而为共享经济提供支持与服务。共享经济企业具备"无中间商"特点，其平台强化了在信息和沟通技术下的商业模式的安排能力，消除了信息的不对称性，即通过无约束关系的平台完成产品与服务的传递。

## （三）提供个性化服务

共享经济商业模式下的服务，则体现为更高质量全方位的个性化服务。传统商业模式已很难满足消费者日益增长的个性化服务需求，而在共享经济平台可为他们提供更多的自由匹配可能性。共享经济作为体验型经济，关注用户体验和用户价值，因此为消费者提供更高品质的服务是共享经济商业模式所具备的。

## （四）建立信任机制

共享经济商业模式需要建立有效的信任机制来解决用户安全、信息不对称等问题。良好的信任机制不仅拉近了用户的距离，使得消费者养成良好的信用习惯，还为我国建立信用社会体系提供了数据支持。

## （五）重塑供需匹配

共享经济平台并利用现有的技术，把分散且体量庞大的过剩资源整合起来，并在供需两端进行有效匹配，设定标准并简化参与流程，从而降低用户获取过剩资源的成本。

一些学者从企业组织视角归纳总结了共享经济商业模式的基本特征，如迈尔、赖肖尔认为共享经济场景中经济活动的核心是交易，共享经济商业模式应具备五种核心特征：（1）多种形式的补偿，这确保了共享经济可以涵盖多种的交易形式；（2）市场作为共享经济中交易的场所；（3）对资源的再分配和获取；（4）个人用户角色崛起；（5）由企业运作的数字平台[①]。这里的补偿是指货币、直接互惠、一般交换、一般互惠[②]、物物交换、贸易[③]以及礼物赠予[④]等多种形式。

国内学者孟韬、李佳雷和郝增慧认为理想的共享经济应具备闲置资源、协同消费、产消者、平台效应四个特征[⑤]。此外，许荻迪从双边市场视角从供需端及平台三方面总结出共享经济模式应具备五大特征：供给端使用既有闲置资源；需求端满足基于使用权的消费需求；平台则开展数字支撑、承担市场创造型功能、形成"市场双边对等的大众参与"。[⑥]

共享经济商业模式基本特点，如表 2－9 所示。

---

① Mair J, Reischauer G. Capturing the Dynamics of the Sharing Economy：Institutional Research On the Plural Forms and Practices of Sharing Economy Organizations. *Technological Forecasting and Social Change*, Vol. 125, 2017, pp. 11 – 20.

② Celata F, Hendrickson C Y, Sanna V S. The Sharing Economy as Community Marketplace? Trust, Reciprocity and Belonging in Peer – To – Peer Accommodation Platforms. *Cambridge Journal of Regions, Economy and Society*, Vol. 10, No. 2, 2017, pp. 349 – 363.

③ Belk R. Sharing Versus Pseudo-sharing in Web 2. 0. *The Anthropologist*, Vol. 18, No. 1, 2014, pp. 7 – 23.

④ Schor, J. B. , Fitzmaurice, C. , *Collaborating and Connecting：the Emergence of the Sharing Economy*. In：Reisch, L. A. , Thøgersen, J. （Eds. ）, Handbook of Research on Sustainable Consumption. Edward Elgar, Cheltenham, 2015, pp. 410 – 425.

⑤ 孟韬、李佳雷、郝增慧：《中国共享经济组织的分类与比较研究》，载《经济社会体制比较》2019 年第 5 期，第 149～158 页。

⑥ 许荻迪：《共享经济与泛共享经济比较：基于双边市场视角》，载《改革》2019 年第 8 期，第 48～60 页。

表 2 - 9 共享经济商业模式基本特点

| 基本特征 | 学者 |
|---|---|
| 利用平台、促进 P2P 互动、闲置资源最优化 | 蔡斯 |
| 一个广泛的市场、技术平台连接用户，也包括所有权的交换、不包括礼物式共享、同时存在业余从业者和专业工作者 | 皮埃尔、科济涅茨 |
| 多种形式的补偿、市场作为共享经济中交易的场所、对资源的再分配和获取、个人用户角色崛起、由企业运作的数字平台 | 迈尔、赖肖尔 |
| 提倡分享概念；搭建互联网平台；提供个性化服务；建立信任机制；重塑供需匹配 | 关钰桥、孟韬 |
| 平台化、高效化、开放性（多边平台）、分布式 | 郑联盛 |
| 大众参与、资源要素快速流动与告知配置、权属关系的新变化、用户体验最佳、不求拥有但求所有 | 张新红 |
| 平台化、开放性、两权分离 | 孙凯、王振飞、鄢章华 |
| 供给端—既有闲置资源；需求端—满足类租赁需求；由 P2P、市场创造型、数字化的双边市场平台连接 | 许荻迪 |
| 闲置资源、协同消费、产消者、平台效应 | 孟韬、李佳雷、郝增慧 |

资料来源：笔者整理所得。

## 三、共享经济商业模式分类

商业模式的分类一直是学者们所关注的重点，共享经济商业模式也不例外。其中，穆尼奥斯、科恩首次通过 fsQCA 定性研究方法对国外36 个共享经济企业进行商业模式分类研究：通过文献梳理总结出协同平台型、闲置资源利用、点对点（P2P）交互型、协同治理、目标驱动、替代融资以及技术依赖，这 7 个分享商业模式维度，并得出了基于大众的技术型（crow-based tech）；协同消费型（collaborative consumption）；B2C型（business to crow）；空间分享型（spacebased，low-tech sharing）；乌托邦式共享型（utopian sharing outlier）5 种商业模式类型[1]。

---

[1] Muñoz P, Cohen B. Mapping Out the Sharing Economy: A Configurational Approach to Sharing Business Modeling. *Technological Forecasting and Social Change*, Vol. 125, 2017, pp. 21 - 37.

　　学者哈比比、戴维森和拉罗什将共享商业模式分为纯商业（如 Zip-car、摩拜等共享单车）、纯共享（如"沙发客"Couchsurfing）以及两者之间（如爱彼迎、滴滴）①。孙凯、王振飞和鄢章华借鉴学者李鸿磊的"九宫格"商业模式分类模型②，以"主体类型"维度为横轴，以"表现形式"维度为纵轴两两结合得到"个人间""个企间""企企间"等 9 种共享经济基本类型。其中，横轴的主体类型分为 C2C、B2C（C2B）、B2B 三种类型，纵轴上分为产品与服务系统、市场再分配和协同生活方式三种类型。

　　学者孟韬、李佳雷和郝增慧从横向交易市场理论视角，共享经济商业模式可以分为"用户互动型、平台匹配型、社群连接型、交易中心型"四种，并指出我国的共享经济模式主要集中在"交易中心型"和"用户匹配型"两类，呈现出高"平台中介性"和低"社会性"特点③。

　　同时，笔者所在团队承担的国家自然科学基金主任应急管理项目"共享经济的组织性质与组织模式研究"中从市场特征、交易主体等方面论述共享经济商业模式各类型特征与典型案例初步将共享经济商业模式分为平台型、社群型和层级型三种（见表 2 - 10），并强调共享经济商业模式具备"产消者"、社群性等特征④，具体来说：

表 2 - 10　　　　　　　　　共享经济商业模式分类

| 类别 | 市场特征 | 交易主体 | 典型案例 |
| --- | --- | --- | --- |
| 平台型<br>（B2B & C2C） | 水平交换市场 | P 用户—D 用户 | 滴滴、优步、爱彼迎、小猪短租、途家、瓜子、陆金所等 |

　　① Habibi M R，Davidson A，Laroche M. What Managers Should Know About the Sharing Economy. *Business Horizons*，Vol. 60，No. 1，2017，pp. 113 - 121.

　　② 李鸿磊：《基于价值创造视角的商业模式分类研究——以三个典型企业的分类应用为例》，载《管理评论》2018 年第 4 期，第 257～272 页。

　　③ 孟韬、李佳雷、郝增慧：《中国共享经济组织的分类与比较研究》，载《经济社会体制比较》2019 年第 5 期，第 149～158 页。

　　④ 孟韬：《网络社会中"产消者"的兴起与管理创新》，载《经济社会体制比较》2012 年第 3 期，第 205～212 页。

| 类别 | 市场特征 | 交易主体 | 典型案例 |
|---|---|---|---|
| 社群型<br>C – form | 水平交换市场 | 产消者—产消者 | 猪八戒、闲鱼、转转、小红书、拼多多等 |
| 层级型<br>（B2C） | 垂直交换市场 | 企业—消费者 | 摩拜、ofo、Zipcar、Car2go、街电等 |

资料来源：笔者整理所得。

## （一）平台型（B2B & C2C）

在市场类型上表现为水平交换市场；平台两端连接的是服务的提供方和需求方（P用户—D用户），用户既可以是企业也可是消费者，共享经济企业的顾客成为兼具生产者和消费者特征的"产消者"，如爱彼迎、滴滴等。

## （二）社群型（C – form）

社群型是平台型的特殊形式，即共同兴趣、意向乃至生活在实际地理区域的消费者自然而然地形成一个网络社区的组织形态，"产消者"的表现较平台型更为明显，主要表现为二手交易市场和知识产品创新领域，如淘宝闲鱼、猪八戒网等。

## （三）层级型（B2C）

在市场类型上表现为垂直交换市场；企业借助互联网实现企业和消费者的直接联系，并直接为客户提供服务。层级型主要表现为如摩拜等共享单车、共享充电宝等企业大规模投放的产品与服务，对应的平台是企业自有平台。

## 四、合法性与共享经济商业模式研究现状

商业模式的成功离不开商业模式二元性，即合法性和异质性。国内

学者李永发、李东和张尚民将商业模式的合法性定义为：一个给定商业模式获得其内部利益相关者和外部利益相关者认同、支持和信任的程度。共享经济作为一种新商业模式，需要获得社会公众的认可、支持与信任，即合法性。合法性是商业模式的无形资源，具有吸纳、聚集资源的功能，成为特定商业模式竞争优势的来源①。此外，已有学者指出焦点企业的内部特征、外部联系以及行业合法性是影响商业模式合法性的三个因素。

关于"企业合法性地位是如何获取的？"这一问题的研究，先前理论研究的重点是关注组织层面②，或是行业层面③，有关企业战略层面尤其是商业模式的合法性研究相对较少。然而，在"双创"战略、供给侧改革的中国情境制度创新的背景下，企业如何在特定的社会情境和制度环境中采用不同商业模式，从而获得合法性地位显得尤为重要，如新创企业商业模式创新与合法性获取④；组织正当性（合法性）管理的修辞策略⑤；产业互联网背景下多重制度逻辑与组织双元性研究；制度环境如何影响组织绩效等⑥。科恩、基茨曼发现新技术或新业态的出现往往促进新的商业模式产生，当新模式发展远超于已有政策监管时，则会出现一定的社会问题与乱象进而阻碍了商业模式的成功推展⑦。

随着共享经济企业的日渐成熟，已有一些学者开始关注制度环境对

---

① 李永发、李东、张尚民：《新商业模式的二元性：合法性与异质性》，载《科技进步与对策》2017 年第 3 期，第 98～103 页。

② 杜运周、任兵、张玉利：《新进入缺陷、合法化战略与新企业成长》，载《管理评论》2009 年第 8 期，第 57～65 页。

③ 程宣梅、谢洪明、陈侃翔、程聪、王菁、刘淑春：《集体行动视角下的制度逻辑演化机制研究——基于专车服务行业的案例分析》，载《管理科学学报》2018 年第 2 期，第 16～36 页。

④ 王凯、柳学信：《民营企业商业模式创新过程中的合法性获取——基于重庆加加林的案例研究》，载《经济管理》2018 年第 9 期，第 59～73 页。

⑤ 邓晓辉、李志刚、殷亚琨、武琼：《企业组织正当性管理的修辞策略》，载《中国工业经济》2018 年第 4 期，第 137～155 页。

⑥ 林润辉、谢宗晓、王兴起、魏军：《制度压力、信息安全合法化与组织绩效——基于中国企业的实证研究》，载《管理世界》2016 年第 2 期，第 112～127、188 页。

⑦ Cohen B, Kietzmann J. Ride on! Mobility Business Models for the Sharing Economy. *Organization & Environment*, Vol. 27, No. 3, 2014, pp. 279－296.

共享经济的影响①，以及共享经济企业合法性获取的研究：姚小涛、黄千芷和刘琳琳研究共享单车的商业模式如何通过制度组凑获得合法性地位②；彭正银和吴晓娟研究共享经济企业合法性的动态演化研究，即企业在发展"初创期—震荡期—稳定期"三个阶段分别由"认知合法性—规范合法性—规制合法性"主导③。出行分享的制度逻辑演化机制研究④；共享经济制度变革与供给，制度与文化约束以及适应性治理与去中心化等。

可见，随着共享经济商业模式的不断涌现，构建共享经济商业模式合法化机制、探讨不同类型的共享经济商业模式获取合法性地位方式的异同，对指导共享经济企业实践具有重要意义。

---

① 林润辉、谢宗晓、王兴起、魏军：《制度压力、信息安全合法化与组织绩效——基于中国企业的实证研究》，载《管理世界》2016 年第 2 期，第 112～127、188 页。

② 姚小涛、黄千芷、刘琳琳：《名正则言顺？——"共享"之名下的共享单车商业模式与制度组凑案例探析》，载《外国经济与管理》2018 年第 10 期，第 139～152 页。

③ 彭正银、吴晓娟：《制度压力下平台型企业合法性获取演化研究——以滴滴出行为例》，载《商业经济与管理》2019 年第 4 期，第 58～70 页。

④ 程宣梅、谢洪明、陈侃翔、程聪、王菁、刘淑春：《集体行动视角下的制度逻辑演化机制研究——基于专车服务行业的案例分析》，载《管理科学学报》2018 年第 2 期，第 16～36 页。

# 第三章

# 共享经济价值创造
# 及其服务层次

## 第一节 共享经济下的价值创造

### 一、共享经济下的价值共创

共享经济作为一种资源重新配置的新型经济模式，其价值主要在人们日常生活中产生，涌现于用户的物理、心理等各个生活维度。参与共享经济价值创造的用户角色呈现多元化、动态化的特点，用户成为具有双重身份的"产消者"，企业也不再是价值创造的主导者①。在共享经济背景下，价值创造的参与者不再是企业与顾客，而是用户与平台，那么，它们又是如何进行价值创造的呢？

目前，关于价值创造的研究多集中于传统经济背景下企业与顾客方

① 杨学成、涂科：《出行共享中的用户价值共创机理——基于优步的案例研究》，载《管理世界》2017 年第 8 期，第 154～169 页。

之间的价值共创①，也有一些研究关注了顾客独立价值的现象②③，但关于共享经济背景下价值创造机制则少有探讨。近年来，随着共享经济的蓬勃发展，共享经济价值创造方式也成了学术研究的热点，主要表现在平台价值创造的过程④、价值共创机制构建与价值服务层次探讨⑤、社会化价值共创、数据赋能对价值共创的作用⑥以及用户价值共创行为⑦等。

## （一）共享经济价值创造服务层次

学者杨学成、涂科将其分为连接服务层次和具体服务层次两个层次：在连接服务层次，平台为供需双方提供连接和分离的服务，即平台是提供方，所有的参与者是顾客方，服务是为了供需匹配；在具体服务层次，提供服务资源的是提供方，而接受服务的是顾客方，服务目标是满足用户方的需求。王水莲、李志刚和杜莹莹则将共享经济价值创造服务层次分为平台中心层、用户网络层和利益相关层三层。

## （二）共享经济价值共创机制

杨学成、涂科根据共享经济背景下的服务特点，从用户连接、用户接触、用户分离三个阶段对价值创造的过程进行了探究：在用户连接阶段，价值创造遵循的是用户主导逻辑下的价值共创；用户接触阶段，用

① Malin, H. N., Tomas B. "Co-creation as a Strategy for Program Management". *International Journal of Managing Projects in Business*, Vol. 8, No. 1, 2015, pp. 58 – 73.

② Grönroos C., Voima P. Critical Service Logic: Making Sense of Value Creation and Co-creation. *Journal of the Academy of Marketing Science*, Vol. 41, No. 2, 2013, pp. 133 – 150.

③ 李耀、周密、王新新：《顾客知识对顾客独创价值行为的驱动机理：一个链式中介模型》，载《管理评论》2017 年第 7 期，第 103 ~ 112 页。

④ 王水莲、李志刚、杜莹莹：《共享经济平台价值创造过程模型研究——以滴滴、Airbnb 和抖音为例》，载《管理评论》2019 年第 7 期，第 45 ~ 55 页。

⑤ 杨学成、涂科：《共享经济背景下的动态价值共创研究——以出行平台为例》，载《管理评论》2016 年第 12 期，第 258 ~ 268 页。

⑥ 周文辉、杨苗、王鹏程、王昶：《赋能、价值共创与战略创业：基于韩都与芬尼的纵向案例研究》，载《管理评论》2017 年第 7 期，第 258 ~ 272 页。

⑦ 孟韬、关钰桥、董政、王维：《共享经济平台用户价值独创机制研究——以 Airbnb 与闲鱼为例》，载《科学学与科学技术管理》2020 年第 8 期，第 111 ~ 130 页。

户主导逻辑下的用户价值独创是该阶段的主要价值创造模式；在用户分离阶段，供应方主导逻辑下的价值共创成为核心的产生价值方式。并提出用户连接与分离两个阶段位于连接服务层次，用户接触处于具体服务层次。此外，王水莲、李志刚和杜莹莹认为资源整合、供需匹配和共创驱动是构成共享经济平台的价值创造过程的三个环节①。其中，资源整合包括平台组织资源、供需资源和第三方资源三个层面的整合。

## 二、共享经济下的用户价值独创

目前，大量学者仍关注的是共享经济的价值共创②，而独立于共享经济企业的价值创造活动即用户价值独创则鲜有探讨。然而，随着共享经济的发展，用户更加积极主动地参与共享经济的价值创造活动中来，呈现高自主性、强个性化、高独立性等特点。用户的价值创造活动不再受企业资源的限制，用户价值独创的现象在共享经济情境下更为普遍，如爱彼迎的房东会根据自己的兴趣偏好来设计和改造房屋，使得房屋带有"个性标签"的同时提升了其出租价值；闲置交易用户双方因共同物品、兴趣的连接，在完成交易后的生活中成为真实的朋友等。这些现象并非依赖用户与企业之间互动的价值共创③，其产生的价值也并非企业与用户共同创造的④，而是用户及用户之间独立于共享经济企业进行价值创造的结果。因此，用户价值独创是共享经济背景下的独特价值创造方式⑤。

① 王水莲、李志刚、杜莹莹：《共享经济平台价值创造过程模型研究——以滴滴、Airbnb 和抖音为例》，载《管理评论》2019 年第 7 期，第 45～55 页。

② 孟韬、关钰桥、董政、王维：《共享经济平台用户价值独创机制研究——以 Airbnb 与闲鱼为例》，载《科学学与科学技术管理》2020 年第 8 期，第 111～130 页。

③ Grönroos, C. Marketing as Promise Management：Regaining Customer Management for Marketing. *Journal of Business & Industrial Marketing*, Vol. 29, No. 5, 2009, pp. 351–359.

④ Prahalad C K, Ramaswamy V. Co–Creation Experiences：The Next Practice in Value Creation. *Journal of Interactive Marketing*, Vol. 18, No. 3, 2004, 18, pp. 5–14.

⑤ 杨学成、涂科：《出行共享中的用户价值共创机理——基于优步的案例研究》，载《管理世界》2017 年第 8 期，第 154～169 页。

共享经济作为一种经济范式创新、一种商业模式创新，了解其价值创造机制，尤其是目前用户及用户间是如何独立于企业进行价值创造的、其影响因素有哪些？具有一定的理论意义、现实意义以及创新性。

基于此，学者孟韬、关钰桥、董政和王维归纳总结了用户价值独创的含义和基本特征①，即共享经济下的用户价值独创是"由单一用户或与其他用户及群体通过主动寻求共享经济企业已提供的资源进行自主创造价值。"其主要特征是结合共享经济情境与顾客独创价值理论归纳为以下四点：

（1）用户是价值创造的主导者、决策者和创造者，共享经济企业可能是价值创造的辅助者。

（2）用户可以独立完成价值创造，包括单一用户独创或与其他用户共同创造。

（3）用户价值独创发生于与共享经济企业、间接的互动中，企业是价值创造的协助者，为用户搭建价值创造的平台。

（4）用户独创的价值更多为不可见的心理活动，具有社交属性。

因此，本章主要的研究内容是对共享经济背景下价值创造机制进行补充，即在已有的价值共创机制的基础上，采用双案例比较分析研究方法，通过扎根理论对共享经济用户价值独创机制进行理论构建。换言之，以往共享经济价值共创的相关研究虽指企业与用户之间通过互动等行为进行共创，更侧重企业在价值创造中的作用；而本书构建的用户价值独创机制则是将用户作为价值创造主要的群体，也是从用户视角对共享经济价值创造进行补充与丰富。

同时，结合价值共创和价值独创理论对"共享经济价值创造服务层次"问题进行分析，并深入探讨与传统经济价值创造服务层次的区别。与前人仅仅利用价值共创理论的研究成果不同，本书得出的共享经济价值创造服务层次更为全面与具体，进一步增强了对共享经济的解释从而

---

① 孟韬、关钰桥、董政、王维：《共享经济平台用户价值独创机制研究——以 Airbnb 与闲鱼为例》，载《科学学与科学技术管理》2020 年第 8 期，第 111～130 页。

打开共享经济组织的"黑箱"。

## 第二节　研　究　设　计

### 一、研究方法

本书采用质性研究（qualitative research）方法中的探索性研究技术——扎根理论。本书属于理论构建型的探索性研究，满足案例研究中"怎么样"和"为什么"的要求①，因此选择案例的研究方法，采用多渠道获取数据来源的方法，增强研究可信度。在分析方法上采用迈尔斯、胡伯曼的归纳式分析法②，遵循焦亚、科里、汉密尔顿的逐级编码形式，编码的概念定义沿用施特劳斯、卡宾的开放编码（open coding）、主轴编码（axial coding）和选择性编码（selective coding）。

### 二、案例样本选择

闲鱼是阿里巴巴旗下闲置交易平台 App 客户端，其主要业务是分享交换闲置的自由市场和以本地和兴趣社区形式成立鱼塘，是阿里巴巴目前催生的第三个万亿级平台。③ 目前，闲鱼是中国最大的闲置商品交易社区和共享经济平台。

Airbnb，中文名爱彼迎，成立于 2008 年 8 月美国加州旧金山市，是一个旅行房屋共享平台，用户可通过互联网或手机 App 发布、搜索

---

① Yin, R. K. *Case Study Research：Designand Methods* (5th). London：Sage Publications，2014.

② Miles M B., Huberman A M. *Qualitative Data Analysis：An Expanded Sourcebook.* 2nd edn. Thousand Oaks，CA：Sage，1994.

③ 新浪科技：《阿里宣布旗下二手闲置物品平台闲鱼与拍卖业务合体》，新浪科技，2016 年 5 月 18 日，http：//m. techweb. com. cn/article/2016 – 05 – 18/2334635. shtml。

旅游住宿租赁信息并完成在线预定。Airbnb 是共享经济代表性企业，共享住宿行业的独角兽，在 2020 年全球最具价值 500 大品牌榜发布中排名第 174 位[①]。2022 年 5 月 Airbnb 宣布于 2022 年 7 月 30 日起暂停中国境内服务。

　　本书采用了双案例比较分析的研究设计。在选取样本案例时，注意其应满足典型性、代表性逻辑可复制的要求[②]。因此，本书根据"行业中数一数二原则"和企业发展可持续性，选取了成立五年以上的住房共享领域独角兽企业爱彼迎和我国目前最大的二手闲置共享平台淘宝闲鱼（以下简称"闲鱼"）为例，增强研究结论的可信度和内部效度。同时，案例 Airbnb 和闲鱼都为共享经济理念的平台，用户价值独创行为明显，其相似性有助于共享经济用户价值独创机制模型的构建。此外，由于 Airbnb 和闲鱼起源于不同的国家、归属不同行业以及平台类型，案例间具有一定的异质性，这样更有利于增强研究结论的外部效度。具体案例样本选择标准如表 3 - 1 所示。

表 3 - 1　　　　　　　　双案例样本选择标准

| 案例选择目标 | 案例企业特定环境描述 | 有利于本书理论构建 |
| --- | --- | --- |
| 行业中"数一数二"原则 | Airbnb 是住房分享行业的独角兽<br>闲鱼依托淘宝，目前国内最大的二手闲置共享平台 | 该样本有典型性、代表性和可复制性特点，可增强研究结论的信度 |
| 发展的可持续性 | Airbnb 成立于 2008 年 8 月，LinkedIn 发布了 2018 年顶级企业报告爱彼迎排名第 15 位*。闲鱼，2014 年 6 月从淘宝二手类目独立出来 | 有利于寻找理论的规律性和一般性的挖掘，可增强研究结论的信度和内部效度 |
| 案例相似性 | 都是具有共享经济理念的平台<br>都是用户价值独创 | 相似性有助于理论模型的构建 |

---

　　① 全球企业动态：《2020 年全球最具价值 500 大品牌榜》，新浪财经头条，2020 年 1 月 26 日，https：//cj. sina. com. cn/articles/view/2134283845/7f36964501900rma0。
　　② Eisenhardt K M, Graebner M E. Theory Building From Cases：Opportunities and Challenges. *Academy of Management Journal*，Vol. 50，No. 1，2007，pp. 25 - 32.

续表

| 案例选择目标 | 案例企业特定环境描述 | 有利于本书理论构建 |
|---|---|---|
| 不同国家和行业 | 爱彼迎美国公司住房分享领域<br>闲鱼中国公司二手闲置平台 | 样本异质性有助于提高研究结论的外部效度 |
| 不同平台类型 | 爱彼迎平台型闲鱼社群型平台 | |

注：＊《2018 年顶级企业报告：亚马逊位居榜首》，电商报网站，2018 年 3 月 23 日，https：//www. dsb. cn/74987. html。

资料来源：笔者整理所得。

## 三、数据收集

为了确保所构建理论的信度和效度，本书的研究采用一手、二手数据相结合的方式使其形成三角验证[1]。具体数据来源及其编码如表 3 - 2 所示。

表 3 - 2　　　　　　　　　　数据来源及编码

| 数据类别 | 方式 | 编码 | 数据类别 | 方式 | 编码 |
|---|---|---|---|---|---|
| 一手数据 | 半结构访谈 | | 二手数据 | | |
| | 闲鱼鱼塘塘主 | FA | | 官方资料与评论 | SA |
| | 闲鱼普通用户 | FB | | 媒体报道 | SB |
| | 爱彼迎房东 | FC | | 期刊论文 | SC |
| | 爱彼迎普用 | FD | | 政府报告 | SD |

资料来源：笔者整理所得。

其中，一手数据中包含半结构访谈和参与式观察，是本书的主要信息来源。本书对闲鱼平台上 8 名社区塘主和 20 名用户（部分信息见表 3 - 3）以及 Airbnb 上的 10 名房东和 20 名用户（部分信息见表 3 - 4）分别通过微信语音、平台私信或发送访谈问卷等形式，进行 30 分钟左右的半结构式采访，访谈过程全程录音并进行详细记录。在访谈后 24

---

[1]　Miles M B. , Huberman A M. *Qualitative Data Analysis*：*An Expanded Sourcebook*. 2nd edn. Thousand Oaks，CA：Sage，1994.

小时内将访谈录音整理形成文本存档，合计有效数字约为 7.5 万字；参与式观察，即由 2 名博士生同时注册成为企业用户，进行深入体验与观察并形成相关文字报告；

表 3 – 3 访谈闲鱼塘主及部分用户情况

| 编号 | 用户身份 | 性别 | 年龄 | 学历 | 职业 | 周平均使用频率/次 | 实际访谈时间/min | 访谈有效字数/个 |
|---|---|---|---|---|---|---|---|---|
| X1 | 鱼塘塘主 | 男 | 40 | 本科 | 网店店主 | 7 | 20 | 1568 |
| X2 | 鱼塘塘主 | 女 | 26 | 硕士 | 外企 | 2 | 28 | 3990 |
| X3 | 鱼塘塘主 | 女 | 20 | 高中 | 学生 | 5 | 25 | 3226 |
| X4 | 鱼塘塘主 | 女 | 30 | 博士 | 事业 | 3 | 30 | 3146 |
| X5 | 鱼塘塘主 | 男 | 33 | 本科 | 白由 | 3 | 32 | 5384 |
| X6 | 用户 | 女 | 27 | 本科 | 私企 | 4 | 24 | 3026 |
| X7 | 用户 | 男 | 28 | 本科 | 国企 | 1 | 18 | 1800 |
| X8 | 用户 | 女 | 26 | 硕士 | 事业 | 2 | 27 | 3190 |
| X9 | 用户 | 女 | 29 | 硕士 | 事业 | 3 | 19 | 1580 |
| X10 | 用户 | 男 | 23 | 本科 | 私企 | 2 | 25 | 2688 |

资料来源：笔者整理所得。

表 3 – 4 访谈爱彼迎房东及部分用户情况

| 编号 | 用户身份 | 性别 | 年龄 | 学历 | 职业 | 周平均使用频率/次 | 实际访谈时间/min | 访谈有效字数/个 |
|---|---|---|---|---|---|---|---|---|
| A1 | 房东 | 女 | 27 | 本科 | 国企 | 7 | 28 | 2336 |
| A2 | 房东 | 男 | 33 | 本科 | 私企 | 7 | 25 | 2760 |
| A3 | 房东 | 女 | 24 | 本科 | 学生 | 3 | 32 | 3180 |
| A4 | 房东 | 女 | 23 | 本科 | 学生 | 5 | 18 | 1698 |

续表

| 编号 | 用户身份 | 性别 | 年龄 | 学历 | 职业 | 周平均使用频率/次 | 实际访谈时间/min | 访谈有效字数/个 |
|---|---|---|---|---|---|---|---|---|
| A5 | 房东 | 男 | 27 | 硕士 | 自由 | 3 | 20 | 2220 |
| A6 | 用户 | 女 | 30 | 博士 | 事业 | 1 | 21 | 1840 |
| A7 | 用户 | 男 | 20 | 高中 | 学生 | 5 | 30 | 3260 |
| A8 | 用户 | 男 | 28 | 硕士 | 事业 | 3 | 21 | 2560 |
| A9 | 用户 | 女 | 25 | 硕士 | 外企 | 4 | 22 | 2160 |
| A10 | 用户 | 女 | 22 | 本科 | 学生 | 2 | 19 | 1998 |

资料来源：笔者整理所得。

同时，二手数据作为本书的辅助信息来源，包含企业官方网站、重点关注用户评论；媒体报道（185 份）；企业相关书籍（5 本）和文献（112 份）；以及政府等权威机构发布的政策与报告。本书资料收集的总体时间为 2018 年 6 月 1 日至 10 月 20 日。

## 四、数据编码

### （一）开放式编码

编码是扎根理论研究的一项基本工作，是将资料分解、提炼、概念化和范畴化的过程[①]。编码过程要求研究者用开放的态度面对其他理论可能性，所形成的代码要真实反映数据信息，并对其进行提炼和抽象，从而形成可以理论研究的概念[②]。参考邱国栋、马巧慧的编码方法，对

---

① Strauss A，Corbin J. *Basics of Qualitative Research*. 3rd edn. Thousand Oaks，CA：Sage Publishing，2008.

② Glaser B G，Strauss A L. *The Discovery of Grounded Theory：Strategies for Qualitative Research*. Piscataway. NY：Transaction Publishing，2008.

原始数据可以编码的语段进行概念化标签，实现将资料概念化①。在此阶段，首先对原始资料进行贴标签和定义现象，分别用"ai""bi"对爱彼迎和闲鱼相关内容进行概念化，初步提炼成相对完整的概念，然后将"ai""bi"进一步提炼为更严谨的、相对完整的概念，用"Aj""Bj"标识，并将概念进一步整合范畴化即为初始范畴，用"AAj""BBj"表示。基于此，分别提炼闲鱼的 27 个初始范畴和爱彼迎的 24 个初始范畴（部分内容见表 3 - 5）。

表 3 - 5　　　　　　　　　　部分开放式编码分析

| 文案资料（贴标签） | 数据来源 | 概念化 | 初始范畴 |
|---|---|---|---|
| "我申请成为我母校鱼塘的塘主，会在鱼塘里遇到老同学老朋友（b1），这让我很有归属感（b2）还有亲切感（b3）"（X1） | FA - X1 | B1 社交属性<br>B2 归属感<br>B3 情感体验 | BB1 平台属性<br>BB2 情感体验 |
| "北京房价租金太贵了（a1），出租房屋可以帮忙分担一部分房租压力（a2），缓解居民生活压力"（A1） | FC - A1 | A1 外部经济条件<br>A2 生活需求 | AA1 外部经济条件 |
| "出租半个房屋还可以获得新的人脉（a3），一般选择民宿的顾客女生偏多，都是年轻人，会有很多共同点（a4），好交流"（A3） | FC - A3 | A3 社交需求 | AA2 生活需求 |

资料来源：笔者整理所得。

## （二）主轴编码

主轴式编码（axial coding），即在初始范畴间建立联系并深入探寻其内在逻辑关系，从而提炼出主范畴。研究对初始概念进行范畴提炼，并按照对价值独创的动机、行为，以及结果将开放式编码中提炼的初始

---

① 邱国栋、马巧慧：《企业制度创新与技术创新的内生耦合——以韩国现代与中国吉利为样本的跨案例研究》，载《中国软科学》2013 年第 12 期，第 94 ~ 113 页。

范畴进行归类（见表 3 - 6）。

表 3 - 6　　　　　　　　　　　　编码分析展示

| 核心范畴 | 主范畴 | 副范畴 |
|---|---|---|
| 动机 | 自主动机 | 新奇体验 AA11 BB13；生活需求 AA2 BB16；获得经济收益 AA22 BB11 |
| | 受控动机 | 成本节约 AA17 BB8；独特需求 AA9 BB14 |
| 行为 | 体验活动 | 心理感受 BB12；情感体验 AA12 BB3 |
| | 交易方式 AA5BB10 | |
| | 互动 | 社交互动 AA20；社群互动 BB6 AA16 |
| | 个性化服务 AA19 | |
| | 分享 BB23AA18 | |
| 结果 | 增加用户价值 | 创造新社会关系网络 BB24；共享的情感体验 AA12 BB3；知识获得 AA13 BB25 |
| | 共享经济社会效益 | 建立信任机制 AA8 BB21；可持续发展 AA21 BB9；重塑供需匹配 AA7 BB7 |
| 环境因素 | 外部环境因素 AA3 | 外部经济条件 AA1；制度文化环境 AA10 |
| | 内部环境因素 | 平台属性 BB1；平台管理方式 BB4　AA24 |
| 组织载体 | 消费社群 BB20 | 共同兴趣 AA6 BB5；共同意向 AA14 BB18 |

资料来源：笔者整理所得。

## （三）选择性编码

选择式编码（selective coding），即通过"建构性解释"（explanation building）对主范畴之间的逻辑关系进行进一步的提炼与归纳，从而呈现出案例的基本理论框架。本书欲基于"核心范畴"（core category）归纳出的"动机—行为—结果"，从而构建共享经济用户价值独创运行机制。

## （四）理论饱和度检验

为证明模型中的范畴已覆盖全面，没有产生新的范畴和关系，本书对前期预留的部分访谈内容和二手资料（有效字数约 12.4 万字）进行理论饱和度检验。结果显示，本书构建的共享经济下用户价值独创的机制在理论上是饱和的。另外，范畴解释如表 3 – 7 所示。

表 3 – 7 　　　　　　　　　编码范畴概念解释

| 类别 | 范畴 | 概念解释 |
|---|---|---|
| 动机 | 新奇体验 | 指与日常生活不同、从未或较少经历过的出于好奇新鲜等心理进行的消费娱乐体验 |
| | 经济收益 | 共享经济用户在进行价值独创时通过各种形式而获得的额外经济收入 |
| | 生活需求 | 不仅仅指人们能生活中所需的基本需求，如缓解生活压力、提高生活品质的心理需求以及增加人脉的社交需求 |
| | 成本节约 | 受用户可承担的价格制约 |
| | 独特需求 | 提供方或需求方用户在满足基本需求的前提下，提出的具有自身特性的需求 |
| 行为 | 体验活动 | 包含了价值创造活动中的情感体验、新奇体验、娱乐体验等一系列活动，这也体现了共享经济是关注用户体验和用户价值的体验型经济 |
| | 交易方式 | 指交易过程中双方采用的各种具体做法，是交易双方联系的手段和方式 |
| | 互动 | 它发生在整个用户价值创造活动中，互动的形式也多种多样。它包括用户间达成交易前的信息咨询与解答、达成协议后的各种线上线下的互动以及交易结束后双方线上评论、后续持续接触等 |
| | 个性化服务 | 在需求方提出个性化需求后，供给方可以提供更多个性化高品质的产品或服务 |
| | 分享 | 无论是提供方还是需求方用户，都主动愿意将闲置的资源（包括闲置物品、闲置空间、碎片时间等）与需要的他人进行分享 |

| 类别 | 范畴 | 概念解释 |
|---|---|---|
| 结果 | 新社会关系网络 | 结交新的朋友，扩大了原本的社交圈 |
| | 知识获得 | 包括生活经验的教授、操作技能的提升、新知识的获得等 |
| | 共享情感体验 | 提供方和需求方用户通过一定的价值创造活动，在情感上产生共鸣 |
| | 建立信任机制 | 信任是共享经济的基石，共享经济用户在进行价值创造的同时，会重视信用机制并自发地帮助社会建立更加完善的信用机制 |
| | 可持续发展 | 即资源有效的重复利用，促进资源可持续发展，建立绿色节约环保的消费观 |
| | 重塑供需匹配 | 用户通过共享经济企业搭建的平台进行资源的有效整合，从而实现供给和需求的最优匹配 |
| 环境因素 | 外部环境因素 | 政策、经济、社会和技术等对用户独立价值创造活动的影响 |
| | 内部环境因素 | 包含平台属性以及平台管理方式 |
| 组织载体 | 消费社群 | 由共同兴趣的人组成的群体，是消费者根据自己的故事、价值观、活动、语言、组织结构等创建的社会亚文化体系 |

资料来源：笔者整理所得。

## 第三节　共享经济用户价值独创机制研究

### 一、共享经济用户价值独创机制

研究沿袭"动机—行为—结果"的研究思路，通过编码得出了共享经济用户价值独创的内在机理即用户价值独创受生活需求、新奇体验和经济收益的自主动机和成本节约、独特需求的受控动机驱动，通过个性化服务、体验活动、交易方式、互动和分享等行为，从增加用户价值和共享经济社会效益两个方面创造价值。与此同时，用户价值独创受内、外部环境因素影响的同时，消费社群对用户价值独创的行为与结果起到了重要的调节作用（见图 3 – 1）。具体而言：

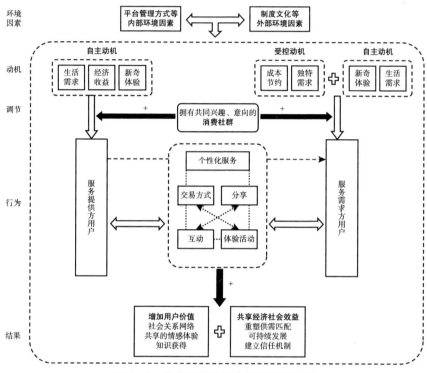

**图 3 – 1　共享经济下用户价值独创机制**

资料来源：笔者整理所得。

## （一）用户价值独创动机

用户价值独创的自主动机也现了用户参与共享经济活动"获得经济补贴和改善生活"的初衷。由于用户所承担的功能角色不同，其参与价值独创的动机也竟不相同。其中，服务提供方用户（如房东、闲鱼卖家）参与价值独创活动主要受自主动机驱动，尤其是为获得一定的经济收益，这一动机也是提供方用户所独有的。同时，而需求方用户的动机更为复杂化，在受新奇体验和生活需求的自主动机驱动的同时，受限于成本节约和独特需求的受控机。如提供方用户提供的服务或产品的价格是否可以被需求方用户所接受，或经过沟通协商后，是否满足"具有个性化"的独特需求。通过访谈发现，闲鱼和爱彼迎的用户在价值独创动机方面也各具特点。

## （二）用户价值独创的行为

用户可以通过提供个性化服务、不同的体验活动、交易方式、互动、分享等行为来进行价值独创，而价值独创的行为相互依存、相互影响。曾有学者在研究以优步为代表的共享出行的价值创造机制中提及，用户价值独创是用户接触阶段主要创造方式[①]。而本书认为共享经济的用户价值独创行为发生在用户连接前、中、后各个阶段，即整个共享经济用户价值创造活动中。与此同时，平台管理者（闲鱼鱼塘塘主）和具有双重身份的用户（如房东）在进行价值独创的时会起到更大作用，这与李耀在研究顾客独立价值创造的途径中突出了核心顾客在互动中的作用的结果较为一致[②]，其发挥的作用在共享经济的情境下更为明显。具体讨论如下：

共享经济下的服务则体现为更高质量全方位的个性化服务[③]，这不仅是共享经济的基本特征，也是共享经济中 P 用户主要的价值独创行为之一，主要出现在用户连接前和接触过程中。如在用户连接阶段前，爱彼迎房东需要对自己房屋进行自主设计、客群定位、宣传曝光等；与用户接触时，价格制定、服务产品的传递等具体需求探讨。有趣的是，P用户在实际提供个性化服务的过程中会不停优化自己的营销策略（4P）来吸引更多的 D 用户，满足其需求。如闲鱼 P 用户会用"0.01 元"作

① 杨学成、涂科：《共享经济背景下的动态价值共创研究——以出行平台为例》，载《管理评论》2016 年第 12 期，第 258～268 页。

② 李耀：《顾客单独创造价值的结果及途径——一项探索性研究》，载《管理评论》2015 年第 2 期，第 120～127 页。

③ 关钰桥、孟韬：《共享经济背景下企业商业模式比较分析——以美国 Uber 与中国滴滴为例》，载《企业经济》2018 年第 4 期，第 27～35 页。

为曝光价来吸引 D 用户从而增加互动与交易成功率。不同的是，爱彼迎中 P 用户提供个性化服务的范围更为丰富多样，而闲鱼则聚焦于物品本身以及传递方式。

体验活动，即用户在参与价值创造活动中体验与日常生活中不同的活动，如情感体验新奇体验、娱乐体验等。用户通过参加不同的体验活动从而增加自身价值，这也体现了共享经济是关注用户体验和用户价值的体验型经济。研究发现，共享经济参与的 D 用户会有更多的选择权，更频繁直接地体验与众不同的活动，而 P 用户则会受一定限制。如爱彼迎房客 A6 提及 "室外烧烤的那次就特别愉快，比住宾馆好玩多了"。

互动是用户参与价值独创活动的主要行为之一，发生在整个价值创造活动中，互动方式多种多样。研究发现，若双方用户进行线下面对面接触或交易结束后仍有持续性接触，则会产生更多的互动，进而创造出更多独创价值。此外，相较于爱彼迎双方用户的短时间高频互动相比，以闲鱼为代表的社群型平台的互动具有自主性互动强、长久持续性特征，交易完成后维持互动更多，所面向群体也复杂多样。如 X7 提及，"我们鱼塘里不只是买卖啊，会经常沟通交流相关的产品"。

共享经济中的"共享"不仅仅受限于物品、房屋等实体的闲置资源分享，时间、知识、技能等方面的分享也是共享经济的表现形式，这也更为具体地体现在了用户价值独创的分享行为中。用户会通过"闲置资源"与其他用户进行价值观、知识储备、经验阅历等方面的分享，这也丰富了共享经济价值的内涵。研究发现，爱彼迎用户价值独创的分享行为，其涉及内容较为宽泛，从双方用户共同的兴趣喜好到生活家居用品的使用以及旅游景点推荐等一系列话题分享。而闲鱼用户分享的内容相对聚焦，围绕闲置物品本身或所属领域进行分享，更具有针对性。

此外，用户价值独创行为使得交易方式也不局限于共享经济企业所设定的服务方式。在采访中发现，闲鱼用户对于闲置物品不再仅限于现金交易，还出现于以物易物、免费赠予等分体现共享经济的特点，而交易方式也可线下自提、网下邮寄、送货上门等多种方式。作为住房分享的爱彼迎虽然不能进行所有权的转移，但是房屋交接的过程也不仅限于线下的面对面交接，线上、线下等多种交易方式并存。部分数据呈现示例与编码如表 3 - 8 所示。

表 3 - 8　　　　　　　用户价值独创机制的数据呈现示例

| 数据呈现 | 来源 | 数据编码 | 维度 |
|---|---|---|---|
| "没住过民俗想尝试，总是住酒店，觉得太无趣，想换换感觉，体验一下。"（A14） | FD - A14 | 新奇体验 | 动机 |
| "北京房价贵，出租部分房屋可以分担压力，缓解居民的生活压力，还可以在租房中搭建和我有共同语言的新人脉。"（A1） | FC - A1 | 生活需求 | |
| 二手平台闲鱼 11 日公布数据显示，2018 年……人均销售收入达 4296 元，比 2017 年多收入 16%。其中，90 后占到了 61%[a]。数据显示，"90 后"用户平均一个月在闲鱼买入 2.45 比……平均月收入 1509 元，相当于在闲鱼上每个月能净挣 539 元[b] | SB - X | 经济收益 | |
| "房子是租的，购买新床成本高，二手可以便宜购入。"（X11） | FB - X11 | 成本节约 | |
| "我一般买的都是家具或大件商品，如果同城卖家不提供送货上门的服务，我是不会购买的。"（X10） | FB - X10 | 独特需求 | |
| 房屋风格设计的时候我会定位客户人群，即年轻女孩子，但是粉色太具体，所以定位是灰色调的中性风偏温馨。同时，我也会问房客是否需要提供早餐等额外服务（A2） | FC - A2 | 个性化服务 | 行为 |
| "室外烧烤的那次就特别愉快，比住宾馆好玩多了。"（A6） | FD - A6 | 体验活动 | |
| "卖主会简单问候并提醒收货、给好评。"（X7） | FB - X7 | 互动 | |
| "房东英语说得很溜，贴心地为我们讲解，还推荐了当地好吃的饭店和 massage 的店。" | SA - A | 分享 | |
| "我租了一个五星酒店的会员打折卡，卖家帮我订好位后，把卡留在了酒店前台，我取得时候提他的名字就好，使用后又放回了前台。"（X15） | FB - X15 | 交易方式 | |
| 出租房子还有一个好处，就是增加的新的人脉，一般来我这的都是女生、年轻人，我们有好多的共同点，聊得来的我们后续也会继续接触（A1） | FC - A1 | 新社会关系网络 | 结果 |

续表

| 数据呈现 | 来源 | 数据编码 | 维度 |
|---|---|---|---|
| "卖家要离开这个城市，把一套很喜欢的摆件送给我，希望我能把她对这个城市的感情留下来。共同的物品需要将有共同点的人联系到一起，建立一种不受空间限制的情感的感觉特别好。"（X6） | FB - X6 | 共享情感的体验 | 结果 |
| 房东会教我如何用洗碗机、烤箱，而且我居然学会了如何生篝火（A14） | FD - A14 | 知识获得 | |
| 谌伟业强调，"闲鱼的万亿价值不是零售的万亿……是环保的价值，让整个社会的闲置资源能够利用起来的价值。" | SA - X | 重塑供需匹配 | |
| "我们也希望像闲鱼这样的平台，能够帮助闲置交易将资源在不同场景间持续流通的功能充分发挥出来，从而提升资源的循环利用率° 闲鱼回收数据显示，仅'90后'……超过305吨的蚂蚁森林能量……"d | SB - X | 可持续发展 | |
| 据2017年发布的《信用助力共享经济发展研究报告》显示，中国网民对共享经济的接受度高达82%，其中52%的用户关注分享平台是否引入第三方信用评估机构作参考e | SD | 建立信用机制 | |
| "因为我们都是研究生，所以会聊一些专业就业情况，以及中西方高等教育差异的问题。"（A6） | FD - A6 | 消费社群 | |
| "有的房东不愿意租给亚洲人，感觉爱彼迎进入中国后有很大的区别，和之前它的初衷不一样了。"（A11） | FD - A11 | 外部环境 | 环境因素 |
| "闲鱼的规则多变，以前没问题的商品可能下一秒就违规。可以通过审核信用和上网地区成为塘主，并负责管理鱼塘制度，如管理违规行为、对其清除清理，但塘主权限有限。"（X2） | FA - X2 | 内部环境 | |

注：a.《闲鱼2018年卖出过东西的用户人均销售收入达4296元》，云南频道——人民网，http://yn.people.com.cn/GB/n2/2019/0412/c372455-32836860.html。

b.《闲鱼数据：越来越多年轻人乐于给自己的生活做减法》，https://www.sohu.com/a/240312045_327914。

c.《闲鱼创造万亿社会价值 助推可循环经济发展》，凤凰网商业，2019年4月19日，http://biz.ifeng.com/a/20190419/45591903_0.shtml。

d. 浙江瞭望：《闲鱼数据：越来越多年轻人乐于给自己的生活做减法》，搜狐网，2018年7月1日，https://www.sohu.com/a/240312045_327914。

e. 分享经济研究中心：《〈信用助力分享经济发展研究报告〉在京发布》，国家信息中心网，2017年11月6日，http://www.sic.gov.cn/News/260/8575.htm。

资料来源：笔者整理所得。

## （三）用户价值独创的结果

用户价值独创的结果，也称用户价值独创的内容，通过编码分析整理将其分成增加用户价值以及对共享经济产生的社会效益，部分数据呈现示例与编码如表3-8所示。

1. 增加用户价值

主要包含创建新的社会关系网络、共享的情感体验以及知识获得三个方面，具体而言：

（1）创建新的社会关系网络。即共享经济用户通过参与价值创造活动扩大了原有的社交圈，结识新的朋友。共享经济背景下的用户价值独创包含单一用户独创或与其他用户共同创造，具有社交属性。本书发现，用户更容易在拥有共同兴趣爱好的社群型平台闲鱼上结交现实生活中新的朋友，从而创建新的社会网络。

（2）共享的情感体验。由于用户独创的价值更多为不可见的心理活动，双方用户通过一系列的价值创造行为以及闲置物品的连接，可以产生共享的情感体验。如X6提及，"卖家要离开这个城市，把一套很喜欢的摆件送给我，希望我能把她对这个城市的感情留下来。共同的物品需要将有共同点的人联系到一起，建立一种不受空间限制的情感的感觉特别好。"

（3）知识获得。用户在持续接触的过程中也会获得与共享物品相关的知识，如爱彼迎房客会不经意学习到厨具电器使用等方面知识。

然而，爱彼迎用户在获得增加用户价值的结果时，在很大程度上依赖于P用户是否主动参与到与D用户价值创造互动中来，即是否有线下面对面直接接触或长时间的线上互动。研究发现，若双方用户拥有共同的兴趣爱好、相似的教育背景等则会提高知识获得的概率，即是否能形成消费社群。值得一提的是，与传统经济下顾客独立价值的动机同，知识获得在共享经济中却成了意料之外的价值创造的结果。

2. 共享经济社会效益

主要涵盖了重塑供需匹配、可持续发展以及建立信用机制。

（1）重塑供需匹配。共享经济用户在分享和使用闲置住房、交易置换闲置物品的过程中，会自然而然地将供需双方进行有效匹配，从而为共享经济创造出社会价值。与爱彼迎单一房屋共享相比，闲鱼覆盖的物品共享种类更为多样，涉及用户更为广泛，更助力于社会闲置资源的重复利用。重塑供需匹配不仅是共享经济下价值创造的基本特征，也是我国供给侧结构性改革重要的一部分。

（2）促进可持续发展。闲鱼倡导绿色环保新消费观与生活方式，这与从受访者搜集的访谈资料大体一致，几乎每位受访者都提及交易闲置二手品是"不浪费""节约"的体现。虽然，作为住房分享的爱彼迎，其本身就将闲置房源进行资源再利用，但企业未有对可持续发展方面做过多的宣传，更关注用户本身的环保意识可以促进可持续发展，如"不提供一次性洗漱用品"。

（3）建立信用机制。研究发现共享经济用户在搜寻信息、购买决策时已经将"查看提供方的信用等级以及评论"列为极其重要的位置，并会在完成交易后进行相应的评价，如闲鱼用户会在交易前查看对方的芝麻信用值。同时，用户会通过主动关注彼此的信用及评论，从而对共享经济平台以及共享经济本身产生了信任。

## （四）消费社群

消费社群的调节作用体现在拥有共同兴趣和意向的用户群体可以促进用户价值独创行为更明显，从而创造更多价值。具体来说，拥有共同兴趣爱好、话题、价值观或相似背景经历的用户，更容易进行分享与互动等价值独创行为，产生共享的情感体验等价值。值得一提的是，消费社群的调节作用不仅适用于社群型共享经济平台，对爱彼迎等"P2P"平台型也同样受用，但有一定区别。平台型更注重连接双方供需匹配，忽略用户双方共同意向和背景的联结，因而除双方有直接面对面或长时间深入接触外，较难形成消费社群，从而使得调节作用较弱，尤其是增加用户价值的创造结果。而消费社群的调节作用在社群型平台更为显著。

## （五）环境影响因素

环境一直是影响消费者体验与价值创造的重要外部因素，具体表现为外部环境因素和内部环境因素。本书通过编码得而出制度社会等外部环境对用户价值独创的影响，在完善用户价值独创机制的同时，也给共享经济企业如何提升合法性（更好地被环境接受）带来一定的思考。现有研究中，已有学者开始重视制度环境等对共享经济企业的影响，尤其在2018年滴滴事件发生后，共享经济企业的合法性也开始备受关注，即中国特色的制度环境对共享经济企业的影响，以及企业如何获得合法性地位。这也是后续几章节将要探讨的内容。

1. 外部环境因素

经济、技术、制度文化以及社会环境等外部环境因素会影响整个用户价值独创的过程，即用户价值独创的动机、行为与结果。共享经济作为金融危机过后快速催生的一种新型的经济模式，其用户价值创造必然受整个经济环境的影响。以影响用户参与价值独创动机为例，爱彼迎房东会因为"北京房租贵，经济压力大"（A1）而渴望获得经济收益；闲鱼卖家会因为"消费升级，商家大型折扣活动"过度消费产生闲置而希望"回血"。就技术因素而言，共享经济是基于 Web 2.0 环境下互联网技术的发展而来。因此，具有信息不对称、准入门槛较低等特征的整体网络环境会影响着共享经济平台上提供方和需求方双方用户的价值创造活动。

此外，制度文化以及社会环境因素也起着较大的影响，尤其是对拥有全球业务的跨国公司爱彼迎，不同国家的制度文化环境影响用户价值创造行为及其结果较大。与此同时，如何让共享经济企业做到被环境接受（Kostova and Zaheer，1999），即如何获得和提升其合法性地位，也对用户价值独创的行为与结果产生一定的影响。如闲鱼曾多次被媒体曝光通过回收空瓶、奶粉桶等造假；爱彼迎民宿本身的安全和信用问题等，这些问题都会降低社会公众对共享经济本身的认可，从而阻碍用户参与共享经济价值创造活动的意愿以及积极性。

2. 内部环境因素

内部环境因素包含平台属性以及平台管理方式。基于不同平台属性的特征，以闲鱼为例的社群型企业会比以爱彼迎为代表的平台型企业拥有较为明显的社交属性特征，而爱彼迎的双方用户在线下有真实面对面的接触时，其价值创造行为与结果才会更为明显。

此外，平台管理方式也会影响用户间的价值创造。爱彼迎专注于搭建连接供需双方、整合房屋资源平台，提供一些营利性辅助服务（如房屋清扫等），但其对用户限制因素较少。而闲鱼的管理规章制度较为烦琐复杂，一部分较为活跃的用户（如鱼塘塘主）会协助平台管理相应社群的同时也限制了用户价值创造的活动。可见，用户在社群型共享经济平台中会得到更多的主导权来参与平台的管理与发展，从而创造出更多的价值。

综上，本书得出：共享经济用户参与价值独创活动的动机主要依托于共享经济平台提供的产品或服务的内容和属性，如闲鱼作为闲置物品共享平台，其用户则关注物品的质量以及传递方式。在用户价值独创的行为方面，P 用户在提供个性化服务的同时会主动承担"营销者身份"以吸引更多的 D 用户。值得一提的是，社群型平台的用户独创价值行为更为明显，其互动、交易方式、所面向群体也复杂多样。然而，由于爱彼迎住房分享活动的内容的性质，用户在爱彼迎中更能体验丰富多样的活动。而在用户价值独创的结果中，与爱彼迎相比，闲置租赁的社群型平台闲鱼其可持续发展等社会效益更为明显。

此外，研究发现消费社群的调节作用直接受共享经济企业的组织类型即平台属性影响，爱彼迎平台型企业很难形成大规模的消费社群，调节作用较闲鱼比并不明显。外部环境因素对用户价值独创的影响引发了共享经济企业如何应对不同制度环境以及合法性地位提升的思考，而包含平台属性和平台管理方式的内部环境因素，则更体现在社群型和平台型共享经济组织对用户价值独创的影响。爱彼迎与闲鱼用户价值独创差异性比较如表 3-9 所示。

表 3 – 9　　　　　　　爱彼迎与闲鱼用户价值独创差异性比较

| 类别 | 范畴 | 爱彼迎 | 闲鱼 |
|---|---|---|---|
| 自主动机 | 生活需求 | 有一定的社交需求 | 在保持生活品质的同时，减少生活支出 |
| | 新奇体验 | 用户更倾向与众不同的体验 | 出于对二手闲置租售本身的好奇 |
| | 经济收益 | 或成为主要收入来源之一 | 额外补助；"回血" |
| 受控动机 | 独特需求 | 需求因人而异，更具独特性 | 体现在交易物品的特性以及传递方式 |
| | 成本节约 | 受限于价格 | — |
| 价值独创行为 | 体验活动 | D 用户更为频繁、直接 | 后续持续接触上 |
| | 分享 | 面对面情形更多；内容更宽泛 | 话题具有针对性 |
| | 个性化服务 | 体现更为具体丰富多样 | 价格设计、提供服务传递 |
| | 交易方式 | ● 平台支付<br>● 面对面交易、约定地点 | ● 平台支付、以物易物、免费赠予；<br>● 服务传递方式自提、线下邮寄、送货上门等 |
| | 互动 | ● 短时间高频互动<br>● 用户自主性互动较弱 | ● 长久持续性特征，所面向群体也复杂多样 |
| 价值创造结果 | 共享经济社会效益 | ● 供需重塑集中于房屋<br>● 可持续发展依赖于用户观念 | ● 重塑供需匹配更为广泛多样<br>● 闲置二手本身更有环保概念 |
| | 增加用户价值 | ● 提供方用户对其影响大 | ● 消费社群作用更为明显 |
| 环境因素 | 外部环境 | 不同国家的制度文化环境影响用户价值创造行为及其结果较大 | 交易产品本身的合法性问题 |
| | 内部环境 | 平台只提供辅助服务 | 赋能于用户，用户有一定管理权限 |
| 消费社群 | | 较难形成消费社群，调节作用较弱 | 由共同兴趣、共同意向的群体对价值创造结果的贡献较大 |

资料来源：笔者整理所得。

## 二、与传统经济背景下顾客独创价值的探讨

　　共享经济作为依托于平台、以个体分享为主、以用户的闲置资源为基础的经济模。与传统经济不同，其价值创造主要产生于用户间的日常

生活，共享经济企业很难去控制和主导价值创造的过程，用户价值独创现象则更为普遍。

用户在共享经济背景下参与价值独创的动机与其参与传统企业时存在着一定差异①，除新奇体验外，提高生活品质、扩大社交圈等的生活需求和获得一定经济收益更能吸引共享经济用户进行价值独创，同时也体现了共享经济获得经济补贴、改善生活的初衷；而以节约成本和满足用户独特需求的受控动机却未因共享经济情境而改变，说明无论传统经济还是共享经济市场下，价值独创的动机均会受其所限。

共享经济用户价值独创的行为依托互联网平台，使其用户线上线下互动连接更加紧密，方式丰富多样。其行为符合互联网情境下特征，即顾客之间强弱互动是主要途径之一，强调顾客（用户）是价值创造者而企业（平台）是协助者②。用户不再限于现金交易，还出现于以物易物、免费赠予等体现共享经济内涵与基本特征的交易方式③。而用户间知识、技能等"无形"闲置资源分享的行为，不仅丰富了共享经济价值的内涵，还进一步表达了共享经济闲置资源共享、绿色环保以及供需重塑匹配的初衷。此外，共享经济用户在参与价值独创活动时通过大量的体验活动，从而增加了自身价值，也体现了共享经济是关注用户体验和用户价值的体验型经济。

而共享经济用户价值独创的结果，不可否认的是，共享经济背景下的用户价值独创也会同传统经济下顾客独创价值一样，对企业本身带来一定影响，如提高企业知名度等。但本书认为共享经济依托互联网，其用户独创价值应更具备社会情境价值，无论是用户本身增加的社会关系、共享情感等价值还是用户间共同创造的建立信任机制、供需匹配和

---

① 李耀、周密、王新新：《顾客独创价值研究：回顾、探析与展望》，载《外国经济与管理》2016年第3期，第73~85页。

② 郑凯、王新新：《互联网条件下顾客独立创造价值理论研究综述》，载《外国经济与管理》2015年第5期，第14~24页。

③ 关钰桥、孟韬：《共享经济背景下企业商业模式比较分析——以美国Uber与中国滴滴为例》，载《企业经济》2018年第4期，第27~35页。

可持续发展等社会效益。而现有研究仅关注顾企双方、围绕企业产品服务，如对顾客需求的满足、企业价值能力的提升和顾企关系的改善等①，具有一定局限性。基于此，本书希望共享经济企业在关注增加用户价值的基础的同时也关注其所带来社会效益，从而有利于企业责任感的树立。

此外，消费社群的调节作用与内外部环境因素的影响，进一步丰富了共享经济用户价值独创机制的构建，引发了共享经济企业如何应对不同制度环境提升合法性地位以及不同共享经济模式对价值创造不同的思考。

## 第四节　共享经济价值创造服务层次对比

本书从 P 用户个性化服务行为中引申发现，共享经济价值创造的服务逻辑以及服务层次是主要区别于传统经济价值创造的一大特点，具体来说：传统经济背景下，价值创造的主体聚焦于企业与顾客，无论是"企业提供服务于顾客"的服务主导逻辑还是"顾客参与价值创造或提供服务于企业"的顾客主导逻辑均是单一的服务逻辑和价值创造模式（见图 3 - 2）。

与传统经济下的主导逻辑不同，共享经济下的服务逻辑不再是单一的服务主导逻辑或是顾客主导逻辑，而是两者的综合运用，其逻辑的转换则是伴随着服务层次的和服务提供方和服务需求方的角色转变②。共享经济依托先进信息技术和新资源配置模式，其服务所需的资源不仅仅来自企业，更源于个体所拥有的闲置资源。因此，共享经济的价值创造

---

① 李耀：《顾客单独创造价值的结果及途径——一项探索性研究》，载《管理评论》2015 年第 2 期，第 120～127 页。

② 杨学成、涂科：《行共享中的用户价值共创机理——基于优步的案例研究》，载《管理世界》2017 年第 8 期，第 154～169 页。

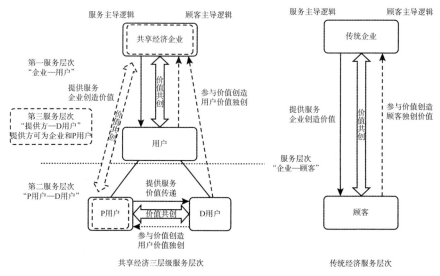

图 3-2　共享经济与传统经济价值创造服务层次对比

系统具备参与主体多元化、环境适应性强、多层次的特点①。虽然，已有国内学者对共享经济价值创造系统进行划分，但仍未覆盖所有情况或进行较为详细的解释说明：如杨学成、涂科将其划分为两个层次，即连接服务层次（平台是提供方，双方用户是顾客方）和具体服务层次（提供方用户和需求方用户），方便于区分不同阶段共享出行的价值创造过程；王水莲、李志刚和杜莹莹着重探讨了共享经济平台价值创造过程中的"资源整合、供需匹配和共创驱动"三个环节，并未将其划分平台中心层、用户网络层和利益相关层三个服务层次进一步解释说明。而，本书通过深入了解用户价值独创的机制则认为应该将共享经济价值创造服务层次细分为三个服务层次，简单表示为"企业—用户""P 用户—D 用户"以及"服务提供方—D 用户"三个层次（见图 3-2），同时图文标注了不同层次下价值共创和独创表现方式以及转化，并与传统企业做对比，从而更好地展现共享经济用户价值创造的特点。具体说明：

---

①　王水莲、李志刚、杜莹莹：《共享经济平台价值创造过程模型研究——以滴滴、Airbnb 和抖音为例》，载《管理评论》2019 年第 7 期，第 45~55 页。

共享经济的第一服务层次"企业—用户"是三个服务层次中最为宏观的，也是与传统经济背景下单一的"企业—顾客"服务层次相一致的。即在服务主导逻辑下共享经济企业为用户提供服务创造价值；顾客主导逻辑下用户可以单独创造价值或与企业进行共同创造价值。在第一服务层次里，将共享经济企业服务的用户划为一个整体，并未进一步区分服务需求方和提供方。

共享经济的第二服务层次"P用户—D用户"，是在第一层次的基础上对用户进行进一步细分，即服务提供方"P用户"与服务需求方"D用户"。而共享经济下的用户均具备"产消者"的特征，因此用户的角色需在特定情境下进行辨别，并非一成不变的。如爱彼迎的北京房东，在外地旅游中使用爱彼迎平台预订住宿，则成为他人的房客即服务需求方。然而，这个过程并不耽误他的"房东身份"可以继续通过网络与他的房客进行沟通与服务。就价值共创和独创来讲，第二服务层次中的D用户独立于P用户进行的价值创造是用户价值独创，而P用户、D用户间可以进行价值共创；而在"企业—用户"第一服务层次中，P用户、D用户间的价值共创在共享经济企业来讲，则为用户价值独创。

而共享经济的第三服务层次"提供方—D用户"，则表现得更为复杂，也突出了共享经济价值创造系统的多元化、多层次的特点。其中的提供方则是可以为共享经济企业与P用户，所以该层次的"提供方"则直接体现了用户与企业间的价值共创。相对应地，D用户可以为企业独立创造价值（多为企业绩效和社会效益）也可以独立于P用户创造价值（如获得知识等用户价值的增长）。

# 第五节　本章小结

本章内容主要完成了研究问题一，即运用价值共创与独创理论对共享经济价值创造服务层次进行研究和探讨。随着共享经济的发展，用户更加主动地参与到价值创造活动中来，用户价值独创成为共享经济背景下的独特价值创造方式。了解共享经济用户及用户间是如何独立于企业进行价值创造的、影响其价值独创过程的因素有哪些，具有一定的研究意义和创新性。基于此，本章选取平台型企业爱彼迎和社群型企业淘宝闲鱼为例，通过扎根理论深入分析并构建出共享经济背景下的用户价值独创机制。同时，本章对"共享经济与传统经济价值创造服务层次"以及"与传统经济背景下顾客独创价值区别"进行探讨。

值得一提的是，本书编码得出消费社群的调节作用以及制度等环境因素对用户价值独创机制的影响，是本书的一大创新点。即在完善顾客独创价值理论、构建共享经济用户价值独创机制的同时，引发了共享经济企业如何应对不同制度环境提升合法性地位以及不同共享经济模式对价值创造不同的思考。这也是本书为后续研究引申的将解决的两个研究问题，即研究问题二"共享经济商业模式的分类及未来发展可行性路径的探讨"；以及研究问题三"共享经济企业合法性获取机制的研究"。

# 第四章

# 共享经济商业模式分类
# 与趋同路径

商业模式是企业组织进行价值创造的方法和逻辑，是人们理解企业成长与发展的重要角度之一①。共享经济作为互联网时代下的一种新型的商业模式和价值创造方式②，探讨共享经济的重要性离不开对其商业模式的关注，共享经济的商业模式种类繁多，但其模式所属类型不同。目前，学术界对共享经济商业模式的研究已有一定的成果，主要包括共享经济商业模式的基础性理论研究，如维度、分类③与基本特点④以及代表性企业案例研究，尤其是价值创造视角⑤。

因此，为了促进共享经济健康可持续发展，需要深入了解影响共享经济商业模式类型组成的因素有哪些？如何对现有的共享经济商业模式进行分类？此外，随着共享经济企业的发展，其商业模式是一成不变的

① 李鸿磊：《基于价值创造视角的商业模式分类研究——以三个典型企业的分类应用为例》，载《管理评论》2018 年第 4 期，第 257～272 页。

② Cohen B, Kietzmann J. Ride on! Mobility Business Models for the Sharing Economy. *Organization & Environment*, Vol. 27, No. 3, 2014, pp. 279-296.

③ 孟韬、关钰桥、董政：《共享经济商业模式分类及其发展路径研究——基于 fsQCA 方法》，载《财经问题研究》2020 年第 12 期，第 40～49 页。

④ 关钰桥、孟韬：《共享经济背景下企业商业模式比较分析——以美国 Uber 与中国滴滴为例》，载《企业经济》2018 年第 4 期，第 27～35 页。

⑤ 孟韬、关钰桥、董政、王维：《共享经济平台用户价值独创机制研究——以 Airbnb 与闲鱼为例》，载《科学学与科学技术管理》2020 年第 8 期，第 111～130 页。

吗？不同类型共享经济企业未来发展的可行性路径有哪些？这些问题，都值得学术界对此进行深入的探讨。

值得一提的是，商业模式采取"一种系统的、整体的视角来解释公司是如何经营的"，其各要素间如何匹配非常适宜于采用整体论、组态思维的定性比较分析方法（QCA）。而QCA方法在前人研究共享经济商业模式时已有应用。穆尼奥斯、科恩首次通过fsQCA定性研究方法对国外36个共享经济企业进行商业模式分类研究，但其案例样本不具备普适性，均为国外共享经济企业。然而，近年来中国发展成为全球共享经济发展的主阵地，国内共享经济独角兽企业蓬勃发展，因此选择国内共享经济企业为案例样本具有一定必要性和代表性。此外，学者高素英、张烨和王羽婵通过提取商业模式10个核心要素作为解释变量，运用清晰集QCA方法探究共享经济模式要素的联动机理，旨在挖掘中国情境下共享经济形态隐含的内在逻辑[①]。但清晰集QCA方法（csQCA）的应用相较于模糊集QCA方法具备一定局限性，只能处理二分类变量，其取值必须被校准为0或1[②]。同时，研究内容仍为静态的商业模式分类。可见，目前共享经济商业模式分类研究仍存在一定的局限性，如实证研究较少更倾向于案例支持的理论研究[③]，以及未考虑企业"动态性"可持续发展的静态的商业模式分类[④][⑤]。

综上，研究选取中国情境下具有一定公众认知的共享经济企业，即全球各领域具有代表性的40个共享经济企业为研究对象，通过模糊集定性比较分析方法（fsQCA），通过共享经济不同商业模式影响因素和企业成熟度7个维度组成不同组态，从而形成四种共享经济商业模式类

---

[①][⑤]　高素英、张烨、王羽婵：《共享经济商业模式要素联动机理研究》，载《商业研究》2017年第11期，第1~6页。

[②]　杜运周、贾良定：《组态视角与定性比较分析（QCA）：管理学研究的一条新道路》，载《管理世界》2017年第6期，第155~167页。

[③]　孟韬、李佳雷、郝增慧：《中国共享经济组织的分类与比较研究》，载《经济社会体制比较》2019年第5期，第149~158页。

[④]　Muñoz P, Cohen B. Mapping Out the Sharing Economy: A Configurational Approach to Sharing Business Modeling. *Technological Forecasting and Social Change*, Vol. 125, 2017, pp. 21 –37.

型，并帮助共享经济企业提供切实可行的发展路径。共享经济作为一种新业态、新的商业模式，深入了解其商业模式分类及其动态发展路径，具有一定的理论意义和实践价值。

## 第一节　组态视角、QCA 与案例研究

### 一、组态视角与 QCA

定性比较分析方法（qualitative comparative analysis，QCA）是由美国社会学家雷金发展而来的，采取整体的视角，强调条件组态（configurations）与结果间复杂的因果关系，将案例视为原因条件集合的整体[①]。QCA 方法最早做小样本的跨案例的定性比较分析应用于政治学等社会学科[②]，因为社会现象发生的条件是相互依赖而并非独立的，其解释原因应该是"整体的"组合方式。近年来，管理学者们发现它还具备处理大样本和分析复杂组态问题的优势，从而成为管理、营销等领域解决因果关系复杂性的重要工具[③]。

组态视角认为"组织最好被理解为相互关联的结构和实践的集群而非分单元或者松散结合的实体，因而不能以孤立分析部件的方式理解组织"[④]。案例层面的组态并不是单个自变量被用来分析结果，体现了组态分析整体性、系统性、多维度的研究思路，在分析战略管理等相关问

---

① Ragin C C. *The Comparative Method*：*Moving Beyond Qualitative and Quantitative Strategies*. Berkeleyb and Los Angeles，CA：University of California Press，1987.

② Ragin C C. *Redesigning Social Inquiry*：*Fuzzy Sets and Beyond*. Chicago：University of Chicago Press，2008.

③ 杜运周、贾良定：《组态视角与定性比较分析（QCA）：管理学研究的一条新道路》，载《管理世界》2017 年第 6 期，第 155～167 页。

④ Fiss P C. Building Better Causal Theories：A Fuzzy Set Approach to Typologies in Organization Research. *Academy of Management Journal*，Vol. 54，No. 2，2011，pp. 393－420.

题中具有一定优势。

QCA 提供了整体系统的分析的方法来解决组态问题，主要有两点优势：其一，在于采取整体视角研究组织现象，符合组织间相互依赖和因果复杂的特征。传统的定量回归分析的视角较为孤立，很难回答变量间相互依赖及其构成的组态如何影响结果的复杂的因果关系；其二，它有效结合了定性分析与定量分析的优点，提供了开展管理研究的一条新道路。定性研究聚焦于案例的整体和深入分析，但外延差；定量研究关注大样本的推广度而对具体案例的分析深度不够。然而，QCA 可以有效整合，它既适合于小案例数的研究（10 或者 15 以下），中等规模样本（10 或 15 ~ 50 案例数），也适合超过 100 案例数的大样本案例的研究①。

学者杜运周、贾良定在论述组态视角与 QCA 时，还阐述了组态理论与类型学、分类体系以及分类法的差异，尤其着重地将在高阶构念和分析层次最接近的组态理论与类型学进行进一步区分②。组态视角应用更广泛，不受限于类型或分类层面的分析，而是把组态视为组织的品质或者性质，甚至可以决定企业的竞争优势，探究复杂的因果关系，具有一定的"思想实验"和探索性。费斯认为组态视角不同于类型学只关注"一致性逻辑"，以产生某一分类为结果，而是关注因素核心或边缘的作用或因素间相互依赖并发生的结果，并对因果机制和影响因素进一步分析。

## 二、QCA 方法与案例研究

QCA 根据变量类型分为 csQCA（清晰集定性比较分析），mvQCA（多值定性比较分析），以及 fsQCA（模糊集定性比较分析）。（1）csQCA 分析只能处理二分类变量具有一定分析局限，即分析的前因条件和结果的取值必须被校准为 0 或 1。（2）mvQCA 使用多值分类，即允许

---

① Fiss P C. Building Better Causal Theories：A Fuzzy Set Approach to Typologies in Organization Research. *Academy of Management Journal*，Vol. 54，No. 2，2011，pp. 393 – 420.

② 杜运周、贾良定：《组态视角与定性比较分析（QCA）：管理学研究的一条新道路》，载《管理世界》2017 年第 6 期，第 155 ~ 167 页。

条件和结果为多值名义变量，更适合处理多类别现象。由于其基础是清晰集和真值表，csQCA 和 mvQCA 只适合处理类别问题，其案例只能被分配到分类变量的某一个类别中。（3）fsQCA 具有定性分析和定量分析的双重属性[①]，在数据处理上具有更大的优势，即既可以处理类别问题，又可以处理程度变化的问题和部分隶属的问题，给案例有一个介于 0 与 1 之间的隶属得分。研究人员需要指定为案例分配模糊隶属度评分的校准程序，并且这些校准程序必须是公开的和明确的，以便其他学者可以对其进行评估。

QCA 以整体的视角，将案例看成条件变量的不同集合，从而分析相互依赖、作用的条件共同对结果的组态效应。QCA 为案例研究提供了新的研究思路与方法，具备一定优势。传统的案例研究注重单案例或少数案例，在既定情境下来发展理论，即通过因果分析、定义生成等整合深入分析，研究案例的独特性和整体性[②]。然而，传统案例研究适合于探究少数案例的已有的因果关系，不能研究过多案例数，从而导致结论不具备普适性，这也经常被致力于在比较方法上发展通用理论的社会学者质疑。QCA 作为一种新的比较分析方法，可以对研究对象及其整体进行统计分析，以案例整体视为条件的组态，在一定程度上具备了案例与定量研究两者的优势[③]。因此，杜运周、贾良定认为学者在案例研究时不再受限于案例个数，并可以运用整体的组态分析解决大样本分析无法解释的因果复杂性问题。近年来 QCA 在案例研究中开始得到应用[④]，破解了一直困扰案例研究的理论结果普适性问题，对案例研究方

① Ragin C C. *Redesigning Social Inquiry*：*Fuzzy Sets and Beyond.* Chicago：University of Chicago Press，2008.

② Eisenhardt K M. Building Theories from Case Study Research. *Academy of Management Review*，Vol. 14，No. 4，1989，pp. 532－550.

③ Ragin C C，Fiss P C. *Intersectional Inequality*：*Race*，*Class*，*Test Scores*，*and Poverty.* Chicago：University of Chicago Press，2016.

④ 王凤彬、江鸿、王璁：《央企集团管控架构的演进：战略决定、制度引致还是路径依赖？——一项定性比较分析（QCA）尝试》，载《管理世界》2014 年第 12 期，第 92～114、187～188 页。

法进行了补充与拓展。在具体操作上，首先通过对少数独特性案例的深入分析，归纳出涌现的构念及之间的关系。而后借助 QCA 方法，引入定量研究的优势，拓展案例的数量。在研究尚不足以进行大样本统计检验的时候，以组态的视角对案例研究结论做进一步验证与推论。

## 三、商业模式与 QCA

商业模式的形成更倾向理解为要素组合的过程，学者在进行商业模式设计时会结合自身对商业模式已有成熟模式的认知，在对企业内外部环境进行战略分析的基础上，选择出恰当的组成要素，从而组合出最终的商业模式[①]。这是目前商业模式形成研究的主流。

商业模式是价值发现、价值匹配和价值实现过程中一系列要素的集合，具备典型的组态特征视角。共享经济商业模式作为技术经济下一种成功的商业模式，其组成因素是相互依赖、并非完全独立的，因此要用"整体的"组合的方式来解释不同商业模式发展的成因。引用组态视角和 QCA 方法，可以厘清商业模式构成要素中，哪些是企业必备要素，通过那些组合模式，可以实现组织预期的成长，或者避免负面结果[②]。

同时，本书遵循国内学者杜运周、贾良定归纳总结出的 QCA 论文应完成的基本的分析过程[③]，即理论分析提炼前因条件，数据采集，变量再校准与集合隶属分数，选择案例频数和一致性临界值，构建真值表即识别观察案例的条件组态及其与结果的对应联系，进行 QCA 标准化分析、通过"反事实"分析简化组态产生简约解和中间解（后者包含前者）并区分核心条件和边缘条件，用 QCA 符号汇报结果，最后讨论

---

① Casadesus – Masnaell R. , Ricart J. E. From Strategy to Business Models and onto Tactics. *Long Range Planning*, Vol. 43, No. 3, 2010, pp. 195 – 215.

② 杜运周：《组织与创业领域——组态视角下的创业研究》，载《管理学季刊》2019 年第 3 期，第 31 ~ 41、140 页。

③ 杜运周、贾良定：《组态视角与定性比较分析（QCA）：管理学研究的一条新道路》，载《管理世界》2017 年第 6 期，第 155 ~ 167 页。

研究贡献和意义。基于此，研究选择对案例选择的标准具有包容性和可用性的模糊集定性比较分析方法（fsQCA），通过分析共享经济商业模式 6 个维度与共享经济成熟度的关系所形成的不同组态，从而得出共享经济商业模式的分类。

## 第二节　研究设计

### 一、样本案例的选择

随着共享经济的迅速发展，共享新业态、"共享经济＋"态势明显。这使得总体样本呈现集边界较难确定、内部差异较大等问题，而 QCA 可以对中小样本提供更加有效的分析[①]。基于此，选取中国情境下具有一定公众认知的共享经济企业，即不仅限于中国本土成长的共享经济企业，还包含全球各领域具有代表性共享经济企业，从而增强案例的可信度。在对共享经济基本特征和分类充分整理后，根据数据可得性原则，从 8 大共享经济领域，选取国内外 40 个共享经济企业为研究对象（见表 4－1）。其中，我国 27 家本土共享经济企业案例是从 2017～2019 年政府权威发布的《共享经济发展年度报告》中筛选得出。

表 4－1　　　　　　　　　共享经济领域代表企业

| 共享经济企业 | 估值（亿美元） | 成立时间（年） | 成立国家 | 共享经济领域 |
| --- | --- | --- | --- | --- |
| 滴滴 | 100＋ | 2012 | 中国 | 出行 |
| 优步（Uber） | 100＋ | 2009 | 美国 | |
| 来福车（Lyft） | 100＋ | 2012 | 美国 | |

---

① 高素英、张烨、王羽婵：《共享经济商业模式要素联动机理研究》，载《商业研究》2017 年第 11 期，第 1～6 页。

续表

| 共享经济企业 | 估值（亿美元） | 成立时间（年） | 成立国家 | 共享经济领域 |
|---|---|---|---|---|
| 即行（Car2go） | 10 ~ 30 | 2008 | 德国 | 出行 |
| 氢氢出行 | 0 ~ 10 | 2015 | 中国 | |
| Blablacar | 10 ~ 30 | 2006 | 法国 | |
| GrabTaxi | 100 + | 2012 | 马来西亚 | |
| 曹操出行 | 10 ~ 30 | 2015 | 中国 | |
| 摩拜单车 | 30 ~ 100 | 2016 | 中国 | |
| 哈啰 | 10 ~ 30 | 2016 | 中国 | |
| Lime | 10 ~ 30 | 2016 | 美国 | |
| 爱彼迎 | 100 + | 2008 | 美国 | 空间 |
| 小猪短租 | 10 ~ 30 | 2012 | 中国 | |
| 途家 | 10 ~ 30 | 2011 | 中国 | |
| Wework | 100 + | 2011 | 美国 | |
| 氪空间 | 10 ~ 30 | 2014 | 中国 | |
| 优客工场 | 30 ~ 100 | 2015 | 中国 | |
| 陆金所 | 100 + | 2011 | 中国 | 金融 |
| 借贷俱乐部（Lending Club） | 100 + | 2007 | 美国 | |
| 人人贷 | 0 ~ 10 | 2010 | 中国 | |
| 闲鱼 | 30 ~ 100 | 2014 | 中国 | 物品 |
| 转转 | 10 ~ 30 | 2015 | 中国 | |
| 瓜子二手车 | 30 ~ 100 | 2014 | 中国 | |
| 爱回收 | 10 ~ 30 | 2011 | 中国 | |
| 街电 | 0 ~ 10 | 2015 | 中国 | |
| Wikipedia | 100 + | 2001 | 美国 | 知识技能 |
| Taskrabbit | 0 ~ 10 | 2008 | 美国 | |
| 知乎 | 10 ~ 30 | 2011 | 中国 | |
| 猪八戒 | 10 ~ 30 | 2006 | 中国 | |

续表

| 共享经济企业 | 估值（亿美元） | 成立时间（年） | 成立国家 | 共享经济领域 |
|---|---|---|---|---|
| 猿辅导 | 30 ~ 100 | 2012 | 中国 | 教育 |
| iTutor Group | 10 ~ 30 | 1998 | 中国 | |
| VIPkids | 30 ~ 100 | 2013 | 中国 | |
| 新氧科技 | 0 ~ 10 | 2013 | 中国 | 医疗 |
| 丁香园 | 0 ~ 10 | 2000 | 中国 | |
| 春雨医生 | 0 ~ 10 | 2011 | 中国 | |
| 美团点评 | 100 + | 2010 | 中国 | 生活服务 |
| Pinterest | 100 + | 2010 | 美国 | |
| Yelp | 100 + | 2004 | 美国 | |
| 小红书 | 30 ~ 100 | 2013 | 中国 | |
| 达达 | 10 ~ 30 | 2014 | 中国 | |

## 二、商业模式维度的设计

商业模式的形成通常理解为要素组合过程，以往研究在进行商业模式设计时，在考虑企业内外部环境进行战略分析的基础上，选择出合适的组成要素，并进一步通过要素组合来形成最终的商业模式[①]。基于此，研究通过梳理国内外 36 篇共享经济及其商业模式的经典文献（见附录 A），总结出共享经济商业模式具备协作平台、闲置资源、互动与共创等六个基本特点即维度设计。

### （一）协作平台

协作平台（platform for collaboration）是共享经济及其商业模式主要基本特征之一[②]。共享经济企业依托互联网平台连接供需双方用户，进

---

① Casadesus – Masnaell R. , Ricart J. E. From Strategy to Business Models and onto Tactics. *Long Range Planning*, Vol. 43, No. 3, 2010, pp. 195 – 215.

② 关钰桥、孟韬：《共享经济背景下企业商业模式比较分析——以美国 Uber 与中国滴滴为例》，载《企业经济》2018 年第 4 期，第 27 ~ 35 页。

行资源重新匹配，从而形成了网络效应、进而创造价值①。然而，学术界对此仍有一定的质疑，如平台是否一定要数字化平台、实体化平台是否也适用于共享经济②：科恩、穆尼奥斯认为用来提高可持续消费和生产平台，既可以是数字化连接，也可是分布式实体资源共享③。此外，平台在共享单车、充电宝等 B2C 型商业模式的作用，也值得进一步探讨。

## （二）闲置资源

闲置资源（under-utilized resource）再分配同样被认为是共享经济商业模式主要基本特征之一④，也可作为共享经济商业模式的重要维度之一⑤。闲置资源持续虽然一直存在于人类社会，但从未被企业如此大规模利用以获得竞争优势，其资源海量分散在社会各处⑥。杨学成、涂科认为共享经济突破了对资源的利用方式，侧重激活和开发闲置资源，强调"使用而非占有"。然而，随着共享经济的迅速发展，共享形式不再局限于 P2P 的资源闲置共享，还包含知识技能、时间的共享。因此，所涉及的闲置资源维度是衡量企业和用户多大程度上运用闲置资源来进行共享活动。

## （三）互动与共创

学者蔡斯认为 P2P 互动也是成为共享经济的必要条件之一⑦。随着

---

① 杨学成、涂科：《出行共享中的用户价值共创机理——基于优步的案例研究》，载《管理世界》2017 年第 8 期，第 154～169 页。

②⑤ Muñoz P, Cohen B. Mapping Out the Sharing Economy: A Configurational Approach to Sharing Business Modeling. *Technological Forecasting and Social Change*, Vol. 125, 2017, pp. 21 –37.

③ Cohen B, Muñoz P. Sharing Cities and Sustainable Consumption and Production: Towards an Integrated Framework. *Journal of Cleaner Production*, Vol. 134, 2016, pp. 87 –97.

④ Mair J, Reischauer G. Capturing the Dynamics of the Sharing Economy: Institutional Research on the Plural Forms and Practices of Sharing Economy Organizations. *Technological Forecasting and Social Change*, Vol. 125, 2017, pp. 11 –20.

⑥ 姜奇平：《共享经济：垄断竞争政治经济学》，清华大学出版社 2017 年版。

⑦ Chase R., *How People and Platforms are Inventing the Collaborative Economy and Reinventing Capitalism*. NY: Public Affairs Publishing, 2015.

共享经济的发展，用户更加积极主动地参与共享经济的价值创造活动中来，呈现高自主性、强个性化、高独立性等特点，价值共创更为明显。"互动与共创"与"P2P 互动"相比，凸显了价值共创这一概念，杨学成、涂科强调价值共创是共享经济重要的价值创造方式，简言之，互动是行为，共创价值是结果，两者有效地整合在一起。同时，共创不仅局限于企业与用户之间共同的价值创造①，还包含用户间的价值共创，从企业视角上也可以称其为用户价值独创②。爱彼迎房东会根据自己的兴趣偏好来设计和改造房屋，使得房屋带有"个性标签"，并在爱彼迎平台提供的协助拍摄等服务的同时提升了其出租价值。

（四）协同治理

协同治理是评估企业业务在整合用户参与价值创造活动和利益中的开放程度。外国学者穆尼奥斯、科恩通过文献梳理将协同治理作为研究共享经济商业模式的重要维度之一。麦克拉伦、阿吉曼提出了共享经济范式中协作和参与治理对基于社群模式（community-based）的重要性，试图将共享经济的框架局限于以商业为中介的共享平台扩展到更广泛的共享范式。然而，社群经济是共享经济基础核心之一③。基于此，在回顾的文献中有 17 篇都提及协作治理是共享商业模式的一个特征。

（五）资产模式

轻重资产模式的选择一直是企业运营与发展的重要问题。随着共享经济的成熟发展，企业在不断调整战略来适应市场，尤其是在具有中国特色的共享单车、充电宝等 B2C 型共享经济企业兴起之后。在资产模

---

① 杨学成、涂科：《共享经济背景下的动态价值共创研究——以出行平台为例》，载《管理评论》2016 年第 12 期，第 258 ~ 268 页。

② 孟韬、关钰桥、董政、王维：《共享经济平台用户价值独创机制研究——以 Airbnb 与闲鱼为例》，载《科学学与科学技术管理》2020 年第 8 期，第 111 ~ 130 页。

③ Acquier A，Daudigeos T，Pinkse J. Promise and Paradoxes of the Sharing Economy：An Organizing Framework. *Technological Forecasting & Social Change*，2017. http：//dx. dol. prg/10. 1016/j. techfore. 2017. 07. 006.

式方面，一些企业有从轻资产逐渐向重资产模式转移的趋势，如滴滴增设公共交通产品。研究将重资产模式的共享经济企业赋值为大于50分。

### （六）技术赋能

技术赋能是指共享经济企业利用或依赖互联网等技术来赋予其商业模式创新、竞争等更多能力。具体来说，它评估企业在依托互联网基础上，利用大数据、GPS 定位、机器学习等智能技术的能力，从而提高资源配置效率以及帮助企业对用户个性化需求的准确获取、有效传递、高效满足[①]。自 2016 年以来，"赋能"一词在业界频繁出现，尤其是强调技术赋能对传统组织治理方式的深刻改造。而共享经济作为互联网时代下的产物，赋能也被注入了新的内涵：平台通过创造互动场景、开放平台接口和技术转移转化等手段，赋予利益相关者创新、生产和竞争的能力，以实现资源的高度整合与高效利用，达到同外部组织或个人共生、共享、共赢的理想状态，是未来组织最重要的职能之一[②]。

## 三、结果变量的设计

结果变量设计为共享经济成熟度，由企业估值和可持续发展能力两个因素组成。企业估值作为资本对企业生产经营的认可度，能够有效衡量投资价值和未来发展[③]。然而，共享经济作为一种新的经济模式，与传统 IPO 企业的估值不同，大部分共享经济企业仍未上市，其估值的公允度较弱。因此，在设计结果变量中时还考虑到企业可持续发展能力，即由企业成立至今的时间来衡量，在一定程度上提升了结果变量的可信

---

① 周文辉、杨苗、王鹏程、王昶：《赋能、价值共创与战略创业：基于韩都与芬尼的纵向案例研究》，载《管理评论》2017 年第 7 期，第 258～272 页。

② 郝金磊、尹萌：《共享经济：赋能、价值共创与商业模式创新——基于猪八戒网的案例研究》，载《商业研究》2018 年第 5 期，第 31～40 页。

③ 高素英、张烨、王羽婵：《共享经济商业模式要素联动机理研究》，载《商业研究》2017 年第 11 期，第 1～6 页。

度。基于此，为了保证共享经济企业发展的稳健性，将企业估值 30 亿美元作为评价标准，即将超过 30 亿美元估值的企业赋值为 50 分以上，并参考企业持续时间，来调节共享经济成熟度评分。

## 四、数据收集与获取

为了确保数据的真实性和变量赋值时的准确性，本书根据三角测量的原则①，从多种渠道收集所需要的数据，主要来源包括：半结构化访谈、实地观察和二手数据。其中，二手数据主要包括企业官方公开和内部资料、媒体报道以及相关学术文献与政策报告。一手数据主要来源于共享经济领域专家学者（4 名）、行业领先企业中高层（8 名）以及相关政府部门领导（5 名），如表 4 - 2 所示。演技通过多种途径收集案例信息，课题组成员通过探讨分析后对 40 家企业综合评级打分，构建共享经济企业各个案例的变量具体赋值如表 4 - 3 所示。

表 4 - 2　　　　　　　　　一手数据收集汇总

| 数据来源 | 访谈对象 | 主要内容 | 时长（分钟） | 地点 |
|---|---|---|---|---|
| 半结构访谈 | 哈啰助力车事业部总经理 | 助力车的发展情况与新旧电动车国标；助力车合法性获取与政策探讨 | 54 | 上海 |
| | 哈啰品牌公关部总监 | 公司发展现状、"深耕两轮"战略、中国共享单车及助力车市场现状 | 51 | 上海 |
| | 哈啰单车事业部全国总监 | 中国共享单车区域发展状况；共享单车合法性获取及未来发展建议 | 70 | 上海 |
| | 途家华东地区总经理 | 途家发展现状及其与爱彼迎、小猪等商业模式对比；共享住宿发展意见 | 95 | 上海 |

① Miles M B., Huberman A M. *Qualitative Data Analysis：An Expanded Sourcebook*. 2nd edn. Thousand Oaks，CA：Sage，1994.

续表

| 数据来源 | 访谈对象 | 主要内容 | 时长（分钟） | 地点 |
|---|---|---|---|---|
| 半结构访谈 | 优客工场（大连）经理及运营 | 企业发展情及共享办公商业模式探讨 | 55 | 大连 |
| | 滴滴发展研究院副院长及相关人员 | 滴滴出行企业近况、商业模式介绍以及共享出行发展的主要建议 | 85 | 北京 |
| | 蜗享出行技术总监 | 公司的经营现状；共享汽车 App 技术应用与管理 | 40 | 大连 |
| | 蜗享出行执行总监 | 共享汽车商业模式、行业发展面临的问题以及发展建议 | 45 | 大连 |
| | 沈阳市城乡建设委员会交通处长及相关人员 | 沈阳共享单车企业情况与现状 | 57 | 沈阳 |
| | 沈阳市交通局出租办、规划处长及相关人员 | 探讨共享经济界定及网约车归属；目前网约车顺风车现状与存在问题 | 90 | 沈阳 |
| | 济南市客运管理中心主任 | 济南市网约车管理的相关政策及发展面临问题；巡游车和网约车管理平台建设的情况 | 87 | 济南 |
| | 大连市公安局治安管理支队特业大队 | 网约房监管执法过程的相关问题；网约房的性质以及发展建议 | 95 | 大连 |
| | 大连市交通运输局车辆管理所相关领导 | 大连市网约车市场以及综合交通体系情况介绍；管理过程中面临的问题 | 120 | 大连 |
| 行业专家圆桌讨论 | 青桔、哈啰、摩拜企业东北地区经理；东北某市政府工作人员；课题组成员等共9人 | 各企业介绍东北地区单车、助力车发展状况；政企具体的执行与监管方面的配合；相关研究问题的探讨 | 107 | 沈阳 |
| | 哈啰高层、城市经理、负责公关、市场、政府事务专家；课题组成员等13人 | 讨论哈啰以及共享单车行业未来发展 | 157 | 上海 |
| 实地观察 | 走访了上海、大连、沈阳、济南等多个城市，了解各地实际情况。参观哈啰、途家、滴滴、蜗享出行、优客工场（大连）等企业总部或大区，并听取了企业发展历程、观察各部门及员工状态，对相应问题进行提问 | | | |

**表 4 - 3** QCA 变量赋值表

| 案例<br>（Case） | 协作平台<br>（Plat） | 闲置资源<br>（Resource） | 互动与共创<br>（Interaction） | 协同治理<br>（Governance） | 重资产<br>（HA） | 技术赋能<br>（Tech） | 共享经济<br>成熟度<br>（Sharing） |
|---|---|---|---|---|---|---|---|
| 滴滴<br>（DiDi） | 90 | 75 | 75 | 45 | 45 | 90 | 95 |
| 优步<br>（Uber） | 90 | 75 | 75 | 45 | 45 | 90 | 90 |
| 来福车<br>（Lyft） | 85 | 65 | 65 | 45 | 45 | 80 | 85 |
| 即行<br>（Car2go） | 45 | 25 | 30 | 15 | 90 | 55 | 45 |
| 氢氪出行<br>（QingK） | 45 | 25 | 25 | 15 | 85 | 55 | 35 |
| 法国拼车<br>公司<br>（BlablaCar） | 75 | 80 | 75 | 45 | 45 | 85 | 55 |
| 东南亚打车<br>应用<br>（Grab Taxi） | 75 | 65 | 65 | 45 | 55 | 70 | 85 |
| 曹操出行<br>（Cao Cao） | 75 | 60 | 65 | 45 | 75 | 55 | 45 |
| 摩拜<br>（Mobike） | 45 | 15 | 25 | 25 | 95 | 55 | 80 |
| 哈啰<br>（Hellobike） | 45 | 15 | 25 | 25 | 95 | 55 | 55 |
| Lime | 45 | 15 | 25 | 15 | 90 | 45 | 55 |
| 爱彼迎 | 85 | 80 | 75 | 45 | 25 | 75 | 85 |
| 小猪短租<br>（XiaoZhu） | 80 | 75 | 65 | 40 | 35 | 65 | 45 |
| 途家<br>（Tujia） | 75 | 65 | 55 | 35 | 65 | 65 | 45 |

| 案例<br>（Case） | 协作平台<br>（Plat） | 闲置资源<br>（Resource） | 互动与共创<br>（Interaction） | 协同治理<br>（Governance） | 重资产<br>（HA） | 技术赋能<br>（Tech） | 共享经济<br>成熟度<br>（Sharing） |
|---|---|---|---|---|---|---|---|
| Wework | 65 | 45 | 55 | 35 | 65 | 45 | 85 |
| 氪空间<br>（KeKJ） | 65 | 35 | 55 | 35 | 55 | 35 | 45 |
| 优客工场<br>（YKGC） | 65 | 35 | 55 | 35 | 65 | 45 | 75 |
| 陆金所<br>（Lu） | 85 | 25 | 55 | 15 | 25 | 65 | 80 |
| 借贷俱乐部<br>（Lending C） | 85 | 25 | 55 | 15 | 25 | 65 | 85 |
| RRD | 80 | 25 | 55 | 15 | 25 | 65 | 35 |
| 闲鱼<br>（XYu） | 90 | 95 | 90 | 90 | 25 | 65 | 75 |
| 转转<br>（ZhuanZ） | 85 | 90 | 90 | 90 | 25 | 65 | 45 |
| 瓜子二手车<br>（GZ） | 85 | 95 | 85 | 25 | 45 | 55 | 75 |
| 爱回收<br>（AHS） | 80 | 95 | 75 | 25 | 55 | 55 | 45 |
| 街电<br>（JieD） | 45 | 35 | 25 | 15 | 85 | 55 | 35 |
| 维基百科<br>（Wiki） | 80 | 25 | 90 | 80 | 25 | 55 | 90 |
| 跑腿兔<br>（TaskR） | 75 | 55 | 80 | 80 | 25 | 65 | 25 |
| 知乎<br>（Zhi Hu） | 85 | 35 | 90 | 90 | 25 | 65 | 45 |

续表

| 案例<br>（Case） | 协作平台<br>（Plat） | 闲置资源<br>（Resource） | 互动与共创<br>（Interaction） | 协同治理<br>（Governance） | 重资产<br>（HA） | 技术赋能<br>（Tech） | 共享经济<br>成熟度<br>（Sharing） |
|---|---|---|---|---|---|---|---|
| 猪八戒<br>（ZBJ） | 85 | 55 | 80 | 80 | 25 | 55 | 45 |
| 猿辅导<br>（YFD） | 65 | 15 | 55 | 35 | 35 | 55 | 80 |
| iTutor | 65 | 15 | 55 | 35 | 35 | 55 | 45 |
| VIPkids | 65 | 15 | 55 | 35 | 35 | 55 | 65 |
| 新氧<br>（XinY） | 65 | 15 | 90 | 75 | 25 | 55 | 35 |
| 丁香园<br>（DXY） | 80 | 45 | 75 | 55 | 35 | 55 | 25 |
| 春雨医生<br>（Chun Yu） | 80 | 45 | 75 | 35 | 45 | 55 | 25 |
| 美团点评<br>（MTDP） | 80 | 25 | 90 | 85 | 25 | 65 | 90 |
| 拼趣<br>（Pinterest） | 75 | 25 | 90 | 85 | 25 | 65 | 90 |
| Yelp | 75 | 25 | 75 | 90 | 30 | 65 | 90 |
| 小红书<br>（Red） | 85 | 25 | 95 | 95 | 35 | 65 | 75 |
| 达达<br>（DaDa） | 65 | 15 | 75 | 35 | 45 | 55 | 45 |

　　研究进行了简化的评估者间可靠性测试（IRR – test）。由于在实际测量过程中，本书关注的是影响共享经济商业模式的因素，而非测量方法本身，因此在 IRR – test 中采用平均分数，而非测量误差的方差。通过反复校准评分，最终的 IRR 分数为 0.8939，说明该评估具有较好的可靠性，如表 4 – 4 所示。

**表 4 – 4      共享经济企业商业模式因素评分 IRR 检验**

| 案例<br>（Case） | 协作平台<br>（Plat） | 闲置资源<br>（Resource） | 互动与共创<br>（Interaction） | 协同治理<br>（Governance） | 重资产<br>（HA） | 技术赋能<br>（Tech） | 共享经济<br>成熟度<br>（Sharing） |
|---|---|---|---|---|---|---|---|
| 滴滴<br>（DiDi） | 0 | 0.1 | 0 | 0.2 | 0.1 | 0.1 | 0.2 |
| 优步<br>（Uber） | 0.1 | 0 | 0.1 | 0 | 0.2 | 0 | 0.1 |
| 来福车<br>（Lyft） | 0 | 0 | 0 | 0.1 | 0.2 | 0.1 | 0 |
| 即行<br>（Car2go） | 0 | 0.2 | 0 | 0.2 | 0.3 | 0 | 0 |
| 氢氪出行<br>（QingK） | 0 | 0.3 | 0.3 | 0.1 | 0.2 | 0.1 | 0.1 |
| 法国拼车<br>公司<br>（BlablaCar） | 0.2 | 0.1 | 0.2 | 0.1 | 0.1 | 0 | 0.3 |
| 东南亚打车<br>应用<br>（Grab Taxi） | 0.3 | 0.2 | 0 | 0.1 | 0 | 0.2 | 0.2 |
| 曹操出行<br>（Cao Cao） | 0 | 0.3 | 0.1 | 0.1 | 0 | 0.3 | 0.1 |
| 摩拜<br>（Mobike） | 0.1 | 0 | 0.2 | 0 | 0.3 | 0 | 0.3 |
| 哈啰<br>（Hellobike） | 0.2 | 0 | 0.3 | 0 | 0.2 | 0 | 0.2 |
| Lime | 0 | 0.2 | 0.2 | 0.2 | 0.1 | 0.1 | 0.1 |
| 爱彼迎 | 0 | 0.1 | 0.1 | 0.1 | 0 | 0.2 | 0 |
| 小猪短租<br>（XiaoZhu） | 0 | 0 | 0.3 | 0.3 | 0 | 0.3 | 0.2 |
| 途家<br>（Tujia） | 0.3 | 0 | 0.1 | 0 | 0.1 | 0 | 0.3 |

续表

| 案例<br>（Case） | 协作平台<br>（Plat） | 闲置资源<br>（Resource） | 互动与共创<br>（Interaction） | 协同治理<br>（Governance） | 重资产<br>（HA） | 技术赋能<br>（Tech） | 共享经济<br>成熟度<br>（Sharing） |
|---|---|---|---|---|---|---|---|
| Wework | 0 | 0.1 | 0.2 | 0 | 0 | 0 | 0.2 |
| 氪空间<br>（KeKJ） | 0.1 | 0 | 0 | 0.3 | 0.1 | 0 | 0 |
| 优客工场<br>（YKGC） | 0.1 | 0.1 | 0 | 0.2 | 0.2 | 0 | 0.1 |
| 陆金所<br>（Lu） | 0.2 | 0 | 0.1 | 0.1 | 0.1 | 0.1 | 0.2 |
| 借贷俱乐部<br>（Lending C） | 0 | 0 | 0 | 0 | 0.3 | 0.2 | 0 |
| RRD | 0.1 | 0.2 | 0.1 | 0 | 0 | 0.3 | 0.1 |
| 闲鱼<br>（XYu） | 0 | 0.3 | 0 | 0.2 | 0 | 0 | 0.2 |
| 转转<br>（ZhuanZ） | 0 | 0 | 0.1 | 0.1 | 0 | 0 | 0 |
| 瓜子二手车<br>（GZ） | 0.2 | 0 | 0 | 0 | 0.1 | 0.2 | 0.1 |
| 爱回收<br>（AHS） | 0.3 | 0.1 | 0 | 0.3 | 0.2 | 0 | 0 |
| 街电<br>（JieD） | 0 | 0.2 | 0.1 | 0.2 | 0.1 | 0 | 0 |
| 维基百科<br>（Wiki） | 0 | 0.3 | 0.2 | 0 | 0 | 0 | 0 |
| 跑腿兔<br>（TaskR） | 0.1 | 0 | 0 | 0 | 0 | 0.3 | 0.2 |
| 知乎<br>（Zhi Hu） | 0.1 | 0.2 | 0.3 | 0.1 | 0.2 | 0.1 | 0.3 |

续表

| 案例<br>（Case） | 协作平台<br>（Plat） | 闲置资源<br>（Resource） | 互动与共创<br>（Interaction） | 协同治理<br>（Governance） | 重资产<br>（HA） | 技术赋能<br>（Tech） | 共享经济<br>成熟度<br>（Sharing） |
|---|---|---|---|---|---|---|---|
| 猪八戒<br>（ZBJ） | 0.1 | 0.1 | 0 | 0.1 | 0.3 | 0.1 | 0.3 |
| 猿辅导<br>（YFD） | 0.2 | 0 | 0.2 | 0.2 | 0.1 | 0 | 0.3 |
| iTutor | 0 | 0 | 0.1 | 0.2 | 0 | 0 | 0.1 |
| VIPkids | 0 | 0.2 | 0 | 0.2 | 0.1 | 0.2 | 0.1 |
| 新氧<br>（XinY） | 0.2 | 0 | 0 | 0 | 0 | 0 | 0 |
| 丁香园<br>（DXY） | 0.1 | 0 | 0 | 0 | 0.2 | 0.2 | 0.3 |
| 春雨医生<br>（Chun Yu） | 0.1 | 0.2 | 0 | 0.1 | 0.2 | 0.3 | 0.2 |
| 美团点评<br>（MTDP） | 0.2 | 0.1 | 0.3 | 0.3 | 0.3 | 0.1 | 0 |
| 拼趣<br>（Pinterest） | 0 | 0 | 0.2 | 0.2 | 0.2 | 0 | 0 |
| Yelp | 0 | 0.1 | 0.1 | 0.1 | 0 | 0 | 0 |
| 小红书<br>（Red） | 0.1 | 0.1 | 0 | 0.1 | 0 | 0.2 | 0.1 |
| 达达<br>（DaDa） | 0.3 | 0 | 0.3 | 0 | 0.1 | 0.1 | 0.2 |
| | 0.9075 | 0.9050 | 0.8950 | 0.8875 | 0.8850 | 0.9050 | 0.8725 |

本书利用 FSQCA 3.0 软件的校准（calibration）功能对 40 个共享经济案例评分表进行校准，选用阈值 calibration（x，100，50，0），得到真值表 4 - 5 如下。

表 4 - 5　　　　　　　　　　　　　真值表

| 案例<br>（Case） | FS 协作<br>平台<br>（FSPlat） | FS 闲置<br>资源<br>（FSResource） | FS 互动与<br>共创<br>（FSInteraction） | FS 协同治理<br>（FSgov） | FS 重资产<br>（FSHA） | FS 技术赋能<br>（FSTech） | FS 共享经济<br>成熟度<br>（FSSharing） |
|---|---|---|---|---|---|---|---|
| 滴滴<br>（DiDi） | 0.92 | 0.82 | 0.82 | 0.43 | 0.43 | 0.92 | 0.94 |
| 优步<br>（Uber） | 0.92 | 0.82 | 0.82 | 0.43 | 0.43 | 0.92 | 0.92 |
| 来福车<br>（Lyft） | 0.89 | 0.71 | 0.71 | 0.43 | 0.43 | 0.86 | 0.89 |
| 即行<br>（Car2go） | 0.43 | 0.18 | 0.23 | 0.11 | 0.92 | 0.57 | 0.43 |
| 氢氪出行<br>（QingK） | 0.43 | 0.18 | 0.18 | 0.11 | 0.89 | 0.57 | 0.29 |
| 法国拼车<br>公司<br>（BlablaCar） | 0.82 | 0.86 | 0.82 | 0.43 | 0.43 | 0.89 | 0.57 |
| 东南亚打车<br>应用<br>（Grab Taxi） | 0.82 | 0.71 | 0.71 | 0.43 | 0.57 | 0.77 | 0.89 |
| 曹操出行<br>（Cao Cao） | 0.82 | 0.65 | 0.71 | 0.43 | 0.82 | 0.57 | 0.43 |
| 摩拜<br>（Mobike） | 0.43 | 0.11 | 0.18 | 0.18 | 0.94 | 0.57 | 0.86 |
| 哈啰<br>（Hellobike） | 0.43 | 0.11 | 0.18 | 0.18 | 0.94 | 0.57 | 0.57 |
| Lime | 0.43 | 0.11 | 0.18 | 0.11 | 0.92 | 0.43 | 0.57 |
| 爱彼迎 | 0.89 | 0.86 | 0.82 | 0.43 | 0.18 | 0.82 | 0.89 |
| 小猪短租<br>（XiaoZhu） | 0.86 | 0.82 | 0.71 | 0.35 | 0.29 | 0.71 | 0.43 |
| 途家<br>（Tujia） | 0.82 | 0.71 | 0.57 | 0.29 | 0.71 | 0.71 | 0.43 |

续表

| 案例<br>（Case） | FS 协作<br>平台<br>（FSPlat） | FS 闲置<br>资源<br>（FSResource） | FS 互动与<br>共创<br>（FSInteraction） | FS 协同治理<br>（FSgov） | FS 重资产<br>（FSHA） | FS 技术赋能<br>（FSTech） | FS 共享经济<br>成熟度<br>（FSSharing） |
|---|---|---|---|---|---|---|---|
| Wework | 0.71 | 0.43 | 0.57 | 0.29 | 0.71 | 0.43 | 0.89 |
| 氪空间<br>（KeKJ） | 0.71 | 0.29 | 0.57 | 0.29 | 0.57 | 0.29 | 0.43 |
| 优客工场<br>（YKGC） | 0.71 | 0.29 | 0.57 | 0.29 | 0.71 | 0.43 | 0.82 |
| 陆金所<br>（Lu） | 0.89 | 0.18 | 0.57 | 0.11 | 0.18 | 0.71 | 0.86 |
| 借贷俱乐部<br>（Lending C） | 0.89 | 0.18 | 0.57 | 0.11 | 0.18 | 0.71 | 0.89 |
| RRD | 0.86 | 0.18 | 0.57 | 0.11 | 0.18 | 0.71 | 0.29 |
| 闲鱼<br>（XYu） | 0.92 | 0.94 | 0.92 | 0.92 | 0.18 | 0.71 | 0.82 |
| 转转<br>（ZhuanZ） | 0.89 | 0.92 | 0.92 | 0.92 | 0.18 | 0.71 | 0.43 |
| 瓜子二手车<br>（GZ） | 0.89 | 0.94 | 0.89 | 0.18 | 0.43 | 0.57 | 0.82 |
| 爱回收<br>（AHS） | 0.86 | 0.94 | 0.82 | 0.18 | 0.57 | 0.57 | 0.43 |
| 街电<br>（JieD） | 0.43 | 0.29 | 0.18 | 0.11 | 0.89 | 0.57 | 0.29 |
| 维基百科<br>（Wiki） | 0.86 | 0.18 | 0.92 | 0.86 | 0.18 | 0.57 | 0.92 |
| 跑腿兔<br>（TaskR） | 0.82 | 0.57 | 0.86 | 0.86 | 0.18 | 0.71 | 0.18 |
| 知乎<br>（Zhi Hu） | 0.89 | 0.29 | 0.92 | 0.92 | 0.18 | 0.71 | 0.43 |
| 猪八戒<br>（ZBJ） | 0.89 | 0.57 | 0.86 | 0.86 | 0.18 | 0.57 | 0.43 |

续表

| 案例<br>（Case） | FS 协作<br>平台<br>（FSPlat） | FS 闲置<br>资源<br>（FSResource） | FS 互动与<br>共创<br>（FSInteraction） | FS 协同治理<br>（FSgov） | FS 重资产<br>（FSHA） | FS 技术赋能<br>（FSTech） | FS 共享经济<br>成熟度<br>（FSSharing） |
|---|---|---|---|---|---|---|---|
| 猿辅导<br>（YFD） | 0.71 | 0.11 | 0.57 | 0.29 | 0.29 | 0.57 | 0.86 |
| iTutor | 0.71 | 0.11 | 0.57 | 0.29 | 0.29 | 0.57 | 0.43 |
| VIPkids | 0.71 | 0.11 | 0.57 | 0.29 | 0.29 | 0.57 | 0.71 |
| 新氧<br>（XinY） | 0.71 | 0.11 | 0.92 | 0.82 | 0.18 | 0.57 | 0.29 |
| 丁香园<br>（DXY） | 0.86 | 0.43 | 0.82 | 0.57 | 0.29 | 0.57 | 0.18 |
| 春雨医生<br>（Chun Yu） | 0.86 | 0.43 | 0.82 | 0.29 | 0.43 | 0.57 | 0.18 |
| 美团点评<br>（MTDP） | 0.86 | 0.18 | 0.92 | 0.89 | 0.18 | 0.71 | 0.92 |
| 拼趣<br>（Pinterest） | 0.82 | 0.18 | 0.92 | 0.89 | 0.18 | 0.71 | 0.92 |
| Yelp | 0.82 | 0.18 | 0.82 | 0.92 | 0.23 | 0.71 | 0.92 |
| 小红书<br>（Red） | 0.89 | 0.18 | 0.94 | 0.94 | 0.29 | 0.71 | 0.82 |
| 达达<br>（DaDa） | 0.71 | 0.11 | 0.82 | 0.29 | 0.43 | 0.57 | 0.43 |

注："FS"表示条件存在；"~FS"表示条件缺席（后同）。

# 第三节　共享经济商业模式分类

通过模糊集定性比较分析，本书研究发现协作平台是共享经济商业模式的必要条件，即 FS 协作平台（FSPlat）= 0.936842 > 0.9（见表 4 - 6），共形成四种组态（见表 4 - 7），分别对应不同的共享经济商业模式，具体分析如下：

表 4-6                                   必要性结果分析

| 结果: 共享经济成熟度 | | |
|---|---|---|
| 条件检测 | | |
| | 一致性 | 覆盖度 |
| FS 技术赋能 (FSTech) | 0.843320 | 0.811137 |
| ~FS 技术赋能 (~FSTech) | 0.526721 | 0.908520 |
| FS 重资产 (FSHA) | 0.553846 | 0.782609 |
| ~FS 重资产 (~FSHA) | 0.729959 | 0.800622 |
| FS 协同治理 (FSgov) | 0.586640 | 0.812675 |
| ~FS 协同治理 (~FSgov) | 0.674494 | 0.751466 |
| FS 互动与共创 (FSInteraction) | 0.828340 | 0.756657 |
| ~FS 互动与共创 (~FSInteraction) | 0.442105 | 0.842593 |
| FS 闲置资源 (FSResource) | 0.547368 | 0.796700 |
| ~FS 闲置资源 (~FSResource) | 0.695142 | 0.745549 |
| FS 协作平台 (FSPlat) | **0.936842** | 0.751543 |
| ~FS 协作平台 (~FSPlat) | 0.344534 | 0.923995 |

表 4-7                                   组态分析结果

| 项目 | 解一 | 解二 | 解三 | 解四 |
|---|---|---|---|---|
| 协作平台 (Plat) | ● | ◎ | ● | ● |
| 闲置资源 (Reso) | | ◎ | ● | ◎ |
| 互动与共创 (Inter) | ● | ◎ | ● | ● |
| 协同治理 (Gov) | | ◎ | ◎ | ◎ |
| (重) 资产模式 (Ha) | ◎ | ● | | ● |
| 技术赋能 (Tech) | ● | | ● | ◎ |
| 原始覆盖度 (raw coverage) | 0.666801 | 0.304858 | 0.407287 | 0.315789 |
| 唯一覆盖度 (unique coverage) | 0.263967 | 0.0643724 | 0.0145749 | 0.0226721 |
| 一致性 (consistency) | 0.840306 | 0.914945 | 0.898214 | 0.939759 |
| 总体解覆盖性: 0.806477 | | | | |
| 总体解一致性: 0.819416 | | | | |

注: 符号示意: "●"核心条件存在, "●"边缘条件存在, "◎"核心条件缺乏, "◎"边缘条件缺乏。

## 一、资源共享平台型

资源共享平台型商业模式（简称"平台型"）是由协作平台、闲置资源、互动共创、非协同治理和技术赋能 5 个维度组成（FSPlat * FSResource * FS Interaction * ~ FS gov * FSTech * ）。该组态体现了共享经济企业利用信息技术，使其用户可以通过平台来进行 P2P 互动从而实现对线下闲置资源重新分配。代表性共享经济企业：Uber、滴滴、爱彼迎等。具体分析如下：

协作平台在该组态的主要任务是整合闲置资源、设计匹配规则、调动用户积极互动并驱动价值共创。为了更好的平台搭建，智能信息技术及其动态应对能力在该模式下显得尤为重要。因此，技术赋能不单单指基于互联网、云计算、大数据等数据驱动的技术，更注重精准的预测和智能化，即如何为供需双方提供短时高效的连接匹配服务并不断优化。如滴滴用机器学习不断训练平台找出最优化路线，用大数据进行精准预测。

强调闲置资源重塑是平台型商业模式突出特点，即鼓励用户主动分享其闲置资源（房屋、私家车等）供给于需要的用户，并培养他们"使用而非占有"的共享经济理念。而组态下的互动与共创体现在"P2P"间，即服务供需双方间的互动和共创，可以发生在用户连接、接触、分离整个服务阶段。值得一提的是，只有双方用户在线下有真实面对面的接触时，其互动频率和共创价值才更为明显，但用户很难直接参与企业管理与决策的过程，因此呈现非协同治理现象。此外，该组态下的共享经济对轻、重资产模式有不同的选择，如爱彼迎轻资产、途家重资产。

资源共享平台型商业模式体现了公众认知中最为典型的共享经济商业模式，基于互联网等信息技术，将海量分散化的闲置资源进行整合并共享[1]

----

[1]　Belk R. Sharing versus Pseudo-sharing in Web 2.0. *The Anthropologist*，Vol. 18，No. 1，2014，pp. 7 – 23.

强调了共享经济是一种新型的资源配置方式①，其资源可持续发展观念更满足发展共享经济最初的意愿。该模式与蔡斯建议共享经济企业应具备的三个基本特点相符合②，即利用平台促进 P2P 互动从而使得闲置资源最优化。

就平台型模式未来发展路径而言，可从两方面入手：

其一，是打造线上网络社区，培养用户社群，让用户参与协同治理。目前，许多平台型企业已经开始意识到发展社群经济是未来趋势，如爱彼迎打造"故事"和"体验"；滴滴为解决顺风车重新上线，多次以评议会的形式征集意见，但其用户参与企业决策和管理的权利仍然小。

其二，向重资产模式转移。平台型模式下的资产模式选择较其他模式较为复杂，随着企业规模不断扩大，平台型企业会增加一些重资产项目稳定其发展，如滴滴开设大巴、青桔单车等。

## 二、重资产层级型

重资产层级型商业模式（简称"层级型"）是由非协作平台、非闲置资源、非互动共创、非协同治理和重资产模式组成（～FSPlat * ～FSResource * ～FSInteraction * ～FSgov * FSHA *）。技术赋能未影响该组态的形成，而重资产模式是该组态重要组成维度，具有典型 B2C 型商业模式显现层级型特征。

代表性共享经济企业：哈啰、蜗享出行、即行（Car2go）、小电等。具体分析如下：

重资产模式体现在层级型共享经济企业需要有雄厚的资金流支撑和吸引资本投资的能力去进行短时间大规模地投放产品与服务。如 Car2go

① Sundararajan A. *The Sharing Economy: The end of Employment and the Rise of Crowd Based Capitalism*. Cambridge: MIT Press, 2016.

② Chase R. , *How People and Platforms are Inventing the Collaborative Economy and Reinventing Capitalism*. NY: Public Affairs Publishing, 2015.

背后是全球排名第一的商用车制造商戴姆勒集团；共享单车企业成立初期经历多轮融资，进行大规模的单车投放等。非协作平台，即平台化较弱，企业并未将重点放在平台运营与治理上，而是借助互联网搭建与用户直接联系的"切入口"或选择拥有成熟的用户群体的平台进行合作或自身已然成为大流量平台载体，从而提供更便捷服务。如哈啰单车通过支付宝 App 扫一扫；滴滴打造"青桔单车"项目。非闲置资源，即其产品并非用户、企业乃至社会的闲置资源共享，而是由共享经济企业和制造商等相关合作方共同设计研发、生产并短时间大规模投放。而非互动与共创和非协同治理两个维度，体现了该模式下的用户更注重产品使用的便捷性与经济性，社交互动少，参与企业管理和价值创造活动积极性低。

值得一提的是，技术赋能虽然并不能明显影响该组态的形成，但与传统模式相比，层级型共享经济商业模式依托互联网技术整合有效资源，具备智能技术创新能力。即其技术赋能并未将重点体现在平台运营上，而是对大规模投放产品及其附加服务如何应用智能技术的创新，具体表现在"分时租赁"模式。如哈啰出行开发"电子围栏技术"。

重资产层级型是具有中国特色的原创性共享经济模式，利用"共享之名"获得较高的认知合法性，从而发展迅速、很快被社会公众所接受[①]。该模式也是国外企业为了进入共享经济市场积极借鉴的"中国模式"，如美国共享滑板车公司 Lime 借鉴共享单车模式在成立短短一年间成为全球独角兽企业。

就层级型模式未来可发展路径而言：

其一，企业未来可注重用户协同治理的作用，打造产品"全生命周期"，组织与产品相关的活动，建立线上社区，培养用户黏性。如共享单车企业可组织资深用户进行线下骑行活动；

其二，与相关企业合作，深耕产品与服务的销售，或跨界探索新模

---

① 姚小涛、黄千芷、刘琳琳：《名正则言顺？——"共享"之名下的共享单车商业模式与制度组凑案例探析》，载《外国经济与管理》2018 年第 10 期，第 139～152 页。

式。如氢氪出行打造"顷刻有车"项目，用户可以享受补贴价格购买指定合作的新能源汽车。

## 三、轻资产共创协同型

轻资产共创协同型商业模式（简称"协同型"）是由协作平台、互动和价值共创、非重资产模式以及技术赋能四个维度组成（FSPlat * FS-Interaction * ~FSHA * FSTech）。而闲置资源和协同治理两个维度并不影响该组态的形成。

代表性共享经济企业有闲鱼、抖音、维基百科（Wiki）、跑腿兔（TaskRabbit）等。具体分析如下：

协作平台维度在该模式下体现的是企业平台设计更趋向社群化、领域化、模块化的特征。就互动和价值共创而言，用户间互动方式更为灵活、复杂多样，不仅限于"点对点"，也出现"1 对 N""N 对 N"即用户在社区或社区间的互动。用户连接的方式既可以是共同物品也可以是共同的兴趣爱好，从而组成了拥有共同意向的消费社群，创造更多的价值[1]。技术赋能在该组态下体现为互联网技术对平台运营维护基础上、大数据等技术在用户共同意向收集归纳以及地理位置匹配。值得一提的是，非重资产模式是该组态的又一特点，其共享经济活动，多为用户的内容共享、知识技能共享等。

虽然组态结果并未显示协同治理维度，但从访谈和原始数据中可看出，协同型模式具有较高的协同治理，即用户高度参与企业运营与管理中，一定程度帮助企业价值创造。互动、参与度高的用户会被认定为管理者、协助者，协助企业管理平台（社区）。用户积极参与、协同治理平台是共享经济发展的一种新趋势。此外，该组态显示闲置资源维度对结果并没有影响，但并不意味着该模式下共享经济企业不具备闲置资源

---

[1] 孟韬、关钰桥、董政、王维：《共享经济平台用户价值独创机制研究——以 Airbnb 与闲鱼为例》，载《科学学与科学技术管理》2020 年第 8 期，第 111 ~ 130 页。

共享的特征。典型如二手闲置交易平台（社区）的闲鱼，以闲置物品转让为媒介，进行基于不同兴趣、地理位置"鱼塘"的搭建。该模式大部分企业也具备闲置资源，既可以是实体资源的租借共享（如闲鱼），也可是用户闲暇时间、技能、内容共享。如 Taskrabbit，服务提供用户可利用其闲暇时间代买咖啡、帮忙上门安装家具等。

可见，协同型共享经济企业利用大数据等技术对用户兴趣、习惯等进行准确预测，将共同意向用户聚集一起，形成消费社群从而将平台分区划分。同时，协同型模式更具有社群型特征，加之共享经济商业模式本身较为宽松的发展环境，可以促进新互联网、新媒体企业以"文字、内容、兴趣"等共享的形式进入共享经济市场，如"短视频"分享生活的抖音 App。

基于此，就协同型模式未来可发展路径而言：

其一，升级优化网络社区平台建设，利用大数据、人工智能等技术将内容更快更准确地匹配到感兴趣的消费社群。

其二，部分产品向重资产转移，适当投入一定固定资产（线下实体门店），或可与其他品牌联合打造"快闪店"、跨界营销等，从而有利于品牌宣传、提升用户体验等。如小红书打造线下体验门店。

## 四、实体空间低技术型

实体空间低技术型商业模式（简称"空间型"）是由协作平台、非闲置资源、互动与共创、非协同治理、重资产以及非技术赋能所组成的组态（FSPlat $*$ $\sim$FSResource $*$ FSInteraction $*$ $\sim$FSgov $*$ FSHA $*$ $\sim$FSTech）。

代表性共享经济企业：WeWork、氪空间、优客工场等。具体分析如下：

协作平台，在该模式下企业不仅搭建连接用户的网络平台，更关注将资源有效整合并服务于用户的线下实体平台。平台两端连接的都是企业，即具备"B2B"型商业模式特点。该模式下的资源多指的是空间及其附属的服务资源，如优客工场在给企业用户提供各种定制化办公空间的同时，也为其提供孵化和企业投资服务、税务与金融服务、人力资源服务、法律服务等全方位的企业服务①。然而，该资源并非来自闲置资源的重新利用。该模式下的共享经济企业会选择投入大量资金搭建实体平台，或承担"二房东"角色，即集体大批量收购空间再进行对空间重新规划与升级，为企业用户提供服务。因此，该模式下的共享经济企业多为重资产模式。

线下实体平台的搭建使得由企业用户聚集而成的社群生态成为可能，从而为用户间提供了频繁互动与共创的机会。该模式下的互动与共创，除了共享空间内的企业用户或其组成的社群内（需求方用户）的互动与共创外，也包含协助企业用户办理一系列服务的提供方用户。如优客工场会定期举办活动从而鼓励企业用户进行线上线下的社交，并拥有 500 + 服务商可以为企业用户提供相关服务。然而，通过调研，并未发现该模式拥有明显参与社群活动治理以及共享经济企业内部决策管理的行为。用户更倾向于活动的参与者而非管理者，而共享经济企业则是实体空间的"提供方"以及连接企业服务供需双方的"平台"。此外，该模式并非对互联网等信息技术有较高的需求，其线上平台更倾向于面向用户的"官方介绍"，而线下实体平台则是提供空间和相关服务，因此是非技术赋能。

可见，实体空间低技术型具备"双平台"属性，即线上平台负责供需链接与匹配，线下实体平台为用户提供"空间"以及相关服务。与其他模式不同，空间型线下实体平台会自觉形成一个网络社区，增加用户之间互动与共创的机会，从而共创价值。中国空间型共享经济模式的发展离不开国家"双创"政策的支持，然而其并不局限于以创客空间为代表的共享办公，近年来也鼓励发展产能共享，是传统企业尤其是制造业转型的一条路径。

实体空间低技术型未来发展路径：

其一，利用智能技术规划和整合资源打造 O2O 共享社区是机遇与

---

① 孟韬、关钰桥、董政、王维：《共享经济平台用户价值独创机制研究——以 Airbnb 与闲鱼为例》，载《科学学与科学技术管理》2020 年第 8 期，第 111～130 页。

挑战并存的。

其二，摆脱"二房东"定义，提供多元化服务，向轻资产模式转移。与 WeWor 长租签约商业办公用地开展单一的联合办公业务相比，氪空间涵盖了联合办公、"三里豚"企业定制、轻资产管理等多维度服务，给企业和办公人群一个"共享"的互联网办公环境、线上线下社群和延展的联合服务。

综上，研究应用模糊集定性比较分析方法（fsQCA）探索发现了共享经济商业模式可分为轻资产共创协同型、重资产层级型、资源共享平台型和实体空间低技术型四类。在对四种模式比较分析与探讨的同时，以具体案例展示了相应的可持续发展路径的可行性建议（见表4－8）。

表4－8　　　　　共享经济商业模式发展路径具体案例展示

| 商业模式类型 | 企业案例 | 发展路径选择 | 具体案例 |
| --- | --- | --- | --- |
| 资源共享平台型 | 爱彼迎 | 打造网络社区，培养用户社群 | 爱彼迎打造"故事"和"体验"模块 |
| | 滴滴 | 用户参与协同治理 | 公众评议会等形式征求顺风车调整意见 |
| | | 产品向重资产模式转移 | 滴滴开设滴滴巴士、青桔单车等 |
| 重资产层级型 | 氢氪出行 | 与车企合作，销售产品 | 打造"顷刻有车"项目，用户享受补贴价格购买指定合作的新能源汽车 |
| | 摩拜 | 企业联盟，跨界探索新模式 重视体验，培养用户黏性 | 携手田野乐园打造全国首个共享单车沉浸式体验乐园，并将通过共创共建、展游结合的新模式来实现① |
| 轻资产共创协同型 | 小红书 | 提高智能技术实力 | 更精准匹配用户所感兴趣内容 |
| | | 适当投入一定固定资产 | 小红书打造线下体验门店 |

① 亿欧：《摩拜携手田野乐园打造全国首个共享单车乐园》，搜狐网，2019 年 9 月 12 日，https：//www.sohu.com/a/340574593_115035。

| 商业模式类型 | 企业案例 | 发展路径选择 | 具体案例 |
|---|---|---|---|
| 实体空间低技术型 | 氪空间 | 摆脱"二房东"定义，提供多元化服务，向轻资产模式转移 | 氪空间涵盖了联合办公、"三里豚"企业定制、轻资产管理等多维度服务 |
| | | 利用智能技术规划和整合资源打造 O2O 共享社区 | 给企业和办公人群一个"共享"的互联网办公环境、线上线下社群和延展的联合服务 |

资料来源：笔者整理所得。

值得一提的是，经济新常态下的企业在共享经济商业模式下较之传统商业模式具有更高的适应性[①]。近年来，传统企业在互联网背景下积极寻求企业转型和升级，而同样依托互联网技术发展的共享经济，其不同的商业模式可以给传统企业未来发展提供可借鉴路径。随着消费升级和顾客自主意识的提高，企业实践者开始重视用户创新以及用户参与的价值创造，可以借鉴平台型或协同型共享经济商业模式中搭建网络社区，发展社群经济等方式进行转型升级，其中成功的传统企业案例如海尔的 HOPE 平台、小米搭建的小米社区等。

然而，相较于平台型和协同型共享经济商业模式，重资产层级型和实体空间低技术型更适合传统企业借助共享经济转型升级。资金雄厚、有良好声誉的知名企业可以选择具有"短时间大规模"发展特性的重资产层级型商业模式，与其他知名企业强强联合开发共享经济项目，从而助力企业成功进入共享经济阵营，如东软公司利用自身软件智能优势与日本专业汽车电子企业阿尔派电子合作，成立东软睿驰公司并推出共享汽车项目"氢氪出行"；国际知名豪车制造商戴姆勒旗下的汽车共享项目 Car2go 等。层级型共享经济商业模式将产品"垂直型"投放市场也体现了传统企业 B2C 型商业模式特点，两者模式上高度匹配减轻了

① 高素英、张烨、王羽婵：《共享经济商业模式要素联动机理研究》，载《商业研究》2017 年第 11 期，第 1~6 页。

传统企业进入共享经济市场的阻力。而传统企业良好的声誉增强了用户的信心，再加之"共享"助力，层级型模式更易受社会公众接受，获得合法性地位，从而提高企业进入共享经济市场存活率。

而实体空间低技术型更适合传统工业制造业转型或房地产行业进入共享经济市场。为了响应国家"双创"号召，实现经济资源匮乏与产能过剩之间的平衡点，众创型产能共享成为大型骨干企业创新发展的重要方向。如沈阳机床集团推出的 i5 智能共享机床，加工时产生的数据可广泛用于商业、管理和技术开发，并与互联网共享生产力平台实时连接实现生产力共享；"淘工厂"中介型产能共享开启"无工厂"制造模式等。此外，传统的商业地产行业发展共享办公项目，也是其未来发展可行性路径之一。如拥有自营高端物业服务的万达、万科等房产商，可利用"空间充裕、地理位置优越"等自身优势，"以租代售"打造共享办公空间，为用户提供高质量、多维度、确定性的丰富服务。

## 第四节　共享经济商业模式的趋同路径

基于四种不同共享经济商业模式类型以及上文提出的可发展路径，本书结合高管访谈等调研情况总结出三条共享经济商业模式的趋同路径，具体如下：

### 一、注重用户参与协同治理，企业趋向社群化发展

与传统经济不同，共享经济渗透领域广泛，涵盖衣、食、住、行、教育、医疗、制造等诸多行业，且大多数行业尚未制定出统一的标准。政府部门作为主要的规制主体尚无法掌握其准确发展规律。用户作为共享经济产品和服务的体验者，更能够深刻体会到共享经济产品和服务存在的问题。在共享经济背景下，引入用户参与实际上也是用户价值共创

的过程。由于用户本身就是"产消者"①，因此用户群体之间和用户与企业之间的互动行为，可以帮助用户与企业在长期的协同演化过程中建立价值连接关系。因此，政府、平台企业、用户和行业协会等多方共同参与的协同治理模式是共享经济健康发展的一条可实践操作路径②。如：平台型滴滴在顺风车整改期间组织了公众评议会听取意见；层级型共享单车用户自觉将使用后的单车停到指定位置等都对共享经济的规范发展起到了促进作用。尤其在疫情防控的关键时期，多方协同共抗疫情显得尤为重要。

此外，在互联网等技术的普及下，共享经济商业模式趋向社群经济发展，已有学者将共享经济平台定义成一种社群市场③。孟韬、关钰桥、董政和王维认为共享经济与社群经济具有一定的相似性，不可分割④。如以本地和兴趣社区形式成立鱼塘，打造基于新生活方式的社区的协同型共享经济商业模式闲鱼，也是社群经济的一种体现。而消费社群是社群经济的发展核心，即拥有共同兴趣和意向的用户群体可以促进用户创造更多价值。在现实的管理实践中，共享经济平台型企业在优化平台时会考虑增加用户社区等社群化特征模块，从而提升用户黏性；消费社群使得协同型的用户互动方式更为多样频繁，更具有社群化特征；空间型的"双平台"特性使得打造线上和线下"双社区"成为可能。值得一提的是，共享经济商业模式本身较为宽松的发展环境，可以促进新互联网、新媒体企业以"文字、内容、兴趣"等共享的形式进入共享经济市场，如"短视频"分享生活的抖音 App。

① 孟韬：《网络社会中"产消者"的兴起与管理创新》，载《经济社会体制比较》2012年第3期，第205～212页。

② 秦铮、王钦：《共享经济演绎的三方协同机制：例证共享单车》，载《改革》2017年第5期，第124～134页。

③ Celata F, Hendrickson C Y, Sanna V S. The Sharing Economy as Community Marketplace? Trust, Reciprocity and Belonging in Peer – To – Peer Accommodation Platforms. *Cambridge Journal of Regions, Economy and Society*, Vol. 10, No. 2, 2017, pp. 349 – 363.

④ 孟韬、关钰桥、董政、王维：《共享经济平台用户价值独创机制研究——以 Airbnb 与闲鱼为例》，载《科学学与科学技术管理》2020年第8期，第111～130页。

## 二、鼓励共享经济模式多元化，重视发展"动态化"

共享经济发展不仅发展迅速还具有较强的动态性，涉及行业越发广泛，其商业模式不断更迭创新从而满足用户的需求。共享经济组织呈现了一个整合资源供应方和消费需求方的动态的网络系统，主要表现为平台性、动态性、多样性、复杂性和自发性五大特征，很多特征是传统组织或其他新组织形式不具备的。从价值创造视角了解共享经济商业模式发现，共享经济背景下的价值创造不再是企业主导的单维度静态过程，而是多维度、动态化的共创过程，即价值是由共享平台参与主体间全方位互动后共同创造①。此外，外部环境的突发变化对共享经济模式动态发展有一定影响。在新冠肺炎疫情影响下，知识共享、二手闲置物品交易等可以"零接触"的共享模式更受用户欢迎，其下载量短时间激增；因此，在对共享经济企业商业模式进行分类的基础性研究时，应考虑其商业模式类别不是"一成不变"的，会跟随共享经济市场发展阶段和用户需求动态性变化的。

同时，多元化发展已经成为共享经济企业可持续发展的成长必不可少的战略要求。多元化不仅仅涉及产品和服务范围的扩张与多样性，如平台型滴滴开设公交、青桔单车等；还包含轻重资产模式的转换等，如空间型"轻资产化"。值得一提的是，以发展速度快、规模大为特点的层级型模式，在最初发展阶段将面临市场准入门槛低、产品投放"单一化"、同行竞争大等问题。因此，层级型企业为在市场竞争中脱颖而出并可持续发展，急需在模式和产品等方面进行多维度创新，以多元化来吸引消费者、培养用户黏性。代表性企业如哈啰出行，从初创期涉及单车和助力车产品的"哈啰单车"，升级为涵盖顺风车业务、电动车租售平台和换电业务的"哈啰出行"，再到 2020 年 4 月 App 改版打造"出

---

① 杨学成、涂科：《共享经济背景下的动态价值共创研究——以出行平台为例》，载《管理评论》2016 年第 12 期，第 258～268 页。

行＋本地生活"的全方位共享平台①。

## 三、深耕智能创新，提高技术赋能能力

技术赋能能力是数字时代下共享经济企业借助大数据等技术手段，盘活原本分散的闲置资源，从而打造多方协同的平台、赋予共享经济用户多重身份以创造价值的能力②。定位技术、云计算、大数据、人工智能、无人驾驶等智能技术充分激活了共享经济模式下原本分散、静态的资源，使得资源高效重组，是一种重要的解决方案。尤其在抗疫期间智能化技术应用得到进一步深化，用户的在线消费习惯得到进一步培养，是共享经济企业创新发展的新契机。

共享经济企业可以通过两个方面提高技术赋能能力：

（1）对具备"产消者"身份的用户赋能。这不仅体现用户利用信息技术与企业共同创造价值、协同治理，还可以激发用户活力和培养用户黏性。如滴滴司机一天中多次人脸识别确保"人车一致"；协同型企业小红书的用户，利用 GPS 定位等技术分享所见所得等。

（2）数字技术平台对安全性和基础能力支撑保障。技术对信息安全性等基础能力和建立信任机制提供支持，即共享经济企业需要通过技术和治理手段维护平台系统的运行，保障可持续发展。就基础性功能的技术创新而言，平台型、协同型和空间型共享经济企业可以利用智能技术进一步优化供需匹配，提高效率；而层级型共享经济商业模式的智能技术创新能力主要体现在其产品和附加服务上，如哈啰开发"电子围栏技术"，摩拜的"智能锁"。而安全性和信任机制则可体现在技术平台对用户背景资质审核、引用支付宝"信用分"、建立"一键报警"机制等。

---

① 《哈啰 APP 改版：出行＋本地生活加速行业进化》，网易，2020 年 4 月 18 日，https：//www. 163. com/dy/article/FAHA0GKL05118PQA. html.

② 孟韬、关钰桥、董政：《共享经济商业模式分类及其发展路径研究——基于 fsQCA 方法》，载《财经问题研究》2020 年第 12 期，第 40～49 页。

# 第五节　本章小结

共享经济作为一种新的商业模式，一种技术、制度和组织的组合创新方式，了解其商业模式分类一直是研究者所关注的重点①。本书重视针对商业模式的基本问题开展研究，利用模糊集定性比较分析（fsQCA）研究方法来解释共享经济企业商业模式分类及其特点，在一定程度上完善共享经济商业模式理论框架。即共享经济商业模式可分为轻资产共创协同型、重资产层级型、资源共享平台型以及实体空间低技术型四种类型并对不同类型的未来发展路径进行案例分析与探讨。

值得关注的是，本章得出的四种类型与第三章共享经济价值服务层次与用户价值独创机制中所引用的两种案例类型（该分类为本书团队在国家自科主任应急课题中的研究成果）既有重合也有扩展之处。上一章选取的平台型爱彼迎和社群型闲鱼在特征表现和价值创造方面所对应的是本章平台型和协同型。但第三章中提及的平台型更为广泛，包含了网络平台和实体平台，即包含了爱彼迎、滴滴的同时还有氪空间等众创空间形式，这又与本章总结出的空间型相重合。故此，在这里并不再过多探讨平台型、协同型与空间型的价值创造服务层次，而补充说明层级型的价值创造特点。层级型模式更倾向于传统经济，其价值服务层次更多集中于共享经济价值创造的第一服务层次"企业—用户"，即企业为服务提供方为用户传递价值，价值共创和用户价值独创的机会较少。以共享单车为例，价值共创则体现在用户和企业在停放规范、单车维护上，而用户独创价值现象趋于消极，如单车私用等。

此外，本章总结了共享经济企业未来发展的趋同路径，以便企业积

---

① 高素英、张烨、王羽婵：《共享经济商业模式要素联动机理研究》，载《商业研究》2017 年第 11 期，第 1~6 页。

极调整战略及时地应对市场变化。即注重用户参与协同治理，趋向社群化发展；鼓励共享经济模式多元化，重视发展"动态化"；深耕智能创新，提高技术赋能能力。同时，传统企业可优先选择重资产层级型或实体空间低技术型共享经济商业模式作为企业转型升级的发展路径。

# 第五章

# 合法性获取机制研究

## 第一节 案例研究与设计

### 一、案例研究与选择

#### (一) 多案例研究方法

研究问题的性质在很大程度上决定了研究方法的选择。案例研究是一种在自然情境下直接观察社会现象及其复杂结构的社会研究方法。作为一种归纳式研究,与定量实证研究的演绎逻辑互为补充。正如尹的研究所言,"如果你的研究问题是寻求对一些既有现象的解释,例如'怎么样(How)'和'为什么(Why)'之类问题,那么选择案例研究是非常合适的"①。本书主要探讨共享经济企业成长过程中获取合法性演化的问题,涉及企业在不同发展阶段合法性获取方式,满足案例研究中

①  Yin,R. K. *Case Study Research*:*Designand Methods*(5<sup>th</sup>). London:Sage Publications,2014.

"怎么样"和"为什么"的要求①;同时,根据案例研究学者尹的实践研究经验,探索性案例研究往往在总结、归纳以及概括出商业现象发展背后的一般规律方面具有优势在这种情况下,研究立足于探索性案例研究旨在构建不同类型共享经济商业模式的企业在其成长不同阶段中合法性获取的过程模型。

在具体操作中,案例研究可分为单案例研究和多案例研究。单案例研究通常会选择较为能够带来非同寻常的启示或典型情境下的极端案例,运用极端案例展示某一主题的演化过程及其逻辑关系,挑战现有理论,进而构建新理论。埃森哈特认为单案例研究在调查新现象以及深入揭示单一情境下案例企业动态变化的全过程有明显优势;并可深入分析企业发展的不同阶段,将每个阶段可以看成一次独立的实验②。

而多案例研究是对单案例研究方法的一种变形,它不仅可以帮助明晰案例现象或事件可能会在何种情境或条件下发生,还可以有助于从收集的经验数据中生产具有较高普遍性的类属,从而准确地了解这些特定条件或类属之间的关系。其潜在的分析逻辑是"复制",就是将一系列案例看成一系列实验,通过反复对比分析提高案例研究的外部效度,增强研究结论的普适性③。此外,相比于单案例研究,多案例研究在相关问题的解释力上更强、能够更充分地描述一种现象的存在,是建立理论的一个非常有效的方法,能够实现单案例之间的复制与发展,将现象间互补的关系融合在一起。多案例研究既可以通过多案例研究建立更为完善和精确的理论,又可以保证同时为不同共享经济商业模式类型提供实例。因此,鉴于多案例研究方法的优点以及本书出发点和目的,研究拟采用尹所提出的"可复制的多案例设计"的多案例研究方法以尝试对

① Yin R K. *Case Study Research*:*Design and Methods*. 4th edn. Thousand Oaks,CA:Sage,2009.

② Eisenhardt K M. Building Theories from Case Study Research. *Academy of Management Review*,Vol. 14,No. 4,1989,pp. 532 – 550.

③ Eisenhardt K M,Graebner M E. Theory Building From Cases:Opportunities and Challenges. *Academy of Management Journal*,Vol. 50,No. 1,2007,pp. 25 – 32.

上述问题予以分析和探讨①。

## (二) 案例选择

研究基于理论抽象和逻辑复制原则②，选择滴滴出行、哈啰和闲鱼三家共享经济企业作为案例研究对象。选择上述三家企业进行研究，主要基于三个方面的考虑：

### 1. 企业典型性与内容适配性

在共享单车企业接连倒闭、押金难退；滴滴顺风车空姐遇害；闲鱼不法色情交易、售卖假奶粉等恶性事件带来的合法性问题背景下，三家企业采取不同合法化战略，在事件出现的短时间内被社会公众认可与接受，适合本书探讨的核心问题，即"不同商业模式类型的共享经济企业成长阶段的合法性获取"。同时，滴滴出行、哈啰和闲鱼三家企业均具有高成长性，是共享经济行业领导者或"独角兽"企业，具有很强的典型性。同时，相比同类型其他企业，被选中的案例拥有更为丰富的资源管理经验与较长的发展年限，有利于进行过程性分析。

### 2. 逻辑复制性

本书的研究选取三个案例分别对应不同的共享经济商业模式类型，通过案例间的对比分析来反复验证或否定所得出的结论③。而多案例研究中每个个案都可以被当作一系列的实验，彼之间能够进行反复验证，为证实或驳斥其他案例产生的新概念提供服务④。同时，选取不同类型的企业体现了样本异质性，有助于提高研究结论的外部效度。

---

① Yin R K. *Case Study Research*: *Design and Methods*. 4th edn. Thousand Oaks, CA: Sage, 2009.

② Eisenhardt K M, Graebner M E. Theory Building From Cases: Opportunities and Challenges. *Academy of Management Journal*, Vol. 50, No. 1, 2007, pp. 25 – 32.

③ Eisenhardt K M. Building Theories from Case Study Research. *Academy of Management Review*, Vol. 14, No. 4, 1989, pp. 532 – 550.

④ Yin R K. The Case Study Crisis: Some Answers. *Administrative Science Quarterly*, Vol. 26, No. 1, 1981, pp. 58 – 65.

### 3. 数据可获得性

笔者在前期"共享经济背景下的价值创造"的用户价值独创机制研究中，接触并访谈了闲鱼的运营部员工、技术人员以及 28 名闲鱼资深用户，访谈资料翔实。同时，在参与导师主持的 2019 年国家网信办课题《共享经济市场准入机制研究》的前期调研中，课题组与滴滴研究院、哈啰建立了良好又紧密的合作关系，可以较为方便且全面地采访公司各层员工尤其是高层管理者，并获取相关内部材料。此外，所选择的三个案例作为行业内具有影响力的案例，其商业模式与相关研究已经引起学术界、新闻界等社会的广泛关注，有较为丰富的数据资料，这为收集这些案例企业的二手数据创造了极为有利的条件。

所选取三个案例分别对应本书第四章定性比较分析方法视角下得出的三种共享经济商业模式类型，即滴滴出行——平台型；闲鱼——协同型（社群型）；哈啰——层级型。然而，空间型的案例企业较为复杂、与其他模式有一定交叉、难有代表性，具备"双平台"属性的众创空间、共享办公等可划分为平台型的特殊表现形式，而作为产能共享部分则更多为传统企业在共享经济背景下的转型升级，具备层级型特征。此外，本书参考本团队承担的国家自然科学基金主任应急管理项目"共享经济的组织性质与组织模式研究"中总结提炼出共享经济模式的一般分类框架，在更高层次维度上，即从市场特征、交易主体等方面论述共享经济商业模式各类型特征与典型案例初步将共享经济商业模式分为平台型、社群型和层级型三种与本书的平台型、协同型和层级型相对应。因此，在案例样本选择上并未选取空间型代表性企业。

值得一提的是，共享经济商业模式的分类只是"理想化"条件下的状态。在现实实践中，随着产品与服务线的扩展，很难将某个企业完全定义为一个类型，只能说在较大程度上倾向于某一类别。但是如若不将企业视为一个整体，仅分析其中狭义上完全契合的某一或某几项业务，必然会导致对企业组织发展整体过程认知的割裂。因此，本书在实际进行案例选择和分析时，均以企业整体为案例分析对象，研究时侧重分析与三个模式相关的特征。

（三）案例企业介绍

1. 滴滴出行

滴滴出行是北京小桔科技有限公司旗下的一站式共享出行平台。自2012年成立以来，在中国、澳大利亚、巴西、日本等国为超过5.5亿用户提供出租车、快车、专车、豪华车、公交、代驾、企业级、共享单车、共享电单车、汽车服务、外卖、支付等多元化的服务。年运送乘客达1000亿人次，为上千万共享经济参与者提供就业和兼职机会，是仅次于淘宝的全球第二大互联网交易平台。2015年初滴滴出行开始进军国际市场，先后与南亚Ola、美国Lyft、东南亚Grab等打车服务商进行投资与合作。同时，滴滴出行致力于与监管部门、出租车行业、汽车产业等伙伴积极协作，以人工智能技术推动智慧交通创新，解决全球交通、环保和就业挑战。2018年，滴滴出行开启汽车服务的"重资产"模式，与31家汽车产业链企业成立"洪流联盟"，共建汽车运营商平台，共同建设迎接未来出行的服务平台。

滴滴出行经历"烧钱大战""出租车罢工""合并快的"等事件，在社会公众质疑声中成长，于2015年10月8日，获得网络约租车平台经营资格许可，成为国内第一家获得网络约车租车平台资质的公司。同时滴滴出行的负面新闻较多。

2. 哈啰

哈啰（原名：哈啰出行）是上海钧正网络科技有限公司旗下的致力于为用户提供便捷、高效、舒适出行工具和服务的移动出行平台，自2016年9月成立以来，凭借差异化策略、智能技术驱动的精细化运营、优秀的成本控制能力和极致的用户体验脱颖而出，成为共享单车行业市场和用户口碑的领军者，涵盖哈啰单车、哈啰助力车、哈啰顺风车、哈啰打车等产品以及哈啰电动车服务平台、哈啰换电和哈啰顺风车等综合业务的专业移动出行平台。2022年4月25日，哈啰出行宣布品牌升级，改名为哈啰，并更换了商标。

哈啰秉持"科技推动出行进化"的使命，坚持"绿色低碳、轻松出行"的服务理念，为广大用户提供覆盖短、中、长距离全方位无缝衔接的出行服务，努力缓解城市交通压力，城市提供立体可持续发展的共享出行解决方案。作为两轮出行市场的领军者，哈啰将深入聚焦两轮出行领域，全面构筑两轮生态体系，为用户提供一站式智能出行服务，助力用户行好每一程在短短三年内，哈啰荣获 2018 年"胡润独角兽排行榜"最年轻、上升势头最快的新晋独角兽企业，与蚂蚁金服、深创投等成为重要的战略合作伙伴。2018 年，哈啰从竞争激烈的共享单车市场中脱颖而出。2019 年 2 月，哈啰协同发展四轮互联网出行业务，哈啰顺风车全国上线，目前已成长为国内第一梯队运营顺风车业务的移动出行平台。2019 年 6 月，哈啰宣布联合蚂蚁金服、宁德时代布局两轮车换电业务，首期投入 10 亿元搭建绿色、智能、安全的两轮基础能源网络。

截至 2019 年 9 月，哈啰实现单车、助力车、景区市场份额行业第一，其中哈啰单车已入驻 360 多个城市和 340 多个景区，注册用户达 2.8 亿，用户累计骑行 189.8 亿千米，累计减少碳排放量近 147 万吨，相当于种植 7874 万棵树；哈啰助力车也已进入全国 260 多个城市，用户累计骑行超过 21.49 亿千米。哈啰业务均处细分市场领先地位。

3. 闲鱼

闲鱼是阿里巴巴旗下闲置交易平台 App 客户端，由淘宝（中国）软件有限公司开发，其主要功能是为用户提供转卖闲置物品的平台服务，形成一键转卖、在线交易的高效流通路径。闲鱼是分享交换闲置的自由市场和以本地和兴趣社区形式成立鱼塘，是阿里巴巴目前催生的第三个万亿级平台。截至目前，闲鱼已有 2 亿注册用户，3000 万名活跃卖家，超 160 万个"鱼塘"，是国内最大的闲置商品交易社区和共享经济平台。在阿里巴巴发布 2020 财年第四财季财报显示，闲鱼作为中国最大的长尾商品（包括二手、回收、翻新和租赁商品）C2C 社区和交易市场，2020 财年 GMV 超过 2000 亿元，同比去年增长超过 100%。根据网经社《2018 年度中国二手电商发展报告》，闲鱼的渗透率最高，达到 70.7%，其次是转转占比 20.38%。2020 年以来，闲置交易正从一线、二线城市下沉，国内三线至六线城市新发商品数同比增加 54%。

2014 年，闲鱼从淘宝二手独立以后，2016 年 5 月阿里巴巴将其和拍卖业务合并，努力打造共享经济业务①。2017 年 12 月 19 日，信用速卖服务正式上线——芝麻信用分超过 600 的用户可以"先收钱，再发货"。2018 年 8 月，闲鱼与小猪短租达成战略合作，小猪将全量向闲鱼输出其国内房源，在智能化体系建设、房源及产品运营等方面展开密切合作等。闲鱼从最初单一的 C2C 闲置交易，发展为 C2B 信用回收、租房租衣等，以及推出闲鱼优品模式的社区平台。闲鱼，即"闲余"，指闲置的时间、物品和空间等。闲鱼不局限于作电商平台，而是一个基于新生活方式的社区，用户不仅可以分享二手的物品，还可以是自己的私人时间、技能和空间（房屋和场地出租）等。"闲鱼"之上，不只有交易，还有着共同爱好、趣味相投的人们正集结起来。

## 二、数据收集

为了更好地完成过程性探索式研究，根据三角测量的原则②，研究从多种渠道收集所需要的数据，从而确保数据的真实性和准确性。数据来源主要包括：半结构化访谈、实地观察和二手数据。

### （一）二手数据

本书选择的企业案例均为共享经济行业领头企业，其曝光度非常高，二手资料翔实，可以涵盖研究问题所需③。作者持续收集了 2013 年至今与本书主题相关的二手数据并转录为文档形式编码存档，主要来自以下几个方面：

---

① 孙宏超：《阿里巴巴旗下二手闲置物品平台"闲鱼"和拍卖业务合并》，腾讯科技，2016 年 5 月 18 日，http：//www. techweb. com. cn/internet/2016 - 05 - 18/2334605. shtml。
② Miles M B.，Huberman A M. *Qualitative Data Analysis*：*An Expanded Sourcebook*. 2nd edn. Thousand Oaks，CA：Sage，1994.
③ 苏敏勤、单国栋：《本土企业的主导逻辑初探：博弈式差异化——基于装备制造业的探索性案例研究》，载《管理评论》2017 年第 2 期，第 255～272 页。

（1）企业直接材料，主要包括官网等官方账号发布的公开资料以及内部资料（编号：SA—D/X/H）；

（2）媒体报道，主要包括企业高层有较充足公开访谈影音文字资料和企业相关事件舆论报道等（编号：SB—D/X/H）；

（3）相关文献与政策报道，主要包括专业研究机构发布的共享经济、共享单车发展状况调查报告；我国各级政府发布的政策文件以及知网文献（编号：SC—D/X/H）。这些数据对案例企业发展过程进行基本了解，将作为辅助资料弥补了企业一手数据中深入访谈未涉及内容的缺失。

## （二）一手数据

一手数据主要来源是半结构化访谈与实地观察相结合。

（1）半结构访谈。主要分为深入访谈与非正式访谈两种，其中深入访谈主要涉及企业高管及部门分管领导、政府负责部门领导以及共享经济双方用户等，数据主要收集于两个阶段 2018 年 6 月至 2019 年 6 月、2019 年 10 月至 2020 年 1 月，访谈时长均为 30 分钟以上（具体数据收集情况见表 5 - 1）。访谈内容的誊录均在 48 小时内整理完成，必要时予以受访者确认；非正式访谈主要是包括领域内的专家圆桌讨论、研究团队内部学术会议讨论以及企业用户，由于访谈人数较多且非正式，其核心要点以作补充。

表 5 - 1　　　　　　　　　　一手数据收集汇总

| 数据来源 | 访谈对象 | 主要内容 | 时长（分钟） | 编码 |
|---|---|---|---|---|
| 半结构访谈 | 哈啰助力车事业部总经理 | 助力车的发展情况与新旧电动车国标；助力车合法性获取与政策探讨 | 54 | FA1 |
| | 哈啰品牌公关部总监 | 公司发展现状、"深耕两轮"战略、中国共享单车及助力车市场现状 | 51 | FA2 |
| | 哈啰单车事业部全国运营总监 | 中国共享单车区域发展状况；共享单车合法性获取及未来发展建议 | 70 | FA3 |

续表

| 数据来源 | 访谈对象 | 主要内容 | 时长（分钟） | 编码 |
|---|---|---|---|---|
| 半结构访谈 | 哈啰出行上海区经理 | 单车和助力车发展与治理困境 | 45 | FA4 |
| | 滴滴发展研究院副院长 | 滴滴出行企业近况、商业模式介绍以及共享出行发展的主要建议 | 55 | FA5 |
| | 滴滴发展研究院研究员 | | 35 | FA6 |
| | 滴滴专车事业部专员 | 滴滴产品介绍、专车 | 35 | FA7 |
| | 滴滴运营方面员工 | 滴滴商业模式探讨、如何地推 | 35 | FA8 |
| | 闲鱼运营员工 | 企业发展与二手闲置市场状况 | 45 | FA9 |
| | 闲鱼技术员工 | 平台维护与管理 | 30 | FA10 |
| | 闲鱼鱼塘塘主（8名） | 塘主日常鱼塘维护、管理；闲鱼平台管理机制；对不合规内容发布的处罚措施等 | 240＋ | FA11 |
| | 沈阳市城乡建设委员会交通处处长及相关人员 | 本市共享单车企业情况与现状；已开展的工作情况如起草相关政策；目前东北地区存在问题与未来 | 57 | FA12 |
| | 沈阳市交通局出租办、规划处处长及相关人员 | 探讨共享经济界定及网约车归属；目前网约车顺风车现状与存在问题 | 90 | FA13 |
| | 济南市客运管理中心主任 | 济南市网约车管理的相关政策及发展面临问题；巡游车和网约车管理平台建设的情况 | 87 | FA14 |
| | 大连市交通运输局车辆管理所相关领导 | 大连市网约车市场以及综合交通体系情况介绍；管理过程中面临的问题 | 120 | FA15 |
| 行业专家圆桌讨论 | 青桔、哈啰、摩拜企业东北地区经理；东北某市政府工作人员；课题组成员等共9人 | 各企业介绍东北地区单车、助力车发展状况；政企具体的执行与监管方面的配合；相关研究问题的探讨 | 107 | FB1 |
| | 哈啰高层、城市经理、负责公关、市场、政府事务专家；课题组成员等13人 | 讨论哈啰以及共享单车行业未来发展以及遇到的合法性问题 | 157 | FB2 |
| | 滴滴研究院院长、运营与课题组团队共6人 | 顺风车事件危机处理、滴滴发展中合法化战略、出行共享市场准入问题 | 95 | FB3 |

续表

| 数据来源 | 访谈对象 | 主要内容 | 时长（分钟） | 编码 |
|---|---|---|---|---|
| 非正式访谈 | 三家企业的用户、研究团队内部研讨会 | 企业运营、发展、商业模式以及应对合法化危机等相关问题 | 若干 | FC - D/X/H |
| 实地观察 | 走访了上海、大连、沈阳、济南等多地，了解各城市真是状况。参观企业总部，并听取了企业发展历程、观察各部门及员工状态，对相应问题进行提问 | | | SD - D/X/H |

注：D 代表"滴滴出行"；X 代表"闲鱼"；H 代表"哈啰"。
资料来源：笔者整理所得。

（2）实地观察，研究团队走访了上海、大连、沈阳、济南等多地，与政府主管部门领导咨询当地实际情况；实地拜访了哈啰和滴滴出行的总部。

## 三、数据分析

为了更好地进行多案例比较分析，借鉴苏敬勤、单国栋的研究以关键性事件来确定企业的发展阶段[①]。主要结合近年来影响共享经济尤其是出行共享的重要政策以及案例相关一手、二手资料（重点关注企业合法性危机事件），从而确定三个企业案例的发展过程中的关键事件节点。此外，还参考易观发布《中国共享单车市场专题分析 2019》[②] 的中国共享单车市场 AMC 模型[③]，网经社发布的《2018 年度中国二手电商发展

---

① 苏敬勤、单国栋：《本土企业的主导逻辑初探：博弈式差异化——基于装备制造业的探索性案例研究》，载《管理评论》2017 年第 2 期，第 255～272 页。
② 《中国共享单车市场专题分析 2019》，易观网，2019 年 9 月 23 日，https：//www.analysys. cn/article/detail/20019468。
③ 易观智库创新研发应用成熟度（AMC）模型，致力于客观呈现产品/应用发展进程，描述产业发展阶段。该模型主要通过市场中对于产品/应用的认可度来描述产业发展的成熟度，衡量市场认可度的指标包括：用户使用意愿/关注度、用户/广告主付费意愿、投资者投资意愿。

报告》① 等行业报告等。最终，本书将滴滴出行（见图5-1）、哈啰（见图5-2）与闲鱼（见图5-3）的发展历程均分为初创期、扩张期和领导期三个阶段阐释其合法化演化。

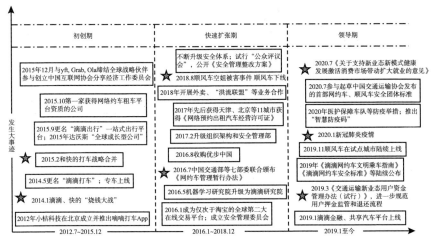

**图5-1　滴滴出行发展历程**

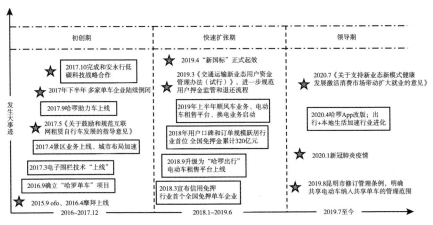

**图5-2　哈啰发展历程**

---

① 《2018年度中国二手电商发展报告》，网经社，2019年6月3日，http：//www. 100ec. cn/detail-6513359. html。

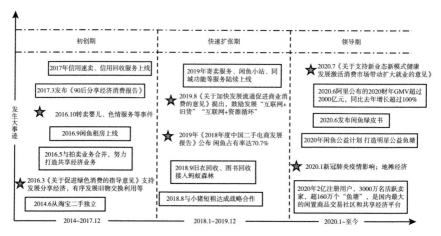

**图 5 - 3　闲鱼发展历程**

注：关键政策、行业发展重要事件用"★"标识。
资料来源：笔者整理所得。

## 四、编码

编码是扎根理论研究的一项基础工作，是将资料分解、提炼、概念化和范畴化的过程[①]。编码过程要求研究者能够对别的理论可能性保持开放，所形成的代码要真实反映数据的信息，还要对其进行提炼和抽象，形成能够理论研究的概念[②]。本书在逻辑上采用迈尔斯、胡伯曼的归纳式分析法进行数据分析，遵循焦亚、科里、汉密尔顿提出的数据结构（data structure）展示法[③]。

具体而言，一级编码是对一手和二手数据资料等原始数据的反复梳理，二级编码则是对一级编码进行再次归纳整合，而后进一步经过对原

① Strauss A，Corbin J. *Basics of Qualitative Research*. 3rd edn. Thousand Oaks，CA：Sage Publishing，2008.

② Glaser B G，Strauss A L. *The Discovery of Grounded Theory：Strategies for Qualitative Research*. Piscataway. NY：Transaction Publishing，2008.

③ Gioia D A，Corley K G，Hamilton A L. Seeking Qualitative Rigor in Inductive Research：Notes on the Gioia Methodology. *Organizational Research Methods*，Vol. 16，No. 1，2013，pp. 15 - 31.

始资料、二级编码和现有文献的交叉对比，归纳出第三级编码（核心构念）。同时参照理论，反复对比二者进行匹配。最后，对二级编码结果进一步归纳精练为三级编码形成核心构念，并根据相关理论和证据梳理展示构念之间的关系形成证据链，试图发掘潜在的理论涌现并与文献进行比较直至理论饱和，进而提出概念模型。

为了避免编码主观认知偏差，本书邀请团队中两位相关领域学者共同编码校对，通过面对面编码形式反复比讨论，如出现争议编码则通过协商讨论后达成一致，持续进行数据收集和分析直到在重要概念的支持数据收集上产生重复（见表5-2）。此外，在编码过程中，会多次对数据进行比对，重要信息会对访谈者进行适当回访以查缺补漏。

表5-2　　　　　　　　　　　　编码分析整理

| 核心范畴 | 主范畴 | 副范畴 |
|---|---|---|
| 制度环境 | 有利的制度环境 | • 规制：政策性支持、地方政府支持、放宽准入门槛<br>• 规范：社会认可、相似传统习惯、共同价值观<br>• 认知：对共享经济理念认同、公众广泛认可 |
| | 制度压力 | • 规制压力：未获得许可、政策上不鼓励发展<br>• 规范压力：行业竞争、地方舆论抵制、不符合标准缺少服务规范和运营资质、触碰利益相关者利益<br>• 认知压力：疫情、重大事件等对公众认知的影响 |
| 获取合法性的行为举措或合法化战略 | 依从环境 | 嵌入制度；按照政府的规章开展业务；提供符合要求的产品与服务；建立声誉，与政府合作；仿照已有标准和模式 |
| | 选择环境 | 选择有利环境；友善的合作者；选择有利的社会环境 |
| | 操控环境 | 展示已有成就、游说；持续性改变既有模式；媒体宣传提升产品形象 |
| | 创造环境 | 制度创业；推广新模式、新业务；技术升级；开发规范和价值观；参与新规则制定 |
| 合法化结果 | 规制合法性 | 政府认可；政策性支持；规章、标准与准则的制定 |
| | 规范合法性 | 许可强制认证；符合地方或行业标准；共同准则 |
| | 认知合法性 | 社会道德、公众广泛认可、模式普遍复制 |

续表

| 核心范畴 | 主范畴 | 副范畴 |
|---|---|---|
| 共享经济<br>商业模式<br>类型组成<br>维度及<br>特点 | 协作平台 | 平台监管（管理）方式；平台作用；平台介入等 |
| | 协同治理 | 公众参与治理、企业参与政策制定、企业联盟等 |
| | 技术赋能 | 开发新技术、技术升级、智能创新、重视技术研究、<br>用户技术赋能 |
| | 互动与价值共创 | 用户价值独创；顾企互动<br>• 价值共创：联合提供更优服务、合作共赢、经济价<br>值、社会效益 |
| | 模式多元化 | 资产模式、闲置资源、多业务布局、收费模式、O2O等 |
| | 消费社群 | 兴趣相投、共同兴趣、搭建社区、共同意向等 |

资料来源：笔者整理所得。

本书通过"环境—行为—结果"这一主结构归纳出"核心范畴"（core category），并系统地和其他范畴联系从而探寻"共享经济商业模式合法性获取机制"中的故事线（见图5-4）。

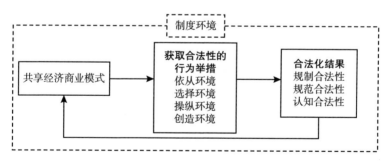

图5-4 共享经济商业模式合法性获取机制

## 五、理论饱和度检验

结果显示，本书的研究构建的共享经济商业模式合法化机制在理论上是饱和的。基于此，本书将编码得出的范畴进行概念解释如表 5 – 3 所示。

表 5 – 3                     范畴概念化解释

| 维度 | 范畴 | 概念解释 |
|------|------|----------|
| 制度环境 | 有利的制度环境 | 对企业发展有利的制度、社会、文化、经济等外部环境 |
| | 制度压力 | 主要包含规制压力、规范压力和认知压力 |
| 获取合法性的行为举措 | 依从环境 | 企业在当前的制度环境下，开展的活动尽可能地满足现有制度的要求，常出现于制度情境难以改变 |
| | 选择环境 | 企业发现有支持组织行为的利益相关者且在有选择更为有利环境的条件时所应选择合法化战略 |
| | 操控环境 | 影响和改变现有的环境，使得制度环境更有利于组织发展 |
| | 创造环境 | 创造新的有利制度环境来支持企业发展，常出现于新兴行业中，往往缺乏支持新企业的管制、规范、价值观等认知基础 |
| | | 制度创业——行动者能动性地对新理念、新价值以及新行为模式进行推广，并以此达到开发、创造和利用新机会的目的，从而获得合法性的过程 |
| 合法化结果 | 规制合法性 | 来自政府、行业协会等相关机构制定的一系列政策、规则等强制性约束，强调组织的行为必须遵守和适应 |
| | 规范合法性 | 来自社会价值观、社会规范对组织行为的约束，要求组织行为与其保持一致性 |
| | 认知合法性 | 来自大众对某种活动或行为的理解及广为接受的社会事实 |
| 共享经济商业模式 | 协作平台 | 平台连接供需双方用户，进行资源重新匹配，从而形成了网络效应、进而创造价值，还包括平台监管（管理）方式；平台作用；平台化程度等 |
| | 协同治理 | 协同治理是评估企业业务在整合用户参与价值创造活动和利益中的开放程度，如公众参与企业治理等 |
| | 技术赋能 | 技术赋能是指共享经济企业利用或依赖互联网等技术来赋予其商业模式创新、竞争等更多能力 |

| 维度 | 范畴 | 概念解释 |
|------|------|----------|
| 共享经济商业模式 | 互动与价值共创 | 互动是行为，共创价值是结果，两者有效地整合在一起。共创不仅局限于企业与用户之间共同的价值创造，还包含用户间的价值共创，从企业视角上也可以称其为用户价值独创 |
| | 模式多元化 | 围绕用户需求，企业调整商业模式向多元化发展，涉及资产模式、是否为闲置资源、业务布局、收费模式等 |
| | 消费社群 | 由共同兴趣的人组成的群体，是消费者根据自己的故事、价值观、活动、语言、组织结构等创建的社会亚文化体系 |

资料来源：笔者整理所得。

# 第二节 案例分析

伴随着共享经济迅速发展，政府逐渐放松了经济管制、制度环境的规范性和认知性的提高，使得共享经济更有效地将闲置资源优化利用，激活消费市场带动扩大就业，为共享经济企业发展和传统企业向共享经济企业转型提供了制度性支持。制度性支持影响主要来自国家的一系列鼓励共享经济、新业态发展的政策，如 2017 年 7 月的《关于促进共享经济发展的指导性意见》；2018 年 5 月的《关于做好引导和规范共享经济健康良性发展有关工作的通知》（详见附录 B）等；2020 年 7 月国家发改委牵头联合多部委发布于出台的《关于支持新业态新模式健康发展激活消费市场带动扩大就业的意见》。这一系列有关共享经济发展的政策、规范与条例，也一定程度减少共享经济企业获得规制合法性的压力。

在制度性支持的背景下，本书沿用斯科特所划分的合法性类型①，通过"环境—行为—结果"主结构（见图 5 - 4），基于滴滴出行、哈

① Scott W. R. *Institutions and Organizations*. Thousand Oaks：Sage，1995.

啰、闲鱼的案例，旨在探讨共享经济企业如何应对特定的社会情境和制度环境，在其"初创期—快速扩张期—领导期"不同发展阶段所需的合法性类型以及采取的合法化策略是否不同，从而构建共享经济商业模式获取合法性的动态化内在机理。

## 一、初创期

滴滴出行成立于 2012 年，其远远领先于国家 2016 年将"发展共享经济"写入政府工作报告后的一系列共享经济政策的颁布，"共享经济"的理念也并未被社会公众所了解和接受。因而，创立初期的"滴滴打车"只是在国家鼓励发展"互联网＋"背景下，借鉴国外优步、爱彼迎等共享经济新型商业模式的互联网平台企业。然而，"滴滴打车"最初选择的出租车业务是否适应于中国情境、能否被社会公众接受，则是企业成立之初必须克服的难题。可见，滴滴出行在初创期时面临了较大的制度压力：一是规制压力上，政府未出台有关发展共享经济、网约车政策，出租车、专车模式未获得经营许可；二是规范压力，"互联网＋出行"并没有明确的行业规范，滴滴只能遵从传统出租车行业规范，但对传统出租车市场造成一定的冲击，存在不适宜性；三是认知压力，司机、用户等社会公众对"互联网＋出行"模式和技术等方面的质疑等。面对以上制度压力，滴滴主要采取了以下合法性的行为举措，从而为企业获得一定的合法性。

滴滴首先需要提供合适的产品，即出租车业务，因其当时专车市场竞争较激烈。在与政府相关部门初步沟通未获得北京交通委的红头文件许可后，滴滴选择有利的组织环境，即积极同出租车公司商讨合作，旨在用出租车传统行业已有的服务标准来降低规范压力，体现了采用了依从和选择环境的合法化战略去获取规范和规制合法性。同时，滴滴打车采取"扫楼地推"、赠送打车券等有偿推广方式培养消费者的习惯，并与微信支付合作"满减活动"，使短时间内用户数量迅速增多，占有市场份额，促使滴滴用户的认可度提升。

然而，在滴滴出行获得一定认知合法性时，由于市场准入门槛较低，2014 年出现了大量的打车软件，行业竞争严重。其中，最为典型的是滴滴与快的历时约 1 年的"烧钱大战"以战略合并为终结，后又与 Uber（优步）进行新的一轮烧钱补贴大战。滴滴先后探索专车服务模式、倡导闲置资源共享的以私家车为约车对象的"快车"服务以及"绿色共享出行"的顺风车业务等来应对行业竞争。但，新的业务带来更多的合法性挑战：专车业务未获得政府的运营许可，又缺少服务标准；快车和顺风车业务扰乱出租车市场价格管制，不符合交通运输部明确规定"私家车不能作为营运车辆从事营运服务"。此外，滴滴还要应对各地方政府差异化管理、传统出租车司机的集体抗议罢工、层出不穷的"司机职业道德和安全驾驶问题"以及社会公众对"服务质量与安全乘车"认知质疑等问题。就此，滴滴主动发布《打车软件行业使用及服务规范》规范司乘行为；在与快的合并后，2015年 3 月发布了《互联网专车服务管理及乘客安全保障标准》，在车辆具备国家规定的安全行驶条件的基础上，对保险、车龄、品牌等提出要求，填补专车行业管理标准的缺失。最终于 2015 年 10 月，滴滴获得上海市交通委发放的全国第一张运营资格证书，获准经营约租车网络平台。

相较于滴滴出行，哈啰和闲鱼的初创期是在良好的政策性支持背景下发展的。我国政府非常重视共享经济的发展，继 2016 年 3 月首次将"共享经济"上升成为国家战略写入国务院《政府工作报告》，并在《中华人民共和国国民经济和社会发展第十三个五年规划纲要》中明确指出"促进'互联网＋'新业态创新，积极发展共享经济"后，颁布了《关于促进绿色消费的指导意见》等一系列鼓励个人闲置资源有效利用、有序发展各类共享经济的相关政策，为企业发展提供了有利的规制环境。同时，政府的支持进一步提高了社会公众对共享经济模式的认可。因此，哈啰单车项目成立初期初步获得了一定程度的规制和认知合法性。虽然，2014 年，闲鱼就从淘宝独立出来，但其实际发展是顺应了共享经济利好政策，尤其是《关于促进绿色消费的指导意见》中明确指出"鼓励个人闲置资源有效利用……旧物交换利用"后，于 2016年 5 月与拍卖业务合并致力于打造共享经济业务。因此，在初创期认知合法性获取上，哈啰和闲鱼主打着"发展共享经济"的旗号，如哈啰单车一直强调自己是共享单车行业领头者，不提自己是互联网租赁自行车，旨在用"共享"之名增加认知合法性①，而闲鱼则大量宣传"绿色环保、闲置资源再利用"等新的生活理念来塑造企业形象。由于共享单车在其迅速发展时期出现了诸多社会问题如"乱停乱放"等，使得政府和相关管理部门不得不采取一定措施去规范共享单车发展。在规制合法性获取上，哈啰遵从国家出台的《关于鼓励和规范互联网租赁自行车发展的指导意见》以及各地方政府不同的规则要求，主要采取依从战略，积极响应政府号召，在公众心中树立声誉。此外，除有利制度环境可以促进合法化进程外，积极寻找合作伙伴、选择公众友善的市场也是极为重要的。

　　然而，哈啰和闲鱼仍然会面临一定难度的制度压力。就哈啰而言：一是规制压力，在国家出台《自行车指导意见》后如何因地制宜地满足地方性相关政策规范以及"不鼓励发展互联网租赁电动自行车"下如何发展助力车；二是规范压力，面对共享单车行业竞争尤其是 2017年后半年出现共享单车企业陆续倒闭、退押金难等问题如何应对；三是认知压力，社会公众对共享单车是共享经济吗？是否会"昙花一现"的质疑。就闲鱼而言，一是规范压力，体现在行业竞争（如 58 同城独立出的"转转"）、二手闲置的行业规范与服务标准以及信用问题；二是认知压力，如何让更多的人接受闲置共享，认可其理念和模式。初创期案例企业合法化过程如表 5 - 4 所示。

------

① 姚小涛、黄千芷、刘琳琳：《名正则言顺？——"共享"之名下的共享单车商业模式与制度组凑案例探析》，载《外国经济与管理》2018 年第 10 期，第 139～152 页。

表 5 - 4 初创期案例企业合法化过程部分整理

| 制度环境 | | 数据呈现（来源） | 行为举措 | 结果 |
|---|---|---|---|---|
| 有利的规制环境 | 相关政策颁布 | 国家出台《关于促进绿色消费的指导意见》，促进二手闲置物品交易的发展，闲鱼"牵手""拍卖"携手打造共享经济（SB - X） | 依从、选择环境对需求积极回应提供相应产品 | 哈啰闲鱼具备一定的规制合法性 |
| | 政策支持 | 国家出台的《关于鼓励和规范互联网租赁自行车发展的指导意见》，哈啰致力于深耕"两轮"，打造城市毛细血管的交通生态网络（FA2） | | |
| 利好的规范环境 | 社会观念支持 | 人均购买力提升，网络购物的红海加持，还有消费升级等因素共同作用，二手交易的潜力背后，是更深层的社会消费理念升级，年轻一代是主力……淘宝闲鱼（SC - X） | 依从和选择环境选择友善的市场，嵌入制度中提供合适的产品 | 哈啰闲鱼具备一定的规范合法性 |
| | 传统习惯 | 沈阳是平原地带，而且沈阳是老工业城市，以前的老人有骑行的传统，经营数据是排在全国前三（FA12） | | |
| 良好的认知环境 | 共享经济理念的认同 | 共享经济风潮席卷多个行业，加深了人们对于"闲置就是浪费"等共享经济理念的认同作用，助力国内形成成熟理性的消费理念（SC - X） | 依从和选择环境协同治理 | 哈啰闲鱼具备一定的认知合法性 |
| | 政府认可 | 意义上来看是好事儿……降低了财政投资还解决了最后一公里的问题，遇到问题企业会积极配合主动和我们协商（FA12） | | |

| 制度环境 | | 数据呈现（来源） | 行为举措 | 结果 |
|---|---|---|---|---|
| 规制压力 | 未获运营许可 | 主动与北京交通委沟通但最终无法获得认可……转战于出租车公司合作（SC-D） | 选择环境 | 滴滴：获得上海市颁布的全国第一张经营资格证哈啰：助力车合规问题仍未解决；各地方对共享单车态度及准入标准不一闲鱼：暂未发现 |
| | 违反已有规制规定 | 加价行为违反出租汽车管理条例……接受政府对出租车加价行为管制……（SC-D） | 依从环境 | |
| | | 交通部明确规定私家车不能作为营运车辆从事营运服务，为了合规我们会与租赁公司合作来获取牌照，他们也会帮我们验车、管理司机、审核、出了问题能帮助我们进行服务处理（FA6） | 依从环境选择环境创造新合作模式协同治理 | |
| | | 国家政策中不鼓励电动车发展，很多地方直接理解为不发展……我们和知名生产厂商合作并有严格的审厂程序，保证质量安的同时选择"默许态度"的城市进行沟通的推（FA1） | 选择环境选择有利的市场协同治理 | |
| | 各地方规制不同 | "出租车是地方性事物，每个城市的要求都不一样……现在是政策就卡在这，我们是特别希望合规运营的，虽然存在大量的障碍也要遵循。"（FA5） | 依从环境依从各地政府规章制度 | — |
| | | 由于酷骑的原因要收押金，必须在沈阳市注册，押金必须交到沈阳市的银行……哈啰设立了分公司。各种情况不一样，跟当地政府要求有关（FB1） | | |

续表

| 制度环境 | | 数据呈现（来源） | 行为举措 | 结果 |
|---|---|---|---|---|
| 规范压力 | 行业竞争 | 专车市场竞争激烈……然而出租车有特许经营权的强制度约束……与出租车企业合作，借力出租车行业既有的规范服务标准和流程体系，降低提供服务的规范压力（SC－D） | 选择环境选择有利于组织的市场友善合作者 | 滴滴：企业服从已有出租车行业规范基础上，积极发布专车和打车软件服务规范闲鱼：社区的搭建、二手闲置的行业规范与服务标准以及信用问题哈啰：行业服务规范、押金难退等问题仍需继续解决 |
| | | 滴滴先后探索专车服务模式、倡导闲置资源共享的以私家车为约车对象的"快车"服务以及"绿色共享出行"的顺风车业务等来应对行业竞争（SB－D） | 创造环境提供新产品服务模式多元化 | |
| | | 互联网巨头纷纷布局，淘宝闲鱼、58转转、腾讯也于年中低调上线"闲贝"……闲鱼上线拍卖、二手交易、二手车等，去中介化和中介化的多元化选择（SB－X） | | |
| | 平台技术不稳定 | 成立滴滴出行机器学习研究院，对App进行完善，深挖机器学习、人工智能等智能技术（FA5） | 依从环境创造环境 | |
| | 平台技术不稳定 | 我们持续建立包含智能锁、大数据平台、AI算法等在内的整个智慧综合体系，以智能技术驱动更好的骑行体验（SA－H） | 技术赋能消费社群 | — |
| | | 起初会聊一些相关内容，但后来不会了因为App的设计和技术不好，体验不好（FA11－1）……会借助阿里平台提升技术能力，打造共同兴趣或LBS地理位置的社交关系链主打鱼塘，促进兴趣相同或邻近地域的人形成社区（FA10） | | |
| | 传统行业冲击 | 2014年起多地司机出现罢工，沈阳数千台出租车集体罢运事件，将出租车与滴滴等专车矛盾推到了高潮。滴滴发布了《互联网专车服务管理及乘客安全保障标准》，在国家规定的安全行驶条件的基础上 | 依从环境嵌入制度创造环境制度创业 | |

续表

| 制度环境 | | 数据呈现（来源） | 行为举措 | 结果 |
|---|---|---|---|---|
| 规范压力 | 行业服务规范缺失 | 2014.6滴滴打车针对乘客爽约问题发布了《打车软件行业使用及服务规范》……对支付异常问题……处理（SB－D） | 创造环境开发新规范提供新产品 | — |
| | | 二手交易还面临着信任问题、成交问题等新挑战有待持久探索……引用支付宝信用芝麻分，并上线信用速卖等服务（FA9） | | |
| | | 哈啰有电子围栏技术，如果不合理停放单车会有警告……对于恶意破坏单车的行为，我们是有自己的黑名单的（FA4） | 技术赋能 | |
| 认知压力 | 对新模式不认可 | 激励出租车司机在提供服务期间向乘客推广其App……在社交媒体复制有偿推广模式，开创了"线上＋线下"深度合作的新模式，刷新用户对平台认知，既强化了品牌的关联度，又向目标人群传递了有效信息，提升了跨界合作的附加值（SC－D） | 创造环境—推广新模式操控环境—持续性地宣传价值共创 | 滴滴：共享经济模式初步获得政府和社会公众认可；认知危机转移到乘车安全上哈啰：认知合法性危机仍在继续 |
| | | 滴滴入选世界经济论坛2015达沃斯"全球成长型公司"。共享经济模式得到积极肯定（SA－D） | 操控环境展示所取得成就政府认可 | |
| | 恶劣事件负面舆论 | 企业接二连三倒闭、退押金难、乱停乱放等问题造成了恶劣影响……是"昙花一现"……宣传"绿色出行"，利用电子围栏技术规范用户行为，引用支付宝信用等 | 操控、创造环境展示所取得成就技术赋能 | |

资料来源：笔者整理所得。

## 二、快速成长期

在规制合法性方面，国家出台一系列鼓励发展共享经济的政策，尤其是 2016 年 7 月交通运输部发布了《关于深化改革进一步推进出租汽车行业健康发展的指导意见》和《网络预约出租汽车经营服务管理暂行办法》。前者明确规定了企业、车辆、驾驶员的准入条件及其监管办法，后者则明确区分了专车、快车、顺风车行为，正式确立了网约车的合法身份、进一步放宽了准入门槛，对网约车的健康有序发展奠定了制度基础。随后，各地方政府因地制宜地出台地方性政策，滴滴获得上海、天津等多地平台经营许可证，标志着网约车制度化的形成；在规范合法性方面，滴滴在服从已有出租车行业规范基础上，积极发布专车和打车软件服务规范，行业规范相继推出落实；在认知合法性方面，网约车模式初步获得政府和社会公众认可，"网约车"入选教育部和国家语委发布的《中国语言生活状况（2016）》十大新词①。然而，持续性提升认知合法性显得十分重要，如为获得政府和公众对滴滴的认可，滴滴出行成立"滴滴研究院""共享经济平台"，创造"共享绿色出行"理念等。

然而，在快速成长期的滴滴由于多种业务快速扩张、社会关注度提升，也面临更多合法化的压力。虽然国家和地方相继出台了网约车和顺风车管理条例，但在调研中发现政策实际落地中存在较难调和的障碍，如政府对网约车、顺风车监管以及网约车运营合规率低等问题。沈阳、济南等很多城市对车证数量进行"总量控制"、能源汽车有一定限制，个体很难满足。滴滴研究院副院长表示："我们是特别希望合规运营的，但是我们又存在大量的障碍，因为门槛非常的高。大城市杭州 1/4 合规，沈阳 1/3 合规，总体来看是 1/10。我们投入了大量工作到司机上，

① 《〈中国语言生活状况报告（2016）〉发布"互联网+""获得感"等入选年度新词"重要的事情说三遍""主要看气质"等成为年度网络流行语》，中华人民共和国教育部网站，2016 年 6 月 1 日，http://www.moe.gov.cn/jyb_xwfb/xw_fbh/moe_2069/xwfbh_2016n/xwfb_160531/160531_mtbd/201606/t20160602_248131.html。

但是又不好把不合规的司机清掉，有些司机服务非常好，不存在安全问题。"此外，重大危机性事件的出现也给滴滴出行在规范和认知合法性获取上带来了前所未有的挑战。

因此，此阶段滴滴出行将面临的制度压力有：一是规制压力，滴滴如何应对各地方针对网约车"人证、车证和平台证，三证合一"而出台的地方性政策，如何应对政府强制要求顺风车无期限下线等问题；二是规范压力，面对顺风车等业务出现的问题，如何进一步规范和提升服务质量标准以及保证司乘安全；三是来源于政府与社会公众认知压力，地方政府"网约车是共享经济吗？"如何解决"顺风车事件"带来的负面作用，即社会公众对乘车安全、价格以及共享经济模式的质疑。

在快速成长期，哈啰已经从"哈啰单车"升级为"哈啰出行"，业务从共享单车、助力车发展为覆盖了电动车租售平台、顺风车业务以及电动车换电业务等，在深耕"两轮"的基础上涉及"四轮"发展，体现了多元化发展（FA2）。面对2017年行业遗留的"押金难退"等问题，哈啰于2018年3月与支付宝芝麻信用合作，率先宣布信用免押，是行业首个全国免押单车企业。于2018年底，用户口碑和订单规模跃居行业首位，全国免押累计1.61亿用户，免除押金320亿元。哈啰在行业内部提倡的"免押金"行为，先于国家出台的关于"进一步规范用户押金监管和退还流程"的《交通运输新业态用户资金管理办法（试行）》政策，体现了行业领头企业采取"创造环境"策略，从而在规范、规制合法性获取上的积极作用。同时，信用免押、"绿色共享出行"等媒体宣传，使得哈啰进一步获得社会公众的认可。

然而，哈啰仍然需要解决初创期遗留下来的合法性问题。在规制方面，虽然国家出台了电动车"新国标"，但如何解决国家以及各地方政府对政策中"不鼓励发展等于不发展互联网租赁电动自行车"的解读（助力车产品合法性问题）以及各地方政府对共享单车和助力车的市场准入；在规范方面，行业服务规范、用户使用行为、共享电动车等产品合规、押金难退等问题仍需继续解决；在认知方面，如何在获得用户认可的同时，劝说各地政府对共享单车、共享助力车模式的认可。

闲鱼在快速成长期发展势头强劲，寄卖服务、闲鱼小站、同城功能等服务陆续上线，与小猪短租等多家企业达成战略合作。在 2019 年，《2018 年度中国二手电商发展报告》公布中，闲鱼占有率为行业第一，达 70.7%。这些成绩离不开有利的制度环境，在规制上，政府政策性地支持《关于加快发展流通促进商业消费的意见》提出，鼓励发展"互联网＋旧货""互联网＋资源"循环；在规范和认知上，随着中产阶级的崛起和消费观念的变化，人们越来越能接受"绿色环保理念"的闲置共享。然而，闲鱼仍面临一定的外部制度压力：一是规范压力，体现在行业竞争（58 同城独立出的"转转"）、新业务对传统行业（如租房）的挑战、二手闲置的行业规范与服务标准以及信用问题；二是认知压力，如何真正做到"共享社区"，让更多的人接受闲置共享，认可其理念和模式。值得一提的是，闲鱼在规制方面的压力，更多体现在闲鱼平台管理模式（芝麻信用 600 分以上的可以申请成为闲鱼塘主，闲鱼塘主如何协同管理社区）、社区搭建（如何强化社区属性）等内部制度压力，利用技术赋能建立更完善的用户信任机制和效率机制等。快速发展期案例企业合法化过程如表 5－5 所示。

表 5－5　　　　　快速发展期案例企业合法化过程部分整理

| 制度环境 | | 数据呈现（来源） | 行为举措 | 结果 |
|---|---|---|---|---|
| 有利的规制环境 | 国家及各地方政策支持 | 中国是全世界所有政府里面第一个让网约车合法化的……目前滴滴正同一些地方政府进行政企合作，比如滴滴用大数据服务公众普惠出行，在济南等城市进行了智慧交通的试点，取得了很好的效果。此外，滴滴还一直在持续帮助各地政府一起消化供给侧改革带来的挑战（SA－D） | 依从、选择环境对需求积极回应提供相应产品协同治理 | 滴滴网约车获得了合法性地位，有一定制度基础。哈啰的助力车产品在新国标下合规。闲鱼仍有政策性支持 |
| | | 国务院办公厅印发的《关于加快发展流通促进商业消费的意见》提出，鼓励发展"互联网＋旧货""互联网＋资源循环"，为发展循环经济释放多重政策利好（SC－X） | | |

| 制度环境 | | 数据呈现（来源） | 行为举措 | 结果 |
|---|---|---|---|---|
| 有利的规制环境 | 产品合规 | 《电动自行车安全技术规范》简称"新国标"，对符合标准且获得产品强制性认证证书的电动自行车登记上牌；对最高时速、车体质量、蓄电池标准、安全要求等进一步细分。我们的产品符合并高于"新国标"标准…… | 依从环境提供合适的产品与服务 | — |
| 利好的规范环境 | 新兴社会观念支持 | 我们的目标并不是从 3800 万的出租车出行里面找市场，而是我们要从私家车的市场里面转化到共享出行……多元化的共享出行是一件非常酷的事情，能够……的好处（SB－D） | 选择、操控以及创造环境改变既有的价值观念开发新观念 | 滴滴出行哈啰闲鱼进一步获得规范合法性 |
| | | 随着中产阶级的崛起和消费观念的变化……闲鱼还顺应年轻群体呼声，和草莓音乐节、李维斯等活动和品牌合作，成立"循环工厂"，通过把废弃的宝丽广告布改造成背包，把空塑料瓶改造成雨衣等，广受年轻人欢迎（SB－X） | 依从环境提供合适产品与合作方加盟合作互动共创 | |
| | | 闲鱼选择 C2C 模式，利用信息技术提高用户闲置流转的效率，还会有更多场景、更多服务支持用户"断舍离"，比如回收、以旧换新、寄卖……除了线上，闲鱼还会进一步完善线下布局，与菜鸟驿站的合作，推出闲鱼小站等（SB－X） | 依从创造环境提供合适的产品与服务技术赋能多元化模式 | |
| 良好的认知环境 | 社会公众认同 | 用户对助力车的反馈特别好，因为解决较远距离的出行……多投放虽然有舆论，但架不住用户喜欢（FB1） | 选择环境 | 滴滴出行哈啰闲鱼进一步获得认知合法性 |
| | | 柳青发表了主题演讲……提供近两百万的直接的就业机会……解决女性朋友……烦恼，在公车改革以后，有了出租车、专车、快车这样的叫车服务，给很多公务员朋友带来很大的便利……（SB－D）因对可持续发展和节能的贡献入选《财富》评选的"改变世界的50 强"（SA－D） | 操控环境展示已有成就模式多元化 | |

| 制度环境 | | 数据呈现（来源） | 行为举措 | 结果 |
|---|---|---|---|---|
| 良好的认知环境 | 社会公众认同 | 闲鱼小站不仅是线下回收点，更是打通闲置经济线上线下的一站式服务平台，为年轻人提供了一种全新的生活方式。闲鱼所引领的绿色生活已经成为当下年轻人最时尚的生活态度（SA－X） | 创造和操控环境普及新模式持续性 | |
| | 政府认可 | 为获得政府认可，滴滴出行成立"滴滴研究院""共享经济平台"，创造"共享绿色出行"理念引导政府和公众对出行平台的重新认知 | 操控和创造环境持续性普及新理念 | |
| 规制压力 | 各地方规制不同 | 全面推进网约车合规化工作。我们会严格按照主管部门和联合检查组要求，根据各地网约车新政对轴距、排量、车价等不同要求，制定分城市，分阶段合规目标……和合作伙伴一起鼓励、引导司机办理人证车证。后续滴滴在全国各地区合规工作的进展也会持续公布（SB－D） | 依从环境依从各地政府规章制度操控环境展示已取得成就协同治理 | 各地方规制不同仍一定程度阻碍滴滴和哈啰对产品的推广同时，网约车合规率低、顺风车下线以及助力车合法化问题仍未解决 |
| | | 北上广深对助力车"严防死守"；长沙、沈阳等默许发展；昆明市地方合法运营。因此我们注重用户体验……得到上海闵行区政府的支持……用技术提醒是否超出使用行为（FB2） | 选择环境选择有利的市场技术赋能 | |
| | 规制政策上对产品合规问题 | 网约车合规率低……把网约车纳入出租车的管理范畴之内，实行总量控制，目前问题是合规率是非常低 10%（FA13）……与汽车租赁公司合作，帮忙处理罚款等相关事宜，司机也可在租赁公司租购"车证"合规的车辆（FA5） | 依从、操控以及创造制度创业价值共创协同治理 | |
| | | 政府强制要求顺风车无期限下线……程维发言表态，将认真学习，坚决整改……配合执法部门坚决打击违法犯罪活动……学习《安全生产法》等政策法规……会更加公开透明……也恳请主管部门和社会各界深入指导，共同探索和建立网约车顺风车新业态的行业安全标准（SA－D） | 依从、选择、操控环境对需求积极回应；建立声誉协同治理 | |

续表

| 制度环境 | | 数据呈现（来源） | 行为举措 | 结果 |
|---|---|---|---|---|
| 规制压力 | 各地方规制不同 | 助力车目前为止最大的障碍就是 2017 年的制度颁布，公安部也解释过有不安全、电池的污染等问题……政府其实对这个企业是有约束的，企业要长久就必须在政府的框架里。一是这个电动车的事故率是最高的确实会给公安部门带来负担。二是政府认为会不可控的因素的出现，所以政府对这个还是有抵触的。我们会与电动车的制造商合作，对电池污染安全等问题做到合规（FA1） | 依从环境嵌入制度选择环境选择友善的合作者 | |
| | 规制政策上对产品合规问题 | 公布安全大整治阶段进展，恢复深夜出行服务并试行深夜运营规则，成立安全管理委员会，利用人脸识别、大数据定位等技术，上线并完善了十几项线上安全产品，一键报警，紧急联系人……安全措施加强警企合作……（FA6） | 创造环境开发新产品技术赋能协同治理 | 哈啰的助力车、共享单车在产品安全和服务规范获得了一定的规范合法性 |
| | | 像自行车应该是十二周岁以下，助力车是十六周岁以下，我们在那个 App 端就是实名认证的环节，直接就把这个相关年龄段就是隔离。我们同时也会配合公安部门，会作一些宣传，包括我们的车上面会有这个 16 岁禁止骑行的，这些提示等（FA4） | 创造环境开发新规范协同治理 | |
| | 传统行业观念挑战 | 可能引起传统的反感，比如锦州比较传统一些，相对来说，这种小型的城市是可能思想还没有那么新，出租车行业抵制对于共享经济不会有拥抱的态度……我们在唐山说服部门领导体验单车和助力车，他发现很方便就同意了……（FA4；FB2） | 操控环境改变利益相关者观念 | 三家企业对传统行业的冲击仍在滴滴顺风车合法性问题仍未解决 |
| | | 闲鱼租房打破传统租房行业看房累、中介费高等痛点，具有"真实房东""免中介费"等特点。去年有 380 万个人房源发布，100 万免中介费源在线，并推出了 7 天无理由退换、15 天退押金、首月 9 块 9 等新服务深受年轻人欢迎（SA‑X） | 创造环境推出新模式、标准化新模式操控环境展示取得成就模式多元化 | |

续表

| 制度环境 | | 数据呈现（来源） | 行为举措 | 结果 |
|---|---|---|---|---|
| 规制压力 | 行业服务规范 | 针对乱停乱放的问题，我们用技术来规范……使用电子围栏技术，开发了我们自己的大数据系统、用高效的智慧系统去管理车辆（FA2） | 创造环境技术赋能 | |
| | | 闲鱼在社区生态的监管上也有所放松……，处罚力度太轻……管理好社区生态，完善双方相互评价机制，并公布用户的诚信度，为其他交易对象提供参考。未来，电子商务法有望进一步规范线上二手交易市场，强化平台经营者的责任，保障交易双方的权益（SB－X） | 操控环境创造环境 | |
| 认知压力 | 社会公众质疑 | 和优步宣布合并后很多乘客担心打车软件会涨价（SB－D）……所以我们推出了越来越开放的产品去满足各消费群体，推出了快车拼车、顺风车、公交巴士等（FA8） | 依从环境提供合适的产品模式多元化 | 顺风车和助力车仍存在认知压力 |
| | 政府不认可 | 助力车刚投下去的时候也遭到了主管部门的口诛笔伐，遭到了媒体的舆论，说这个东西是违规的，但架不住用户的体验好……主管部门现在也呈现一种默认的状态，所以我们也在不断增量。我们现在的想法是往更远的郊区去投……在6~8千米这个距离他是任何一种交通工具都无法取代的……所以这块的市场我们是非常的看好（FA1） | 选择、操控环境选择合适的市场持续性改变用户行为 | |
| | 危机事件处理 | 开通面向全社会的意见建议通道，试行"公众评议会"，邀全社会共同探讨平台治理（SA－D） | 创造环境新模式推广协同治理 | |
| | | 面对酷骑等退押金风波，舆论上会有一些指责，企业是怎么处理的？……负面消息不是很多……破坏也是可以接受的，企业经营肯定要承担一些东西，比如社会责任。跟政府合作对外宣传，对媒体来说做硬性的宣传，效果是好的，但是完全制止达不到。大环境下全国免押，社会责任还是要承担的（FB1） | 操控和创造环境承担企业责任媒体宣传协同治理 | |

资料来源：笔者整理所得。

### 三、领导期

在国家政策支持、"绿色环保"新消费观念以及"共享经济"模式被认可等有利的制度环境背景下，三家企业采取合法化战略积极应对快速成长期所遇到的各方面合法化问题或突发合法化危机事件，在一定程度上获得了合法性地位。然而，合法化是一个持续性、动态化的进程①，企业在其领导期仍要解决先前遗留的以及新的制度情境下所遇到合法性问题。就规制压力而言，滴滴出行和哈啰仍要解决国家层面对顺风车和助力车合法化以及各地方政府规制不同对网约车、助力车等产品的准入问题；就规范压力而言，滴滴的网约车和顺风车，哈啰出行的助力车其行业服务规范与产品标准仍需进一步解决。而闲鱼作为二手交易社区，如何解决信用问题显得更加重要；就认知压力而言，顺风车和助力车仍存在政府和社会公众等多方面的质疑或不认可。值得一提的是，2020年初新冠肺炎疫情的暴发，给共享经济企业发展和合法化进程又带了机遇与挑战。如疫情暴发初期社会公众对网约车司乘健康与乘车安全、共享单车使用安全等问题的关注，给企业带来了一定认知和规范压力。2020年7月，国家发改委等13个部门联合出台的《意见》中再次强调了发展共享经济的重要性，要"培育发展共享经济新业态"并提出"鼓励共享出行、共享住宿等领域产品智能化升级和商业模式创新"等一系列发展意见。

滴滴出行在其领导期主要解决顺风车合法化以及网约车合规率低问题。就网约车合规率低问题，滴滴先后公布了《滴滴网约车文明乘车指南》《滴滴网约车安全标准》进一步规范了司乘行为。同时，滴滴2019年新规定申请注册滴滴网约车司机必须持"人车双证"，配合"双证倾斜派单"模式鼓励司机办证，并逐步清退不符合条件的私家车，并对服务好的和星级评价高的优先派单。滴滴研究院副院长就此回应："我们

---

① Zimmerman M A, Zeitz G J. Beyond Survival: Achieving New Venture Growth by Building Legitimacy. *Academy of Management Review*, Vol. 27, No. 3, 2002, pp. 414 – 431.

的客户是司机和乘客。我们要服务好司机，司机才能服务好乘客。我们必须倾向派单给合规司机，因为合规的成本在那，会挣不到钱。因此，我们更多的是给服务好的和星级评价高合规司机的优先派单。"就顺风车再次上线问题，滴滴在利用智能技术提升安全措施基础上，建立"公众评议会"、滴滴版吐槽大会①等鼓励用户等社会公众参与到企业治理中来，如顺风车安全主题讨论、公布顺风车整改进展等，积极倾听社会各方意见与建议，从而推动共治、共建、共享出行安全。最终，滴滴顺风车于 2019 年 11 月，陆续在哈尔滨、沈阳、北京等 7 个城市上线试运营，并于 2020 年 6 月在全国 300 个城市重新上线运营，并逐步恢复跨城服务②。此外，滴滴出行积极与政府沟通协作，共同为共享出行健康发展贡献力量。如 2019 年 8 月，中国交通运输协会成立共享出行分会，滴滴作为分会成员、行业专家，积极与组织交通部、公安部等相关组织部门以及其他行业研究专家来一起研究，首部网约车、顺风车安全团体标准于 2020 年 7 月发布。

经过快速成长期的不懈努力，哈啰助力车受社会公众认可，加之"新国标"政策的助力，部分城市如昆明修订管理条例"明确共享电动车纳入共享单车的管理范围"，哈啰助力车在各地发展情况趋向好转。但在国家层面的《网络自行车规定》中，仍为对"不鼓励发展网络电动自行车"进行修改，从而在相对保守的地级市，助力车推广仍有阻碍。针对共享单车乱停乱放等问题，哈啰提升智能技术能力，运用大数据等技术协助政府共建数据化信息共享平台。同时，"天眼"系统协助政府实时监管共享单车外，共创智慧城市交通。

自新冠肺炎疫情出现以来，各地提倡市民外出尽量选择步行和骑行，减少与他人接触机会，共享单车需求量上升。哈啰通过定向投放运力、增加车辆消毒频率等方式，保障安全出行成立防疫小组、制定防疫

---

① 《滴滴："吐槽大会"已收集万条意见 将公布优化进度》，搜狐，2019 年 9 月 11 日，https：//www.sohu.com/a/340324523_161795。

② 《滴滴顺风车下月起陆续在哈尔滨北京等 7 城上线试运营》，新浪财经，2019 年 11 月 6 日，https：//finance.sina.com.cn/chanjing/gsnews/2019 - 11 - 06/doc - iicezuev7529825.shtml。

规则和制度、"一城一策"等。疫情改变了社会公众的出行习惯哈啰在疫情期间采取一些措施积极承担企业社会责任、树立企业形象，为其提升了认知合法性：抗击疫情一线人员开放免费骑行、提供车辆运维岗位、支持共享员工模式等。此外，2020 年 4 月，哈啰 App 改版，标志着"哈啰 + 本地生活"加速行业进化。

闲鱼在领导期，逐渐发展成为国内最大的闲置商品交易社区和共享经济平台。根据闲鱼内部报告数据显示，截至 2020 年初，闲鱼的注册用户达 2 亿，拥有 3000 万名活跃卖家，超 160 万个"鱼塘"①。同时，受新冠肺炎疫情的影响，国内经济出现短暂低迷、增长缓慢的情况，人们的消费方式也发生了很大变化，协同消费有了进一步发展。国家为了恢复经济、解决就业等问题，鼓励发展地摊经济，使得闲置经济发展迅速。闲鱼借势发展同城交易、线下鱼塘集市等活动，满足了公众对就近交易、便利交易的诉求，进一步被社会公众认可。根据闲鱼提供的数据显示，2020年上半年，闲鱼同城交易日活跃度同比上涨 300%，已经成为地摊经济发展最强支撑力量。② 领导期案例企业合法化过程如表 5 - 6 所示。

表 5 - 6　　　　　　　　领导期案例企业合法化过程部分整理

| 制度环境 | | 数据呈现（来源） | 行为举措 | 结果 |
|---|---|---|---|---|
| 有利的规制环境 | 国家及各地方政策支持 | 对于闲鱼这样的线上闲置社区平台而言，参与"电商直播产业园"项目，也意味着线上影响力不断向线下拓展。正如阿里巴巴闲鱼副总裁梓杨所说：疫情之下，及时举行这样一场特殊的签约仪式，体现了当地政府的务实高效，通过与淘宝闲鱼直播共建线下产业基地，有利于各地创造新的就业机会，打造奢品、网红新地标（SB - X） | 依从、创造环境对疫情需求及时回应和政府合作价值共创 | 哈啰的助力车在部分城市已合法化 |

① 《闲置经济翻倍式发展：闲鱼 2020 财年交易额破 2000 亿，卖家超 3000 万》，网易，2020 年 5 月 24 日，https：//www.163.com/dy/article/FDDPNTUA0514A1HE.html。

② 《闲鱼：今年同城交易日活跃度同比上涨 300%》，电商报网站，2020 年 6 月 4 日，https：//www.dsb.cn/121075.html。

| 制度环境 | | 数据呈现（来源） | 行为举措 | 结果 |
|---|---|---|---|---|
| 有利的规制环境 | 国家及各地方政策支持 | 昆明市城市管理局颁布实施了《昆明市共享单车运营服务管理实施细则（试行）》；厦门市公安局于2019年发布《关于电动自行车管理的通告》，都要求获得核发的电动自行车号牌、行驶证后方可进行运营（SC－H） | 依从、选择环境 对需求积极回应 提供相应产品 协同治理 | 哈啰的助力车在部分城市已合法化 |
| 利好的规范环境 | 新冠肺炎疫情带来的消费观念改变 | 地摊经济把闲鱼这个本就大火的二手平台……成为一众年轻人的选择。结合闲鱼平台的同城面交闲置物件、花卉绿植、可爱萌宠通过面对面低价交易乃至以物换物，人们实现了交易，得到了交流，甚至收获了交情（SB－X） | 依从环境 嵌入、 提供合适产品 互动共创 | 滴滴出行 哈啰 闲鱼 进一步获得规范合法性 |
| | | 闲鱼发布了《2020闲鱼绿皮书》……与一个中等规模国家的GDP相当，闲置经济迎来翻倍式发展。（SA－X）CEO闻仲称：作为绿色发展的坚定支持者，闲鱼已经成为中国闲置交易的最主要平台，引领着国内互联网循环经济的大潮（SB－X） | 操控环境 展示已取得成绩 | |
| | | 自新冠肺炎疫情出现以来，各地提倡市民外出尽量选择步行和骑行，减少与他人接触机会，共享单车需求量上升。通过定向投放运力、增加车辆消毒频率等方式，保障安全出行……成立防疫小组、制定防疫规则和制度、"一城一策" | 依从环境 创造环境 技术赋能 | |
| 良好的认知环境 | 社会公众认同 | 闲鱼借势发展同城交易、线下鱼塘集市等活动，满足了公众对就近交易、便利交易的诉求，进一步被社会公众认可（SC－X） | 依从环境 提供合适的产品 模式多元化 | 滴滴出行 哈啰 闲鱼 进一步获得认知合法性 |
| | | 闲鱼进一步完善线下布局，在全国社区或者校园周边还会有接近50万家菜鸟驿站与全国的闲鱼小站帮助消费者解决闲置问题。通过闲鱼在线上线下服务方式和用户触点（SB－X） | 创造环境 模式多元化 | |
| | | 共享单车通风条件好，避免了细菌……哈啰不断加强疫情防范工作，App首页弹窗进行疫情防范提示（FB－H） | 依从环境 创造环境 | |

续表

| 制度环境 | | 数据呈现（来源） | 行为举措 | 结果 |
|---|---|---|---|---|
| 规制压力 | 各地方规制不同 | 值得高兴的是助力车在部分城市已有合法化，那么我们可以利用这个进行说服地方部门，同时新国标也给我们助力了……我们会利用技术帮助政府监管，如济南的"天眼"系统，或用大数据预测同政府科学定制单车投放配额（FA1、FB2） | 操控环境<br>创造环境<br>技术赋能<br>协同治理 | 在政策规制上，网约车"车证"的办理以及全国 |
| | 疫情影响 | 今年的政府工作报告中，出现的最高频词是"就业"，共提及 39 次。报告指出，今年要集中精力抓好"六稳""六保"就业都是重中之重。作为国内体量较大的共享单车/共享助力车行业的企业，哈啰出行因地制宜针对"六保"工作，推出了"共享员工"等一系列举措（SA－X） | 依从环境<br>创造环境 | |
| | 产品合规问题 | 就合规率低……滴滴 2019 年新规定申请注册滴滴网约车司机必须持"人车双证"，配合"双证倾斜派单"模式鼓励司机办证，并逐步清退不符合条件的私家车（FA5） | 创造环境<br>新模式 | |
| 规范压力 | 行业服务规范 | 中国交通运输协会发布的首部网约车、顺风车安全团体标准，滴滴作为企业参编单位参与标准起草工作……强调依靠当前的技术发展……网约车安全标准而言，还强调了安全带提醒……规定了基于人脸识别的人车一致性审查、基于驾驶行为监测的风险评估管控、基于深度学习算法的智能安全派单等新型安全运营策略 | 创造环境<br>协同治理<br>技术赋能 | 网约车顺风车行业规范确立滴滴、哈啰疫情间及时发布疫情防疫规范 |
| | 行业服务规范 | 公示《滴滴网约车文明乘车指南》征求意见稿，倡导文明出行。公布实施《滴滴网约车遗失物品处理专项规则（试行）》；试行未成年人乘车新规则：有条件允许 16 岁以上未成年人单独乘坐网约车；顺风车安全团体标准立项，滴滴顺风车与多方探讨如何提升安全运营水平；升级网约车安全产品，保护醉酒乘客 | 创造环境<br>开发新的规范<br>协同治理<br>技术赋能 | — |

续表

| 制度环境 | | 数据呈现（来源） | 行为举措 | 结果 |
|---|---|---|---|---|
| 规范压力 | 疫情影响 | 陆续在全国多个城市尝试在网约车内加装防护隔离膜……与多个主管部门合作推出"智慧防疫码"，乘客扫码即可查看车辆消毒记录或登记乘车信息（SA-D） | 创造环境技术赋能协同治理 | — |
| | | 新冠肺炎疫情暴发以来，哈啰出行当即响应疫情防控要求，一方面为各城市一线运维员工配备口罩及其他防护设施、消毒用品，保护运维人员的健康；另一方面，哈啰单车和助力车运维团队持续不间断对路面车辆的车把、坐垫等部位进行重点消毒，以保障用户用车安全（SA-H） | 依从环境 | |
| 认知压力 | 危机事件处理 | 顺风车事业部发布一封信，公布顺风车业务整改情况和计划。上线"有问必答"，围绕用户关注的问题开展公开讨论、意见收集和回复。在滴滴出行App公布了最新产品方案，针对用户普遍关心的安全准入问题做了重点回复，在新的方案中，平台将引入失信人筛查机制，并积极探索与第三方信用产品企业合作方式，以便进一步提升用户准入门槛（SA-D） | 操控环境展示已有成就创造环境新模式互动与共创协同治理 | 疫情改变了社会公众的日常习惯，闲鱼兴起，哈啰、滴滴出行在疫情期间采取一系列措施，积极承担企业社会责任、树立企业形象，为其提升了认知合法性 |
| | 疫情影响 | 新冠肺炎疫情期间，在武汉、北京等地陆续成立"社区保障车队"和"医护保障车队"，免费接送医务工作者、服务社区。在全国106个城市设置司机防疫服务站，为坚守在服务一线的司机师傅免费发放口罩、消毒液等防疫物资。滴滴医护车队在各地陆续转向更大范围的社会公益服务 | 操控环境树立企业形象 | |
| | | 哈啰出行为所有抗击疫情一线人员开放免费骑行；开放出8000个车辆运维岗位，供因疫情暂时停工的人群报名，支持共享员工模式……我们也鼓励各地受疫情影响暂时歇工的出租车、公交车、网约车老司机们，跨越出行的工具属性，共同来为城市出行服务 | 创造环境新模式协同治理价值共创 | |

资料来源：笔者整理所得。

## 第三节　案例讨论

### 一、共享经济企业合法性获取机制构建

研究认为企业在发展的各个阶段应综合运用合法化行为举措，即将依从、选择、操控、创造四个合法化战略有效结合起来，不能将其割裂，从而获得规制、规范以及认知合法性。本书通过多案例比较分析，归纳出共享经济企业成长各个阶段"初创期—快速成长期—领导期"合法性获取动态化机制（见图5-5）。研究发现：共享经济具有长期存在的经济逻辑和组织逻辑，存在具有一定的合理性。同时，共享

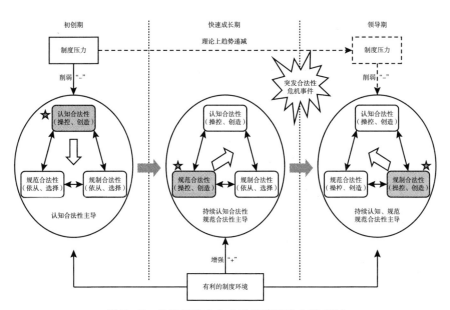

图5-5　共享经济企业合法性获取动态化机制

经济企业可以基于制度情境进行合法化战略选择①，通过采取相应的合法化战略提升其合法性地位，使得企业具备可持续发展的能力。

## （一）认知合法性

在初创期阶段，共享经济企业首要攻克的是认知压力。以滴滴出行为例，在成立初期，"互联网＋出行"的新模式被政府部门质疑、社会公众对其不了解，致使推广难度大。苏克曼认为认知合法性是最深层次的合法性，它依赖于潜意识的、被视为理所当然而接受的理解与认知②。共享经济作为一种新兴的商业模式，想要迅速成功的发展，首先需要被大众在认知上真正的认可和接受。因此，三家案例企业强调自己是共享行业的领头者，是具有创新性的"绿色、智能、环保"的共享出行商业模式的企业。这是因为"绿色、智能、环保"可以提高消费者对其商业模式的进一步认可，而"共享"这一概念自带传播效果，代表着一种新的潮流和生活方式，容易赢到社会公众和消费者的认可。同时，社会公众和消费者的认知一旦形成，也较难更改。

值得注意的是，认知合法性的获取是需要持续的，延续企业发展的各个阶段。企业可以借助良好的公众认可度去推动规范和规制合法性的获得。以哈啰的助力车为例，虽然国家政策上明确"不鼓励发展互联网租赁电动自行车"、个别地方政府都将其理解为"不发展电动自行车"从而抵制助力车准入。就此，哈啰选择合适区域大规模推广，老百姓体验好，出行必不可少，公众的认可远超于政策制度上的限制，从而使得大部分地方政府保持"默许"的态度任其发展。如沈阳建委主任提及："各部门不一样，最早对助力车的法定意见是公安部，公安部内部文件不鼓励发展助力车。个人来看，打造营商环境，要放开企业；是否是老百姓有需求？对企业的提供产品安全性问题？现在还没出台意见，将来

---

① Zimmerman M A, Zeitz G J. Beyond Survival: Achieving New Venture Growth by Building Legitimacy. *Academy of Management Review*, Vol. 27, No. 3, 2002, pp. 414 – 431.

② Suchman M C. Managing Legitimacy: Strategic and Institutional Approaches. *Academy of Management Review*, Vol. 20, No. 3, 1995, pp. 571 – 610.

是否纳入审批还是由政府来决定。目前老百姓反映不错，有很大需求，因而政府起到一个监督作用，不发任何正式的批准意见。"由于社会公众和用户的认知一旦形成便很难更改，选择有利的用户群里较为重要。同时，哈啰出行等共享单车企业不断以"共享"之名强调其合法性地位，在一定程度上提升公众对其存在和发展的认可。

## （二）规范合法性

规范合法性指的是让社会公众根据共同的价值观和道德规范来感知其行为"是否正确"并进行"评价"①。本书在整理数据资料时发现，企业在初创期更倾向于依从社会规范和价值观提供合适的产品，以及选择有利的规范和价值观支持其发展。以闲鱼为例，借势"共享经济绿色消费"理念深入人心、人均购买力提升，社会消费理念升级等有利的社会观念加持，从而发展二手闲置共享业务。然而，到快速成长阶段，共享经济企业采取操控和创造环境战略获得规范合法性更为重要，操控环境主要体现于展示现已取得成绩，强调企业社会价值，降低质疑声音。三家案例企业都采用操控战略展示自己目前所取得的成果，如滴滴出行因对可持续发展和节能的贡献入选《财富》评选的"改变世界的50强"；闲鱼发布了"2020闲鱼绿皮书"②与一个中等规模国家的GDP相当，闲置经济迎来翻倍式发展；哈啰公布全国免押金额等，旨在争取改变社会公众、消费者等利益相关者对共享商业模式的质疑。创造环境则不仅指的是利用新科技技术创新为社会公众提供新的产品与服务，如二手交易行业面临信任与成交等问题，闲鱼引用支付宝信用芝麻分，开展信用速卖等服务等；还代表着开发新的规范和价值观③，如哈啰运用电子围栏技术和启动了用户"黑名单"来规范用户行为。

---

①③　陈怀超、陈安、范建红：《组织合法性研究脉络梳理与未来展望》，载《中央财经大学学报》2014年第4期，第87~96页。

②　闲鱼：《2020闲鱼绿皮书》，赛迪网，2020年6月5日，http：//www.ccidnet.com/2020/0605/10528667.shtml。

此外，共享经济企业应注重承担社会责任，创造社会价值。滴滴顺风车、哈啰共享单车强调共享能节能减排，闲鱼提倡绿色环保、闲置循环利用等并放大共享商业模式带来的社会价值；滴滴出行采取战略结盟的方式，与 31 家汽车产业链企业成立"洪流联盟"共创汽车运营商平台，进行强强联合，利用新模式、新技术来提升产品和服务，从而创造有利的环境提升合法性地位。值得一提的是，当企业在领导期具备了一定的合法性基础，如社会公众接受了共享经济理念；国家一系列政策支持上、规制合法性有一定保障时，企业应持续性地关注行业准则服务产品等更细微的规范制定，从而进一步提升规范合法性。

### （三）规制合法性

政策规制一般滞后于行业规范的制定和社会公众的认可。虽然，滴滴在初创期为争取专车的合法化进行制度创业发布《互联网专车服务管理及乘客安全保障标准》，但仍在国家已有政策的基础上。因此，企业在初创期应选择有利的制度环境进入市场后，要自觉依从规制要求。无论是滴滴出行还是哈啰出行在进入地方城市时，都尽力配合依从当地的规章制度。就此，沈阳建委副主任提及"互联网公司，总部都不在当地，要求必须在沈阳市注册，在当地设置的类似于办事处，押金必须交到沈阳市的银行。政府考虑到纳税问题，把税收留在本地。哈啰出行设立了分公司。滴滴出行在沈阳设了分公司。各地情况不一样，跟当地政府要求有关。"

在快速成长期，由于共享经济理念被认可、市场共享经济模式多种多样、合法化危机事件频繁等原因，国家出台了一系列鼓励共享经济发展和规范具体行业的规章政策，使得网约车等共享经济模式合法化的同时设定了一定的规制规范要求。在中国情境下，国家和当地政府政策、法规上的鼓励与支持对共享经济企业的发展显得尤为重要。因此，在企业快速成长阶段，在规制合法性获取上，仍主要采取依从和选择的战略。哈啰出行为了推进助力车合法化，制造符合"新国标"的电动车，积极配合地方政府要求的基础上努力游说，从而逐渐获得部分地方政府的支持，有助于进一步提升其规制合法性的地位。然而，作为共享经济新型的商业模式，操控环境改变利益相关者既有看法，并帮助政府创造新的规章制度也很重要。如闲鱼疫情期间参与政府"电商直播产业园"项目，阿里巴巴闲鱼副总裁梓杨所说："疫情之下，及时举行这样一场特殊的签约仪式，体现了当地政府的务实高效，通过与淘宝闲鱼直播共建线下产业基地，有利于各地创造新的就业机会……"此外，研究发现，共享经济企业参与政府政策规制制定多为在其领导期阶段。如滴滴出行参与交通部牵头的首部网约车和顺风车安全团体标准于 2020 年 7 月公布。

从理论上讲，制度压力会随着企业获取合法化进程的推进而递减，从而逐渐转换成较有利的制度环境。最经典的案例就是"滴滴顺风车事件"，经历了"2016 年 7 月政策上合法化的'私人合乘'的顺风车——因 2018 年 8 月'空姐被害事件'受到社会舆论质疑、政府强制下线——滴滴采取一系列合法化战略如安全技术升级、公众评议会等——2019 年 11 月顺风车各地陆续上线——2020 年 7 月首部网约车、顺风车安全团体标准公布，滴滴作为主要参与企业"。可见，网约车、共享单车等新业态的出现，是市场自发形成的，出现的问题也是发展过程中的问题，是动态发展的未确定性的，企业应该用"动态"的观点时刻积极应对。此外，外部环境的突发变化对共享经济企业合法性获取也存在一定影响。如受 2020 年初新冠肺炎疫情影响，滴滴出行、爱彼迎等用户面对面接触的模式"是否健康安全"受到公众质疑，而"零接触"的二手闲置物品交易和健康出行的共享单车则更受用户欢迎。

综上，共享经济企业应随时调整合法化战略来应对不同的制度文化环境、行业发展趋势以及企业本身发展阶段。与此同时，依从、选择、操纵、创造环境四种合法化战略的整合应用，不仅能体现出企业操纵有利资源的能力，也能更有效地提升合法性地位。可见，合法化战略能够为企业带来可信性和可靠性，有利于克服新创弱性[1]和资源整合[2]，可

---

[1]　Tornikoski, E. T., Scott L. Newbert. Exploring the Determinants of Organizational Emergence: A Legitimacy Perspective. *Journal of Business Venturing*, Vol. 22, 2007, pp. 311 – 335.

[2]　Zimmerman M A, Zeitz G J. Beyond Survival: Achieving New Venture Growth by Building Legitimacy. *Academy of Management Review*, Vol. 27, No. 3, 2002, pp. 414 – 431.

以支持其发展具备可持续性的。

## 二、不同商业模式类型合法化战略对比

### （一）平台型

平台型是三种共享经济商业模式类型中发展最早、最符合"闲置资源"重新匹配的模式。以滴滴为代表的国内平台型企业在成立初期，受优步、爱彼迎等外国共享经济典型企业的影响颇大，但其模式是否适用于中国情境下发展仍值得探讨。同时，在共享经济企业的发展领先于国内共享经济相关政策的制定、"共享经济"理念还未被社会公众所接受、对传统行业的冲击等背景下，平台型共享经济商业模式的合法性获取过程会更具挑战。在初创期，滴滴选择有利的组织环境和出租车公司合作，相继发展出租车、专车业务。在面对社会各界对专车服务规范、网约车模式质疑时，滴滴进行"制度创业"，主动发布《打车软件行业使用及服务规范》《互联网专车服务管理及乘客安全保障标准》等规范司机和乘客行为，先于国家制度性政策，争取获得政府以及社会公众认可。

在快速成长期后阶段和领导期，平台型企业通过合法化战略具备了一定的合法性基础，如社会公众接受了共享经济理念和商业模式、国家一系列政策支持使得网约车、网约房合法化，规制压力有一定的缓解。然而，行业服务规范准则、各地方社会观念和传统行业抵制等规范合法化，则是需要逐步推进的进程。如滴滴出行至今没有成功进入锦州，受当地传统出租车行业的排挤；滴滴有效地解决顺风车合法性危机事件也为政府相关部门提供了可借鉴的解决方案，并参与由交通部、公安部等相关组织部门牵头制定的首部网约车、顺风车安全团体标准。值得一提的是，不同业务其面对较强的制度压力时，选择的合法化战略也不一定相同。如滴滴出行在出租车、专车业务上采取依从和选择战略，服从已有的行业规范，而在顺风车、快车业务上则更多地选择操控和创造战略。

　　平台型商业模式简化可以理解成 C2C 型，要求用户间必须面对面后形成交易闭环，而用户提供方和需求方双方行为较为难控，合法性获取难度较大。较"零接触"的层级型和协同型相比，合法化危机事件发生可能性较大且社会负面舆论影响大。滴滴出行经历"烧钱大战""出租车罢工""合并快的"等事件，在社会公众质疑声中成长，但在2018 年滴滴出行迅猛发展时，合法化危机事件再次让滴滴受到打击，滴滴不得不采取一系列合法化策略积极应对。然而，滴滴出行、爱彼迎等平台型共享经济企业，虽然国家政策规制和行业规范都对其平台、车辆、服务提供方用户做了相关规定，但仍需提高个人准入门槛，保障司乘、住户安全。如定期为用户进行心理健康测评、引入第三方信用机制进行信用审核等，尤其是疫情常态化需将健康审查变为日常化审核标准。

## （二）层级型

　　层级型共享经济商业模式在发展初期其本身存在一定的内在经济逻辑，具备一定的合法性特征。具体表现在以下三个方面：

　　（1）共享经济本身受社会公众关注度高，并在国家政策支持和鼓励下迅速发展，共享单车、共享汽车、共享充电宝等层级型共享经济企业以"分时租赁"的新商业模式，提供经济、便捷性的产品与服务，加之以"共享"之名逐渐被政府、用户等外部利益相关者所接受，具有一定程度的认知合法性。

　　（2）层级型共享经济企业均产生、融资或合作于实力雄厚的知名企业，形成结盟，如美团收购摩拜。与有声望的同行企业结成联盟，尤其是对具有中国"原创性"特征的新型共享经济商业模式，不仅有利于增强用户的信心助其获得一定的合法性，还有助于提升企业存活率、实现企业快速成长[①]；如哈啰与蚂蚁金服、深创投等成为重要的战略合

---

① Dacin M. T. Oliver C. , Roy J. P. The Legitimacy of Strategic Alliances: An Institutional Perspective. *Strategic Management Journal*, Vol. 28, No. 2, 2007, pp. 169 – 187.

作伙伴。

（3）重视资源整合、技术与模式创新强（电子围栏、智能锁等核心技术）、层级型集中管理等特点，体现了层级型共享经济企业可以积极采取措施、操控有效资源，主动合法化促进企业成长[1]，具备一定的技术和管理合法性[2]，并为中国共享经济良好有序发展贡献出一定力量。

然而，在快速大规模发展的同时共享单车市场出现了短时期"过山车"式发展，悟空单车、酷骑单车等共享单车企业接二连三倒闭，ofo小黄车等企业退押金难，共享单车乱停乱放等问题造成了恶劣影响。这使得社会公众对整个共享经济模式进行质疑，认为共享经济发展已经"潮退"，共享经济是"伪命题"、是"昙花一现"等负面的舆论大量出现，直接影响公众与市场对共享经济发展的信心和信任。哈啰是在共享单车行业"势头大热"下成立的，其初创期选择三四线城市，采取"农村包围城市"的策略避开 ofo、摩拜等大共享单车企业的竞争；面对行业规范的一系列合法化危机问题，率先推出全国免押金政策来获得公众认可；在快速成长期和领导期，哈啰生产符合新国标标准的助力车和利用社会公众对助力车的认可来游说政府，争取助力车的规制合法性地位；值得一提的是，新冠肺炎疫情给共享单车企业带来了更多机遇，哈啰出行在保障安全防疫的前提下，主动承担社会责任，开创共享员工新模式等提升认知合法性。

以哈啰为代表的共享单车等层级型共享经济企业因其产品与服务无差别化的集中管理，在采取整体化合法化战略时相较于平台型和协同型模式更为有利，因其具备三个明显特征：一是，重资产模式，吸引资本投资；二是，组织集中管理，显现层级型特征；三是，用户更注重产品便捷与经济性，社交互动少。因此，越来越多在共享经济发展初期以闲

---

[1] Tornikoski, E. T., Scott L. Newbert. Exploring the Determinants of Organizational Emergence: A Legitimacy Perspective. *Journal of Business Venturing*, Vol. 22, 2007, pp. 311 – 335.

[2] Ruef M. Scott W. R. A Multidimensional Model of Organizational Legitimacy: Hospital Survival in Changing Institutional Environments. *Administrative Science Quarterly*, Vol. 4, No. 4, 1998, pp. 877 – 904.

置资源、信息匹配为主的平台型企业向层级型模式探索，将平台转移为主要提供信息匹配、交易撮合等服务。滴滴推出青桔单车、共享巴士等重资产业务；与汽车服务公司合作招募专职司机，为司机提供相对优惠的汽车租赁解决方案，从而提升平台的专职司机比例。而协同型企业为了提高社会公众的认可，也下沉发展体验型业务，如闲鱼在重点城市加推闲鱼小站。基于此，本书的研究认为以共享单车为代表的层级型共享经济企业其本身存在一定的内在经济逻辑，具备一定的合法性特征，并不是"昙花一现"。

### （三）协同型

协同型商业模式具备两个突出特点：

（1）重视社交互动，搭建消费社群。协同型平台利用先进的智能技术为用户更准确地匹配感兴趣的内容或群体，增加用户黏性。闲鱼是分享交换闲置的自由市场和以本地和兴趣社区形式成立鱼塘，是阿里巴巴目前催生的第三个万亿级平台。"闲鱼事业部总经理闻仲将闲鱼定义为'反向的微信'，具有强互动特性，是闲置转让社区。用户把自己的闲置像发朋友圈一样发出来，之后其他用户与你交流，促成交易。"

（2）注重核心用户培养，鼓励其协同治理。闲鱼鼓励活跃用户成为鱼塘塘主，赋予用户一定的权利去协助平台进行鱼塘建设、违规内容下架等平台管理，从而维护好网络平台环境。"某一领域的资深爱好者、有一定圈层影响力、芝麻信用 600 分以上的可以申请成为闲鱼塘主。闲鱼还会通过社群运营、数据分析、联动营销等课程，帮助塘主系统化成长。（SB－X）"

与平台型和层级型相比，协同型共享经济企业在采取整体合法化战略时具备三个优势：一是，有一定的用户基础，认知合法性获取较为容易。有一部分协同型企业是成熟的电商平台企业的业务发展如阿里的闲鱼、58 同城的转转，或是成熟的传统行业在线上的转移如在线教育 iToutorGroup、猿辅导等。"闲鱼在线下能够协同整个阿里集团在新零售领域的布局，能协同整个阿里的大的超级 App 流量入口"；二是，准入门槛低，全民参与。协同型模式多为内容分享、二手闲置物品分享，用户准入门槛低，只要手机下载 App 了解相关操作即可随时随地通过分享、售卖等行为参与到共享经济活动中来。这也是 2020 年初在新冠肺炎疫情影响下，抖音、小红书等短视频分享迅速爆红、下载量激增的原因。"用户直接通过淘宝上将买的东西一键转发到闲鱼平台上，省掉了对物品进行编辑拍照，特别方便，增添了生活中的乐趣（FC - X）"；三是，顺应制度政策、社会观念发展趋势，发展初期制度压力较小。"在共享经济的市场培育和国家绿色消费的政策扶持下，加深了人们对于'闲置就是浪费'等共享经济理念的认同作用，助力国内形成类似国外这样相对成熟理性的消费理念。国家也出台《关于促进绿色消费的指导意见》《关于加快发展流通促进商业消费的意见》等，鼓励发展'互联网＋旧货''互联网＋资源循环'，为发展循环经济释放多重政策利好。（SC - X）"

值得注意的是，协同型虽然较易获得合法性地位，但是涉及信用、安全等行业规范仍要进一步提升的。"闲鱼在交易安全方面做得还是比较好的，依托阿里安全防御体系和支付宝担保交易。闲鱼在社区生态的监管上也有所放松。对违反规定的用户仅仅是禁止发布商品，处罚力度太轻。"此外，在疫情影响、闲置经济的背景下，知识共享、二手闲置物品交易等可以"零接触"的协同型模式被公众认可，但相伴合法性问题也暴露出来。目前协同型模式因准入门槛低，其分享的内容也未被限制，但互联网不是法外之地，仍需出台一些有关互联网内容分享方面的管理规制或行业规范的。如 2020 年 8 月短视频分享的吃播被央视痛批，应杜绝粮食浪费[1]。

综上，本书的研究发现不同的共享经济商业模式类型，对共享经济企业合法化获取有一定的调节作用。不同商业模式背靠的是不同的价值创造的服务逻辑、企业运营模式等，即体现了内部制度情境因素对合法化获取的影响。共享经济不同类型商业模式合法化战略对比如表 5 - 7 所示。

---

① 赵光霞、宋心蕊：《杜绝"舌尖上的浪费"，让网络"吃播"更健康》，人民网，2020年 8 月 15 日，http：//media. people. com. cn/n1/2020/0815/c120837 - 31823219. html。

表 5 – 7　　　　　共享经济不同类型商业模式合法化战略对比

| | 平台型 | 层级型 | 协同型 |
|---|---|---|---|
| 领域 | 共享出行、空间等 | 共享单车、充电宝等物品共享 | 内容共享、闲置二手社区 |
| 商业模式特点 | • 闲置资源匹配<br>• 面对面交易形成交易闭环 | • 重资产模式，吸引资本投资<br>• 组织集中管理，层级型特征<br>• 更注重产品便捷与经济性，社交互动少 | • 重社交互动，搭建消费社群<br>• 核心用户协同治理 |
| 领域 | 共享出行、空间等 | 共享单车、充电宝等物品共享 | 内容共享、闲置二手社区 |
| 合法化特点或优势 | • 个体准入门槛较低，合法性挑战大<br>• 传统行业冲突 | • 关注度高，以"共享"之名被公众所接受<br>• 背靠实力雄厚的知名企业，形成结盟<br>• 技术与模式创新强，层级型集中管理 | • 有一定用户基础，认知合法性易获取<br>• 准入门槛低、人人可参与<br>• 规制压力较小 |
| 制度环境影响 | 新模式发展先于公众认知；制度压力大；新冠肺炎疫情带来挑战 | 社会公众认可行业规范压力较大新冠肺炎疫情带来机遇 | 闲置经济、地摊经济、新冠肺炎疫情带来机遇 |
| 存在问题 | 市场准入问题 | 产品质量安全与投放分配被质疑是否为共享经济 | 网络社区规范管理缺乏内容监管等规制限制 |

资料来源：笔者整理所得。

## 三、共享经济商业模式合法化动态发展路径

本书基于"制度环境—获取合法性的行为—合法化结果"的主结构对三家案例企业"初创期—快速成长期—领导期"不同发展阶段的合法性获取进行编码和整理。在合法性获取行为举措中，经编码多次得出了技术赋能、协同治理、模式多元化、互动与价值共创等构念（见表 5 – 8），具体示例如表 5 – 8 所示。这与第四章通过利用 fsQCA 方法解释共享经济企业商业模式分类及其特点，并对不同类型的未来发展路径进行案例分析与探讨，从而总结出的共享经济企业未来发展的三个

趋同路径具有一定的相似性与一致性，即注重用户参与协同治理，趋向社群化发展；鼓励共享经济模式多元化，重视发展"动态化"；深耕智能创新，提高技术赋能能力。因此，此小章节将会从合法性视角对共享经济商业模式组成因素及特点与共享经济企业合法化战略的相关性进行进一步探讨，并得出不同共享经济商业模式合法化的动态发展路径。

表 5-8    共享经济商业模式合法化动态路径部分编码展示

| 类型 | 数据呈现（来源） | 行为举措 | 合法化战略 |
|------|------------------|----------|------------|
| 规制合法性 | 国家出台《关于促进绿色消费的指导意见》，促进二手闲置物品交易的发展，闲鱼"牵手""拍卖"携手打造共享经济，上线拍卖、二手交易、二手车等，去中介化和中介化的多元化选择（SB-X） | 依从环境创造环境 | 模式多元化 |
| 规范合法性 | 闲鱼租房致力于做传统租房行业的"革命者"……同时推出了7天无理由退换房、15天退押金、首月9块9等新服务，深受年轻人欢迎（SA-X） | 创造环境 | |
| 认知合法性 | 柳青发表了主题演讲……提供近两百万的直接的就业机会……解决女性朋友……烦恼，在公车改革以后，有了出租车、专车、快车这样的叫车服务，给很多公务员朋友带来很大的便利……（SB-D） | 操控环境 | |
| 规制合法性 | 交通部明确规定私家车不能作为营运车辆从事营运服务，为了合规我们会与租赁公司合作来获取牌照，他们也会帮我们验车、管理司机、审核、出了问题能帮助我们进行服务处理（FA6） | 依从环境选择环境 | 协同治理 |
| 规范合法性 | 自行车是十二周岁以下，助力车是十六周岁以下，我们在那个App端就是实名认证的环节，直接就把这个相关年龄段就是隔离。我们同时也会配合公安部门，会作一些宣传，包括我们的车上面会有这个16岁禁止骑行的，这些提示等（FA4） | 创造环境 | |
| 认知合法性 | 顺风车事业部发布一封信，公布顺风车业务整改情况和计划。上线"有问必答"，围绕用户关注的问题开展公开讨论、意见收集和回复……并积极探索与第三方信用产品企业合作方式，以便进一步提升用户准入门槛（SA-D） | 操控环境创造环境 | |

续表

| 类型 | 数据呈现（来源） | 行为举措 | 合法化战略 |
|---|---|---|---|
| 规制合法性 | 值得高兴的是助力车在部分城市已有合法化……我们会利用技术帮助政府监管，如济南的"天眼"系统，或用大数据预测同政府科学定制单车投放配额（FA1、FB2） | 操控环境<br>创造环境 | 技术赋能 |
| 规范合法性 | 闲鱼应提高大数据技术等应用完善对买卖双方的相互评价机制，……并公布用户双方的信用值，为其他交易对象提供参考（SB–X） | 创造环境 | |
| 认知合法性 | 企业接二连三倒闭、退押金难、乱停乱放等问题造成了恶劣影响……是"昙花一现"……宣传"绿色出行"，利用电子围栏技术规范用户行为，引用支付宝信用等（SC–H） | 创造环境 | |

## （一）模式多元化

首先，回顾一下价值创造视角下的共享经济商业模式趋同路径，即在第四章通过文献梳理总结出了协作平台、协同治理、互动与价值共创、技术赋能、闲置资源和资产模式作为共享经济商业模式分类基础的组成要素。平台协作是共享经济商业模式类型中必不可少的组成因素，包括数字化平台、实体平台以及垂直投放型平台等。此外，在第三章共享经济背景下用户价值独创机制的构建中，强调了消费社群对用户价值创造行为和结果的调节作用，即协同型模式的用户相较于层级型和平台型更积极主动地互参与到共享经济价值创造活动中来，从而可以创造出更多的个人与社会价值。因此，平台协作的平台模式和消费社群的调节作用可以较为简单地将共享经济商业模式进行分类。

闲置资源、资产模式的选择以及"产品和业务的扩张"最后归纳为趋同路径中的"模式多元化"，这也与编码中"模式多元化"的概念重合。多元化模式趋势满足社会公众的需求，也是获取合法化的一种手段。模式多元化多出现于为了在行业竞争脱颖而出从而获得规范合法性，因此选择创造环境战略开发新产品新模式，如闲鱼"互联网巨头纷纷布局，淘宝闲鱼、58 转转、腾讯也于年中低调上线'闲贝'……闲鱼上线拍卖、二手交易、二手车等，去中介化和中介化的多元化选择①"；或出现于为了符合社会公众的要求依从环境而扩展的业务，如滴滴出行"和优步宣布合并后很多乘客担心打车软件会涨价（SB - D）……所以我们推出了越来越开放的产品去满足各消费群体，推出了快车拼车、顺风车，公交巴士等（FA8）"。

## （二）协同治理

"互动与价值共创"和"协同治理"体现了共享经济的社会效益，两个概念相互关联又有区别：互动与共创是价值创造视角下的用户与企业以及用户间的互动行为以及共同价值创造的结果；而协同治理指的是政府、行业协会、企业以及用户等多利益相关者共同参与企业管理运营。共享经济用户本身"产消者"的身份，用户群体之间和用户与企业之间的互动行为，可以帮助用户与企业在长期的协同演化过程中建立价值连接关系。用户参与价值创造的过程也一定程度上体现了用户参与企业治理，即"协同治理"。可见，在共享经济企业合法性获取过程中，多方参与的协同治理较"互动与共创"涉及面更广、更贴合获得规制、规范等合法性的行为举措。

在案例分析中，协同治理体现在各个发展阶段的三种合法性结果的获取上，更多地出现于企业采用"创造环境"战略积极参与国家和各地方政策法规、行业规范与共同标准制定；"依从环境"战略则为了更好服从政策规定、获得政府以及社会公众认可。哈啰 CEO 助力车总监彭照坤在调研中提及："我们和工信部在制定共享助力电动车的一个团体标准系统，现在还在制定过程中，希望能树立一个行业的公共标准。不管是运营上还是车上都会纳入。这个起草单位还是我们电动车新国标的起草单位，他现在已经是在指导我们。我们哈啰是在里面承担了很多

---

① 孙怡、鲍涵：《二手交易点燃分享经济的另一个高潮》，搜狐，2017 年 2 月 8 日，https：//www. sohu. com/a/125776669_455313。

标准的一个核心起草单位，当然不是我们一家在做，是各家在参与，我们是主导的。我们也是希望将这个市场规则树立起来，要不以后我们也怕无序。我们会形成了 3 个标准。一个是共享助力车本身的标准，第二个是共享助力车运营服务的标准，第三个是共享助力车这个相关的充电标准。"

为了共享经济更加规范、健康的可持续发展，政府、平台企业、用户和行业协会等多方共同参与的协同治理模式是一条必经之路①。在对沈阳市城乡建设局、济南交通局及大连公安局等部门进行了实地调研，都印证了多方协同治理的必要性和可行性。例如，济南交通局负责人表示"济南市的网约车车辆的许可数量在同类城市中偏少，主要是对非法营运的打击力度还需要加强，这需要包括乘客及政府各部门形成共识、形成合力。"

值得一提的是，在 2020 年初新冠肺炎疫情防控的关键时期，多方协同共抗疫情显得尤为重要。滴滴出行在疫情期间在交通运输部公众微信号上号召全体网约车企业共同配合政府做好疫情防控；与金融机构、汽车租赁公司沟通协作，为司机全国范围内顺延租金、为租赁公司提供金融扶持等。同时，一系列保证司乘安全的防疫措施也离不开司机用户的积极配合。

## （三）技术赋能

从价值创造视角来看，技术赋能是指数字化能力会为企业赋能并进一步作用于价值创造过程，主要表现为通过数据赋能②。互联网时代下的共享经济企业一直致力于发展大数据和人工智能等智能技术，盘活原本分散的闲置资源，从而打造多方协同的平台、赋予共享经济用户多重身份以创造价值。主要体现在：具备"产消者"身份的用户在参与共

---

① 秦铮、王钦：《共享经济演绎的三方协同机制：例证共享单车》，载《改革》2017 年第 5 期，第 124～134 页。

② 周文辉、杨苗、王鹏程、王昶：《赋能、价值共创与战略创业：基于韩都与芬尼的纵向案例研究》，载《管理评论》2017 年第 7 期，第 258～272 页。

享经济活动中对智能技术的依赖与应用，以及共享经济企业搭建的数字技术平台利用智能技术对安全性和基础能力支撑保障。从合法性视角来看，企业将深耕智能化技术、提高技术赋能能力作为获得认知合法性、规范合法性的一种手段。主要体现在利用技术升级为用户提升更好的服务体验，如闲鱼利用智能技术进一步优化供需匹配，搭建社区，提高效率；智能技术来规范产品和服务行为和保障用户安全，如继滴滴顺风车事件后，2020 年 7 月首部网约车、顺风车安全团体标准规定了基于人脸识别的人车一致性审查、基于驾驶行为监测的风险评估管控、基于深度学习算法的智能安全派单等新型安全运营策略；以"智能技术"之名提升企业形象从而获得社会公众的认可，如哈啰公关总监提及："科技是最核心的生产力，我们是行业当中第一家发现电子围栏技术，甚至国家的主管部门也没有关注到这一技术能够实现解决乱停乱放的问题。在运营当中也是用科技来配送的，开发了大数据系统用以线下车辆的管理……所以今天我们的业务是基于智能物联网和移动互联网搭建的专业的业务平台。第一是智慧的，第二是高效的，第三是平稳可靠的，第四是我们跟用户之间是相互信赖的关系。"

综上，本书认为，"协同治理""技术赋能""模式多元化"不仅是共享经济企业发展的趋同路径，更是共享经济商业模式获得合法性地位的三大重要合法化战略。值得一提的是，共享经济商业模式随市场发展阶段和用户需求动态性变化，与企业合法化过程中适应性和动态化的特征具备一定的相似性。因此，本节在合法性视角解读共享经济三大合法化战略的基础上，构建出不同共享经济商业模式类型合法化的动态发展路径（见图 5 - 6）。

图 5 - 6 分别展示了平台型、协同型和层级型共享经济商业模式的合法化动态发展路径。其中，"X""Y""Z"分别代表了在总体方向上呈"高技术赋能""高协同治理""多元化模式"趋势；阴影三角形面积体现了不同商业模式发展初期合法化元素的组成，箭头体现动态化路径发展方向，"红点"为本书中研究各类型代表性案例企业。

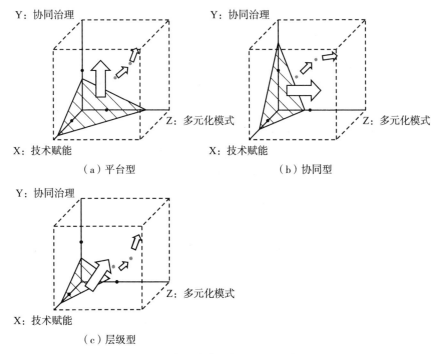

图 5 - 6　分享经济商业模式合法化发展路径

共享经济是"互联网＋"背景下发展的一种经济新业态、新的商业模式，其发展离不开智能技术的加持。技术赋能能力的提升是保障共享经济企业具备持续性获得合法性能力的基础。在调研中发现，无论平台型滴滴出行还是层级型的哈啰出行都将其定义为大数据高科技公司而不是单纯的交通出行公司，均旨在利用智能技术创造新的模式，采用能动的合法化战略拓展智慧交通的可能性，从而获得政府以及社会公众的认可。滴滴研究院副院长提及："滴滴除了是一个出行服务的公司，更多的是一个大数据公司，我们也在思考怎么用大数据来服务于司机与乘客，也在智慧交通方面进行发力，把大数据能力（储存、挖掘、应用、赋能）更好地服务于城市管理、其他的企业，解决交通拥堵、城市规划的问题……另一方面要把平台治理、效率做好。"同时，协同型闲鱼根植于拥有成熟互联网技术的阿里电商平台，在"鱼塘"社区搭建、兴趣用户更优匹配、塘主对鱼塘协助监管等都离不开技术赋能能力的提升。因此，共享经济企业无论以何种模式类型呈现，都离不开提升技术赋能能力来获取合法性地位，在后续不过多解释该趋势。

平台型模式本身就具备高技术赋能以及非单一的业务模式，主要采用协同治理战略。在合法性进程中，为了获得更多的社会公众认可（认知合法性）和在行业产品与服务竞争脱颖而出（规范合法性），平台型会采用模式多元化战略。滴滴出行副总裁柳青的某一次公开演讲提及"我们推出了越来越开放的产品去满足各消费群体，推出了快车拼车、顺风车，公交巴士等"。然而，由于平台型商业模式本身是以双方用户面对面（C2C）才能完成交易闭环，用户参与平台协同治理可以协助企业更易获得合法性地位。最具代表性的是滴滴顺风车合法化危机事件的后续处理以及网约车、顺风车等行业标准的制定等，由用户、政府、行业协会等多方参与的协同治理逐渐成为平台型企业共享经济企业合法化发展的一种必备手段。

层级型合法化发展进程则以模式多元化和协同治理为主，技术赋能为辅。以发展速度快、规模大为特点的层级型模式，在最初发展阶段将面临市场准入门槛低、产品投放"单一化"、同行竞争大等问题。因此，层级型企业为减轻规范制度压力，以多元化来吸引消费者、培养用户黏性。哈啰出行，从初创期涉及单车和助力车产品的"哈啰单车"，升级为涵盖顺风车业务、电动车租售平台和换电业务的"哈啰出行"，再到2020年4月App改版打造"出行＋本地生活"的全方位共享平台。而由助力车产品合规性引发的制度压力、共享单车行业竞争与使用规范等规范压力，则需企业积极主动地号召用户、行业协会等利益相关者配合政府部门共同治理，从而解决产品合规、模式认可、行业规范等发展出现的一系列合法性问题。

与平台型和层级型不同，协同型模式本身具备高协同治理特点，主要体现于平台的内部制度环境。平台赋予用户更多的权利，让其协助平台内部社区的搭建与日常运作的管理。如某一闲鱼塘主提及："作为塘主我们负责鱼塘日常维护、管理；闲鱼会给我们做一定的培训与指导；我们主要对鱼塘内用户发布不合规内容进行下架或处罚措施等。"因此，该类型模式在合法化进程中，以技术赋能和协同治理为底层支撑，主要采取模式多元化的战略顺应已有的价值观念（规范合法性）、获得社会公众的认可（认知合法性）。该类型企业往往存在头部竞争激烈，利用模式多元化来发挥长尾优势。

## 第四节 本章小结

为了完成第三个研究问题"共享经济商业模式组织合法性获取机制研究"，本章将进行多案例的研究设计、分析与讨论。

首先，本书在研究范式上选择探索性的案例研究。本书主要探讨共享经济企业成长过程中获取合法性演化的问题，涉及企业在不同发展阶段合法性获取方式，满足案例研究中"怎么样"（how）和"为什么"（why）的要求①。在分析逻辑上采用了尹提出的"可复制的多案例设计"。同时，在案例选择上遵循理论抽样的原则②，选择滴滴出行、哈啰和闲鱼三家共享经济企业作为案例研究对象，符合案例选择所具备的企业典型性与内容适配性、逻辑可复制性以及数据可获得性三个要求。在数据收集上基于埃森哈特的多来源数据收集方法③。研究广泛收集了案例企业相关的一手和二手数据，形成证据三角形④。最后，在数据分析上，借鉴苏敬勤、单国栋将案例企业发展的关键阶段划分为初创期、快速成长期和领导期三个阶段⑤。在逻辑上采用迈尔斯、胡伯曼的归纳

① Yin，R. K. *Case Study Research*：*Designand Methods*（5th）. London：Sage Publications，2014.

② Eisenhardt K M，Graebner M E. Theory Building From Cases：Opportunities and Challenges. *Academy of Management Journal*，Vol. 50，No. 1，2007，pp. 25–32.

③ Eisenhardt K M. Building Theories from Case Study Research. *Academy of Management Review*，Vol. 14，No. 4，1989，pp. 532–550.

④ Yin R K. *Case Study Research*：*Design and Methods*. 4th edn. Thousand Oaks，CA：Sage，2009.

⑤ 苏敬勤、单国栋：《本土企业的主导逻辑初探：博弈式差异化——基于装备制造业的探索性案例研究》，载《管理评论》2017 年第 2 期，第 255～272 页。

式分析方法①，对编码进行解释和整理后，得出"环境—行为—结果"这一主结构归纳出"核心范畴"（core category），并做理论饱和度检验。

此外，本章探讨共享经济企业在其"初创期—快速扩张期—领导期"不同发展阶段，采取哪些合法化策略来应对各阶段存在的有利的制度环境或制度压力，即案例分析部分，具体而言：

初创期，滴滴出行主要面临了较大的制度压力：从规制压力上，网约车模式如何获得政府认可、获得经营许可；从规范压力上，遵从传统出租车行业规范存在的不适宜性；从认知压力上，司机、用户等社会公众对"互联网＋出行"模式和技术等方面的质疑等。然而，哈啰和闲鱼的初创期是在良好的政策性支持、一定的公众认可背景下发展的，但也存在一定难度的制度压力。就哈啰而言，主要面对的规制压力是如何因地制宜的满足地方性相关政策规范以及在"不鼓励发展互联网租赁电动自行车"背景下如何发展助力车；在规范和认知压力上，则解决社会公众对共享单车企业陆续倒闭、退押金难等问题的质疑以及提升行业服务规范。就闲鱼而言，一是规范压力，体现在行业竞争、二手闲置的行业规范与服务标准以及信用问题；二是认知压力，如何让更多的人接受闲置共享，认可其理念和模式。

在快速成长期，三家企业都在原有业务基础上进一步扩展业务线，使得产品多元化，也通过其初创期的努力均获得一定的合法性地位。虽然网约车规制上合法化，但实际"三证合一"落地到地方难，而顺风车"空姐被杀"事件，给滴滴出行在规范和认知合法性获取上带来了前所未有的挑战。哈啰出行通过信用免押、"绿色共享出行"等媒体宣传，使得哈啰进一步获得社会公众的认可，但仍然需要解决初创期遗留下来的合法性问题。主要体现在助力车产品合法性问题以及各地方政府对共享单车和助力车的市场准入问题。然而，闲鱼的制度压力主要体现在行业竞争、新业务对传统行业的挑战、二手闲置的行业规范与服务标

---

① Miles M B., Huberman A M. *Qualitative Data Analysis: An Expanded Sourcebook*. 2nd edn. Thousand Oaks, CA: Sage, 1994.

准以及信用问题的规范和认知压力。

三家企业采取合法化战略积极应对快速成长期所遇到的各方面合法化问题或突发合法化危机事件，在一定程度上获得了合法性地位。然而，合法化是一个持续性、动态化的进程，企业在其领导期仍要解决先前遗留的以及新的制度情境下所遇到合法性问题。值得关注的是，2020 年初新冠肺炎疫情给不同商业模式的共享经济企业带来了机遇与挑战。"闲置"属性的协同型企业闲鱼翻倍增长，无接触的层级型共享单车成为鼓励出行的首选，然而必须面对面完成交易闭环的滴滴网约车则再一次面临合法性挑战。

最后，共享经济企业合法性获取机制展示了企业在发展的各个阶段应综合运用合法化行为举措，即将依从、选择、操控、创造四个合法化战略有效结合起来，不能将其割裂，从而获得规制、规范以及认知合法性。研究发现：共享经济具有长期存在的经济逻辑和组织逻辑，其的存在具有一定的合理性。同时，共享经济企业可以基于制度情境进行合法化的战略选择[①]，通过采取相应的合法化战略提升其合法性地位，使得企业具备可持续发展的能力。同时，制度压力会随着企业获取合法化进程的推进而递减，从而逐渐转换成较有利的制度环境。然而，合法化是一个动态的过程，不仅依赖于不同的制度文化环境，也受企业本身以及整体行业发展趋势的影响，因此合法化进程是循环反复的，企业应有处理合法化危机事件的能力。

本书在构建共享经济商业模式合法性获取机制的基础上，对平台型、协同型和层级型三种不同商业模式类型合法化战略对比，从而构建出不同共享经济商业模式类型合法化的动态发展路径。

---

① Zimmerman M A, Zeitz G J. Beyond Survival: Achieving New Venture Growth by Building Legitimacy. *Academy of Management Review*, Vol. 27, No. 3, 2002, pp. 414 – 431.

# 第六章

# 结论与建议

## 第一节 研究结论

本书完成了最初的研究计划，回答了研究问题，达成了研究目标，主要研究结论如下：

### 一、共享经济价值创造机制构建，为共享经济商业模式研究打下坚实基础

研究较为全面、系统地梳理了共享经济及其商业模式、价值共创与独创理论的内涵、分类、基本特征以及相关研究现状，为进一步共享经济商业模式研究打下基础。先前研究通过美国优步（Uber）和滴滴出行案例的对比研究提出共享经济商业模式具备提倡分享概念、搭建互联网平台、提供个性化服务、建立信任机制、重塑供需匹配五个基本特点，这些共同点形成了在共享经济背景下新型商业模式雏形框架特征。价值创造视角一直是研究商业模式的热点，共享经济商业模式也不例外。目前学术界更倾向用价值共创理论来解释共享经济，即企业与用户间共同

的价值创造①，而独立于共享经济企业的价值创造活动即用户价值独创则鲜有探讨。

随着共享经济的发展，用户更加主动地参与到价值创造活动中来，用户价值独创成为共享经济背景下的独特价值创造方式。基于此，第三章主要探寻基于价值共创与独创理论视角下的共享经济是如何进行价值创造的，也是完成第一个研究问题。研究归纳总结用户价值独创的含义和基本特征，以共享经济平台型企业爱彼迎和社群型闲鱼为例，进行双案例比较研究并通过扎根编码构建出基于"动机—行为—结果"的共享经济用户价值独创运行机制。同时，对"共享经济与传统经济价值创造服务层次"以及"消费社群、社群经济与共享经济"进行探讨。

研究发现：用户价值独创受环境因素影响的同时消费社群具有重要的调节作用。共享经济价值创造的服务逻辑以及服务层次是主要区别于单一层次服务逻辑的传统经济价值创造的一大特点，共享经济价值创造服务层次细分为三个服务层次，简单表示为"企业—用户""P 用户—D 用户"以及"服务提供方—D 用户"三个层次。该章结论引发了共享经济企业如何应对不同制度环境提升合法性地位以及不同共享经济模式对价值创造不同的思考。这也为后续研究引申的将解决的两个研究问题，即研究问题二"共享经济商业模式的分类及趋同路径的探讨"；以及研究问题三"共享经济商业模式组织合法性获取机制的研究"。

## 二、共享经济商业模式分类与发展路径探索

共享经济作为互联网时代下的一种新型商业模式和价值创造方式，其商业模式的分类一直是学者们所关注的重点。在后疫情时代和新常态背景下，为了促进共享经济健康可持续发展，共享经济商业模式的分类标准，以及影响其模式呈现的决定因素是急需被厘清的。为完成研究问

---

① 王水莲、李志刚、杜莹莹：《共享经济平台价值创造过程模型研究——以滴滴、Airbnb 和抖音为例》，载《管理评论》2019 年第 7 期，第 45~55 页。

题二，第四章通过对相关文献进行系统梳理，归纳总结出共享经济商业模式的六个维度：协作平台、闲置资源、互动与共创、协同治理、资产模式与技术赋能。采用与商业模式要素研究相匹配的具备整体论、组态思维的模糊集定性比较分析（fsQCA）方法，将全球 40 家代表性共享经济企业分成四种共享经济商业模式类型，即轻资产共创协同型、重资产层级型、资源共享平台型和实体空间低技术型，并对不同类型的未来发展路径进行案例分析与探讨，在一定程度上完善了共享经济商业模式理论框架。

此外，本书总结了共享经济未来发展的三条趋同路径以便企业及时调整战略：企业应注重用户参与协同治理，趋向社群化发展；鼓励共享经济模式多元化，重视发展"动态化"；深耕智能创新，提高技术赋能能力。同时，传统企业尤其是制造业产业可优先选择重资产层级型或实体空间低技术型共享经济商业模式作为企业转型升级的发展路径。

## 三、共享经济商业模式合法性获取机制研究

最后，为了完成第三个研究问题"共享经济商业模式合法性获取机制研究"，本书采用了尹提出的"可复制的多案例设计"[1]，选择滴滴出行、哈啰和闲鱼三个共享经济企业作为研究对象，通过"环境—行为—结果"主结构分析和探讨共享经济企业在其"初创期—快速成长期—领导期"不同发展阶段，采取哪些合法化策略来应对各阶段存在的有利的制度环境或制度压力。

在构建共享经济商业模式合法性获取机制的基础上，对平台型、协同型和层级型三种不同商业模式类型合法化战略对比，从而构建出不同共享经济商业模式类型合法化的动态发展路径。

研究发现：共享经济商业模式类型，对共享经济企业合法化获取有

---

[1]　Yin R K. *Case Study Research*：*Design and Methods*. 4th edn. Thousand Oaks，CA：Sage，2009.

一定的调节作用，体现了内部制度情境因素对合法化获取的影响。共享经济商业模式随市场发展阶段和用户需求动态性变化，与企业合法化过程中适应性和动态化的特征具备一定的相似性。"协同治理""技术赋能""模式多元化"不仅是共享经济企业发展的趋同路径，更是共享经济商业模式获得合法性地位的三大重要合法化战略。

## 第二节　理　论　贡　献

本书的理论贡献有以下三点：

### 一、运用价值共创和独创理论对现有共享经济研究的丰富

目前，有关共享经济的研究多侧重于企业的研究，主要涉及共享经济平台组织及分类、平台治理、商业模式理论与案例研究等，而对共享经济用户的管理类研究相对较少，多集中于营销领域如共享经济参与者的动机与消费行为。因此，本书的前期研究不局限于对共享经济企业研究的思维逻辑，而是了解共享经济用户如何独立于平台进行价值创造的。在以往的研究中，用户被视为企业外部的要素之一。然而，在数字经济时代下，共享经济改变了传统的交易与价值创造模式，带来了全球范围消费者和企业的行为的创新，用户呈现内部化特征[1]。共享经济用户在价值创造中被赋予更多的主导权利，用户与平台以及用户间更为平等化[2]，共享经济用户扮演着"产消者"的角色[3]，与平台企业共同构

---

[1]　Chen Y, Wang L. Commentary: Marketing and the Sharing Economy: Digital Economy and Emerging Market Challenges. *Journal of Marketing*, Vol. 83, No. 5, 2019, pp. 28 – 31.

[2]　王水莲、李志刚、杜莹莹：《共享经济平台价值创造过程模型研究——以滴滴、Airbnb 和抖音为例》，载《管理评论》2019 年第 7 期，第 45 ~ 55 页。

[3]　孟韬：《网络社会中"产消者"的兴起与管理创新》，载《经济社会体制比较》2012 年第 3 期，第 205 ~ 212 页。

成共享经济商业生态系统。由此可见，研究问题一中对用户价值独创机制的构建以及价值服务层次的探讨是共享经济研究的非常重要补充。

近几年，价值创造是国内外学者争相研究的热点①。目前学术界更倾向用价值共创理论来解释共享经济，即企业与用户间共同的价值创造②，而独立于共享经济企业的价值创造活动即用户价值独创则鲜有探讨，还未形成较为系统的理论。虽然，国内学者杨学成、涂科首次将顾客独创价值理论应用于共享经济，强调用户价值独创是共享经济背景下的独特价值创造方式③。但其并未将其作为研究重点，并认为用户价值独创只发生在用户接触阶段，具有一定局限性。然而，本书认为用户价值独创发生在价值创造的各个阶段，并因共享经济价值创造服务层次的复杂性和参与主体角色动态化，在不同层次下价值共创和独创表达方式并非一成不变，可以转化。在共享经济这一新情境下，价值创造的参与者不再单单是用户与平台，用户间也可以独立于企业（平台）创造价值。除价值共创外，价值独创和社会化共创也是共享经济背景下的独特价值创造方式。基于价值共创和独创的视角，对共享经济价值创造服务层次进行探讨，并将互动价值共创作为评估共享经济商业模式的重要维度之一，从而对商业模式进行分类与后续研究，使得更有理论意义与创新性。

## 二、探索共享经济商业模式基础问题以此丰富企业组织理论

共享经济作为一种新业态、新的商业模式，深入了解其商业模式分

---

① Malin, H. N., Tomas B. "Co-creation as a Strategy for Program Management". *International Journal of Managing Projects in Business*, Vol. 8, No. 1, 2015, pp. 58 – 73.

② 杨学成、涂科：《共享经济背景下的动态价值共创研究——以出行平台为例》，载《管理评论》2016 年第 12 期，第 258～268 页。

③ 杨学成、涂科：《行共享中的用户价值共创机理——基于优步的案例研究》，载《管理世界》2017 年第 8 期，第 154～169 页。

类及其动态发展路径，具有一定的理论意义和实践价值。本书突破了传统的实证研究方法，采用定性与定量方法相结合的模糊集定性比较分析方法，探索了商业模式中不同要素之间的复合组态分别对共享经济企业成熟度的影响 QCA 方法在商业模式研究的应用，尤其是对共享经济商业模式分类基础研究的一个丰富，也进一步验证 QCA 方法与商业模式研究的契合度。而在案例的选择上，与前人研究相比，本书涉及全球各行业共享经济领军企业也有新兴的独角兽企业，更具有一定必要性和代表性。此外，在商业模式维度和结果变量的设计上，更具全面性与时效性，如技术赋能与资产模式转型是同在互联网背景下共享经济企业关注的热点。

此外，本书考虑共享经济企业可持续发展的"动态性"特征，认为共享经济企业商业模式不是一成不变，模式间可相互转换，是可动态调整的，这也是区别于穆尼奥斯、科恩[1]，孙凯、王振飞和鄢章华等前人"静态"商业模式分类研究的又一创新点[2]。同时，本书得出的共享经济商业模式分类结果为后续合法性获取机制研究案例选择依据做铺垫。由此可见，本书不仅在一定程度上完善共享经济商业模式理论框架，还体现了新研究方法在共享经济领域中的应用即具备定性与定量相结合的模糊集定性比较分析（fsQCA），从而进一步增强共享经济的解释力，从而揭开共享经济组织的"黑箱"。

## 三、构建共享经济商业模式合法性获取动态机制，丰富了合法性在商业模式领域的应用

如何获取合法性地位一直是理论上重点研究的问题，但以往研究多集中于组织层面，或是行业层面，有关企业战略层面尤其是商业模式的

---

[1]　Muñoz P, Cohen B. Mapping Out the Sharing Economy：A Configurational Approach to Sharing Business Modeling. *Technological Forecasting and Social Change*，Vol. 125，2017，pp. 21 – 37.

[2]　孙凯、王振飞、鄢章华：《共享经济商业模式的分类和理论模型——基于三个典型案例的研究》，载《管理评论》2019 年第 5 期，第 97～109 页。

合法性研究相对较少。然而，目前有关制度环境对共享经济的影响①②，以及共享经济企业合法性获取的研究③，更多倾向于理论演绎，侧重政策规制层面治理，而实证研究较少。

因此，本书采用多案例实证研究方法探寻不同类型的共享经济商业模式在企业成长各个阶段的合法性动态获取机制，在研究内容和研究方法都有一定的创新与理论贡献。

## （一）从研究内容方面

（1）本书认为组织合法性获取是进行商业模式创新的共享经济组织自适应环境、制度性嵌入的过程。在政府政策等正式制度缺失下，共享经济企业的"领头羊"们可以主动嵌入已有制度的基础上，自发地制定和发展行业规范和服务准则等，自下而上地进行制度变革等合法性行为举措，从而逐渐获取合法性资源。同时，合法性可作为无形资源，成为共享经济商业模式竞争优势的来源。因此，本书不仅丰富了合法性在企业战略层面尤其是商业模式的研究，还将其应用于共享经济新情境下，尤其是探讨了新冠肺炎疫情的影响，使得研究具备一定时效性。

（2）研究考虑了制度环境的复杂性以及内部制度因素（商业模式类型不同）对合法性获取的影响，企业应采取整合的视角去综合运用合法化战略；

（3）研究强调了合法化的"动态性"特征，探寻了共享经济商业模式类型转化与企业合法性获取"动态化"有一定的相关性，即"协同治理""技术赋能""模式多元化"不仅是共享经济企业发展的趋同路径，更是共享经济商业模式获得合法性地位的三大重要合法化战略。

---

① 林润辉、谢宗晓、王兴起、魏军：《制度压力、信息安全合法化与组织绩效——基于中国企业的实证研究》，载《管理世界》2016 年第 2 期，第 112～127、188 页。

② Mair J, Reischauer G. Capturing the Dynamics of the Sharing Economy：Institutional Research on the Plural Forms and Practices of Sharing Economy Organizations. *Technological Forecasting and Social Change*，Vol. 125，2017，pp. 11～20.

③ 姚小涛、黄千芷、刘琳琳：《名正则言顺？——"共享"之名下的共享单车商业模式与制度组凑案例探析》，载《外国经济与管理》2018 年第 10 期，第 139～152 页。

（二）在研究方法方面

本书采用的多案例研究方法，涉及平台型、协同型和层级型三种不同类型的共享经济企业，这与先前学者采用单案例研究相比，结果更具有普适性。

## 第三节　管理与政策建议

### 一、企业应重视用户价值创造，鼓励用户参与协同治理，积极搭建消费社群从而提升企业创新能力

在共享经济情境下，价值主要产生于用户间的日常生活，企业无法像以往在传统经济中那样去控制和主导价值创造的过程①，用户价值共创和独创是价值产生的关键方式。因此，共享经济企业应改变传统的管理理念，主动承担价值创造的"辅助者"身份，重视具有"产消者"角色的用户进行价值创造，鼓励其参与企业的日常治理。此外，拥有共同兴趣和共同意向的消费社群可以激活共享经济用户的创造力从而产生更大的价值。共享经济企业应利用大数据等智能技术对用户偏好、兴趣等进行深度分析，搭建用户消费社群，增强用户黏性，从而产生更大的经济价值。用户消费社群的搭建不仅有利于为共享经济用户提供了更便捷的创新环境，还激发亿万群众智慧和创造力，这也对我国传统企业加速转型升级具有一定的借鉴意义，为我国"双创"提供支撑。

---

① Martin C J. The Sharing Economy: A Pathway to Sustainability or a Nightmarish form of Neoliberal Capitalism? . *Ecological Economics*, Vol. 121, 2016, pp. 149 – 159.

## 二、企业应结合"中国情境"，具备"动态"能力，提升合法性地位

制度环境影响企业战略选择以及合法化获取的进程，因此企业必须时刻持有可持续发展的"动态性"观点，清楚地把握情境变化来进行战略选择和组织管理。共享经济商业模式不是一成不变，模式间可相互转换，是可动态调整的。这与受外部环境影响合法化具有动态性，合法性是一个动态的过程相吻合。"滴滴顺风车空姐被杀"导致的顺风车无限期下架，体现了共享经济企业即使获取一定的合法性地位，其随后的运营过程也会面临很多影响合法性的事件。因此，共享经济企业需要在了解"中国情境"的基础上，应用"动态"的视角时刻调整企业合法化战略，借助特定的社会情境和制度环境中的有利条件进行资源组凑或商业模式创新，从而尽可能地快速提升企业合法性地位。

## 三、政府应坚持"包容审慎"态度，鼓励共享经济模式多元化发展，构建全面的共享经济政策体系以及市场准入机制

共享经济作为一种新业态、新模式，其发展则需要更加开放包容的监管理念以及支持和鼓励的监管态度。因此，我国共享经济相关政策制定应坚持"包容审慎"原则，"规范"与"发展"互相平衡协调，即在规范中促进健康发展，过于严格或宽松的准入标准均会伤害共享经济在我国的健康发展，与推动该新业态、新模式发展以促进我国供给侧改革、创新创业战略实施的初衷相悖。同时，鼓励共享经济模式创新与多元化发展，发挥市场机制主导的力量；也要求监管者在制定监管规则时须周密慎重，需要控制共享经济可能带来的社会危害和经营风险，在看不清、认不准的情况下，避免简单提高市场准入门槛、"一刀切"的做法。共享单车作为共享出行领域的又一重大创新和中国原创性共享产品，在快速发展和监管中存在很多问题，如各地监管部门不一致、过分

解读政策内容"不鼓励等于不发展共享电动车"等。这也体现了出行市场目前缺乏更科学透明的企业引入及退出及管理机制。

市场准入是一种重要的、综合的、动态的规制手段，能够有效矫正市场失灵。因此，政府积极适应行业发展新态势，可以从企业准入、个体准入、产品准入和区域准入四个维度入手对共享经济市场准入机制进行构建，适当降低市场准入门槛，进一步引导共享经济企业健康成长，这对释放共享经济优势、促进共享经济未来可持续发展尤为重要。

## 四、提倡构建多主体协同治理体系，共享共治共建共享经济智能化治理路径

共享经济健康有序的发展需要政府、企业和社会公众的共同努力。与传统经济不同，共享经济渗透领域广泛，涵盖出行、住宿、教育、医疗、制造等诸多行业，且多数行业尚未制定出统一的标准。政府部门作为主要规制主体尚无法掌握其准确发展规律。解决共享经济发展中出现的问题并促进其健康可持续发展，迫切要求由原来的政府主导的市场监管转变为政府、平台企业、行业协会、用户等多方共同参与的协同治理。平台企业在一线与双边用户密切接触，掌握用户数据和相应的技术能力，在某些方面，比政府部门更适于实施规制、治理机会主义行为。尤其是滴滴、爱彼迎等一些龙头平台企业更适合提出较为规范的产品与服务行业标准，并具有行业号召力。与传统的"政府—企业"的规制范式相比，平台企业及龙头平台企业是共享经济规制实施的一种特殊主体，使得规制范式转变为"政府—平台企业—企业/用户"。

同时，搭建社会公众反馈的渠道，保障社会公众的利益，并能够提高来自社会的监督效率。例如：滴滴顺风车整改期间组织了公众评议会听取意见。此外，共享经济企业应提升技术赋能能力，依托大数据技术，提高政府与平台企业之间的数据共享水平，努力搭建政企数据共享平台，保障服务质量与用户信息安全。此外，随着大数据、人工智能等技术进步，遇到监管难题应当从实际和需求出发，多规制主体互相配合

给出有效的优化解决方案，包括部分政策规定应进行适当调整。

值得一提的是，2020 年初暴发的新冠肺炎疫情对共享经济不同领域、不同模式的发展产生了巨大影响，既有"冲击"也有"刺激"，其中共享住宿、共享出行等 O2O 融合程度高且必须线下完成交易闭环的平台受冲击较大。就此，发改委等 13 部门联合出台了对新业态新模式健康发展的指导意见，"抗疫与发展并重"的客观需要倒逼共享经济等新业态制度创新加速。

基于此，本书为了进一步凸显结论的实践性和时效性，将所总结的共享经济商业模式趋同路径与合法化动态发展路径应用于共享经济企业应对突发疫情所带来的合法化挑战以及未来疫情常态化的战略调整，从而提出以下三个建议：

（1）面对监管经营等压力时，企业应重视协同治理的作用，积极与政府、行业协会等形成合力，鼓励共享经济用户参与"抗疫"的进程中来。

（2）企业应持有发展"动态化"的观点，相信疫情带来的冲击只是暂时的，善于将抗击疫情期间在知识共享、闲置二手交易等领域涌现的新模式视为"契机"，促进商业模式成熟化、多元化。

（3）企业应持续智能化技术升级和商业模式创新，将其应用于布局未来、提升企业核心竞争力、加强安全与合规建设等方面，从而为用户带来更好的体验和更多的价值。

然而，就传统企业尤其是制造业产业而言，应重视资源开放共享以及平台对制造企业的赋能作用，积极探索共享制造的商业模式和适用场景，促进生产工具共享。这也一定程度上为"十四五"期间制造业转型发展提供了新契机。

## 第四节　局限与展望

虽然本书从价值共创和独创理论视角入手，运用合法性相关理论，结合案例研究、QCA 等多种研究方法，对共享经济价值服务层次、共享经济商业模式基本特点与分类以及合法性获取进行较为深入探讨，全面回答了所提出的研究问题，达成了计划的研究目标。但不能否认的是，研究限于研究主题与文章篇幅仍有一些值得深入研究和思考之处，有待未来研究进行解决与探讨。

从研究方法上，研究通过多种数据收集来保证研究的信度和效度，但构建的理论框架是通过扎根理论编码构建的，在编码过程中会具有一定的主观性，是否涵盖了应研究的所有因素还值得深入探讨。因此，未来研究可以采用更多的研究方法，进行综合运用设计，如应用 QCA、社会网络分析、大样本统计检验、元分析、实验法等进行定性与定量相结合的研究，增强研究的信度和效度。

从研究内容上，未来可基于本书构建的共享经济企业合法化获取机制进一步探寻共享经济商业模式类型的调节作用，以及内部制度情境因素的影响作用；可围绕共享经济新领域、不同类型商业模式以及可持续商业模式创新进一步探索，如疫情期间出现的共享员工模式、"十四五"规划的共享制造模式等；制度压力下共享经济合法性获取和制度创业；也可探寻共享经济多主体协同治理机制的构建入手，探讨政府、行业协会、企业、用户等不同共享经济参与者在合法化进程中承担不同职能与作用；侧重共享经济相关政策性研究，如构建规范发展相协调的共享经济市场准入机制及全面政策体系研究等。

从研究视角上，研究基于价值共创与独创视角入手，未来可以继续相关研究如基于用户价值独创视角下的共享经济企业商业模式创新的研究；不同制度环境对共享经济用户价值独创行为的影响；在研究发现共享经济商业模式和合法化进程的"动态"特征，未来可以采取动态能力视角对共享经济进一步探索；同时也可以对相关组织研究，如社群组织形成机制等。

# 参 考 文 献

［1］蔡宁、贺锦江、王节祥：《"互联网＋"背景下的制度压力与企业创业战略选择——基于滴滴出行平台的案例研究》，载《中国工业经济》2017 年第 3 期。

［2］程宣梅、谢洪明、陈侃翔、程聪、王菁、刘淑春：《集体行动视角下的制度逻辑演化机制研究——基于专车服务行业的案例分析》，载《管理科学学报》2018 年第 2 期。

［3］陈怀超、陈安、范建红：《组织合法性研究脉络梳理与未来展望》，载《中央财经大学学报》2014 年第 4 期。

［4］邓晓辉、李志刚、殷亚琨、武琼：《企业组织正当性管理的修辞策略》，载《中国工业经济》2018 年第 4 期。

［5］杜运周、任兵、张玉利：《新进入缺陷、合法化战略与新企业成长》，载《管理评论》2009 年第 8 期。

［6］杜运周、贾良定：《组态视角与定性比较分析（QCA）：管理学研究的一条新道路》，载《管理世界》2017 年第 6 期。

［7］杜运周、尤树洋：《制度逻辑与制度多元性研究前沿探析与未来研究展望》，载《外国经济与管理》2013 年第 12 期。

［8］杜运周：《组织与创业领域——组态视角下的创业研究》，载《管理学季刊》2019 年第 3 期。

［9］高素英、张烨、王羽婵：《共享经济商业模式要素联动机理研究》，载《商业研究》2017 年第 11 期。

［10］关钰桥、孟韬：《共享经济背景下企业商业模式比较分析——以美国 Uber 与中国滴滴为例》，载《企业经济》2018 年第 4 期。

［11］国家信息中心：《中国共享经济发展报告（2021）》，国家信息中心官网，2021 年 2 月 19 日。

［12］缑倩雯、蔡宁：《制度复杂性与企业环境战略选择：基于制度逻辑视角的解读》，载《经济社会体制比较》2015 年第 1 期。

［13］郝金磊、尹萌：《共享经济：赋能、价值共创与商业模式创新——基于猪八戒网的案例研究》，载《商业研究》2018 年第 5 期。

［14］李鸿磊：《基于价值创造视角的商业模式分类研究——以三个典型企业的分类应用为例》，载《管理评论》2018 年第 4 期。

［15］姜奇平：《共享经济：垄断竞争政治经济学》，清华大学出版社 2017 年版。

［16］李永发、李东、张尚民：《新商业模式的二元性：合法性与异质性》，载《科技进步与对策》2017 年第 3 期。

［17］李耀、王新新：《价值的共同创造与单独创造及顾客主导逻辑下的价值创造研究评介》，载《外国经济与管理》2011 年第 9 期。

［18］李耀、周密、王新新：《顾客知识对顾客独创价值行为的驱动机理：一个链式中介模型》，载《管理评论》2017 年第 7 期。

［19］李耀：《顾客主导逻辑下顾客单独创造价值——基于认知互动视角的实证研究》，载《中国工业经济》2014 年第 1 期。

［20］李耀：《顾客单独创造价值的结果及途径——一项探索性研究》，载《管理评论》2015 年第 2 期。

［21］李耀、周密、王新新：《顾客独创价值研究：回顾、探析与展望》，载《外国经济与管理》2016 年第 3 期。

［22］罗兴武、项国鹏、宁鹏、程聪：《商业模式创新如何影响新创企业绩效？——合法性及政策导向的作用》，载《科学学研究》2017 年第 7 期。

［23］林润辉、谢宗晓、王兴起、魏军：《制度压力、信息安全合法化与组织绩效——基于中国企业的实证研究》，载《管理世界》2016 年第 2 期。

［24］刘大洪：《网约顺风车服务的经济法规制》，载《法商研究》

2020 年第 1 期。

[25] 马化腾等：《共享经济：供给侧改革的新经济方案》，中信出版社 2016 年版。

[26] 孟韬、关钰桥、董政、王维：《共享经济平台用户价值独创机制研究——以 Airbnb 与闲鱼为例》，载《科学学与科学技术管理》2020 年第 8 期。

[27] 孟韬、关钰桥、董政：《共享经济商业模式分类及其发展路径研究——基于 fsQCA 方法》，载《财经问题研究》2020 年第 12 期。

[28] 孟韬：《网络社会中"产消者"的兴起与管理创新》，载《经济社会体制比较》2012 年第 3 期。

[29] 孟韬、李佳雷、郝增慧：《中国共享经济组织的分类与比较研究》，载《经济社会体制比较》2019 年第 5 期。

[30] 彭正银、吴晓娟：《制度压力下平台型企业合法性获取演化研究——以滴滴出行为例》，载《商业经济与管理》2019 年第 4 期。

[31] 秦铮、王钦：《共享经济演绎的三方协同机制：例证共享单车》，载《改革》2017 年第 5 期。

[32] 苏敬勤、单国栋：《本土企业的主导逻辑初探：博弈式差异化——基于装备制造业的探索性案例研究》，载《管理评论》2017 年第 2 期。

[33] 孙凯、王振飞、鄢章华：《共享经济商业模式的分类和理论模型——基于三个典型案例的研究》，载《管理评论》2019 年第 5 期。

[34] 邱国栋、马巧慧：《企业制度创新与技术创新的内生耦合——以韩国现代与中国吉利为样本的跨案例研究》，载《中国软科学》2013 年第 12 期。

[35] 孙楚、曾剑秋：《共享经济时代商业模式创新的动因与路径——价值共创的视角》，载《江海学刊》2019 年第 2 期。

[36] 尚妤：《商业模式创新与制度变革：合法性导向下的制度创业过程研究》，载《中国科技论坛》2020 年第 6 期。

[37] 王水莲、李志刚、杜莹莹：《共享经济平台价值创造过程模型

研究——以滴滴、爱彼迎和抖音为例》，载《管理评论》2019 年第 7 期。

［38］王家宝、薛曼、敦帅：《基于多案例比较的中国情境下共享经济商业模式研究》，载《商业研究》2017 年第 9 期。

［39］王凯、柳学信：《民营企业商业模式创新过程中的合法性获取——基于重庆加加林的案例研究》，载《经济管理》2018 年第 9 期。

［40］项国鹏、杨卓、罗兴武：《价值创造视角下的商业模式研究回顾与理论框架构建——基于扎根思想的编码与提炼》，载《外国经济与管理》2014 年第 6 期。

［41］肖红军、阳镇：《可持续性商业模式创新：研究回顾与展望》，载《外国经济与管理》2020 年第 9 期。

［42］许荻迪：《共享经济政策目标、政策导向与体系优化》，载《改革》2018 年第 4 期。

［43］许荻迪：《共享经济与泛共享经济比较：基于双边市场视角》，载《改革》2019 年第 8 期。

［44］杨学成、涂科：《行共享中的用户价值共创机理——基于优步的案例研究》，载《管理世界》2017 年第 8 期。

［45］杨学成、涂科：《共享经济背景下的动态价值共创研究——以出行平台为例》，载《管理评论》2016 年第 12 期。

［46］杨俊、薛鸿博、牛梦茜：《基于双重属性的商业模式构念化与研究框架建议》，载《外国经济与管理》2018 年第 4 期。

［47］姚小涛、黄千芷、刘琳琳：《名正则言顺？——"共享"之名下的共享单车商业模式与制度组凑案例探析》，载《外国经济与管理》2018 年第 10 期。

［48］尤树洋、杜运周、张祎：《制度创业的概念述评、量化分析与研究展望》，载《管理学报》2015 年第 11 期。

［49］原磊：《商业模式体系重构》，载《中国工业经济》2007 年第 6 期。

［50］原磊：《商业模式分类问题研究》，载《中国软科学》2008 年第 5 期。

［51］曾楚宏、朱仁宏、李孔岳：《基于价值链理论的商业模式分类及其演化规律》，载《财经科学》2008 年第 6 期。

［52］周文辉、杨苗、王鹏程、王昶：《赋能、价值共创与战略创业：基于韩都与芬尼的纵向案例研究》，载《管理评论》2017 年第 7 期。

［53］郑志来：《供给侧视角下共享经济与新型商业模式研究》，载《经济问题探索》2016 年第 6 期。

［54］郑联盛：《共享经济：本质、机制、模式与风险》，载《国际经济评论》2017 年第 6 期。

［55］郑凯、王新新：《互联网条件下顾客独立创造价值理论研究综述》，载《外国经济与管理》2015 年第 5 期。

［56］张新红：《共享经济：重构中国经济新生态》，北京联合出版公司 2016 年版。

［57］张玉明、毛静言：《共享办公空间商业模式创新及成长策略研究——以优客工场为例》，载《科技进步与对策》2017 年第 17 期。

［58］Aldrich H E, Fiol C M. Fools Rush In? The Institutional Context of Industry Creation. *Academy of Management Review*, Vol. 19, No. 4, 1994, pp. 645 – 670.

［59］Acquier A, Daudigeos T, Pinkse J. Promise and Paradoxes of the Sharing Economy: An Organizing Framework. *Technological Forecasting & Social Change*, 2017. http://dx. dol. prg/10. 1016/j. techfore. 2017. 07. 006.

［60］Ashforth B E, Gibbs B W. The Double-edge of Organizational Legitimation. *Organization Science*, 1990, pp. 177 – 194.

［61］Amit R, Zott C. Value Creation in E – business. *Strategic Management Journal*, Vol. 22, No. 6 – 7, 2001, pp. 493 – 520.

［62］Belk R. Sharing versus Pseudo-sharing in Web 2. 0. *The Anthropologist*, Vol. 18, No. 1, 2014, pp. 7 – 23.

［63］Bardhi F, & Eckhardt G M. Access-based Consumption: The Case of Car Sharing. *Journal of Consumer Research*, Vol. 39, No. 4, 2012, pp. 881 – 898.

[64] Bocken N, Boons F, Baldassarre B. Sustainable Business Model Experimentation by Understanding Ecologies of Business Models. *Journal of Cleaner Production*, Vol. 208, 2019, pp. 1498 – 1512.

[65] Bitektine A, Haack P. The "Macro" and the "Micro" of Legitimacy: Toward a Multilevel Theory of the Legitimacy Process. *Academy of Management Review*, Vol. 40, No. 1, 2015, pp. 49 – 75.

[66] Casadesus – Masnaell R. , Ricart J. E. From Strategy to Business Models and onto Tactics. *Long Range Planning*, Vol. 43, No. 3, 2010, pp. 195 – 215.

[67] Celata F, Hendrickson C Y, Sanna V S. The Sharing Economy as Community Marketplace? Trust, Reciprocity and Belonging in Peer – To – Peer Accommodation Platforms. *Cambridge Journal of Regions, Economy and Society*, Vol. 10, No. 2, 2017, pp. 349 – 363.

[68] Cohen B, Muñoz P. Sharing Cities and Sustainable Consumption and Production: Towards an Integrated Framework. *Journal of Cleaner Production*, Vol. 134, 2016, pp. 87 – 97.

[69] Cohen B, Kietzmann J. Ride on! Mobility Business Models for the Sharing Economy. *Organization & Environment*, Vol. 27, No. 3, 2014, pp. 279 – 296.

[70] Chase R. , *How People and Platforms are Inventing the Collaborative Economy and Reinventing Capitalism*. NY: Public Affairs Publishing, 2015.

[71] Chen Y, Wang L. Commentary: Marketing and the Sharing Economy: Digital Economy and Emerging Market Challenges. *Journal of Marketing*, Vol. 83, No. 5, 2019, pp. 28 – 31.

[72] Dacin M. T. Oliver C. , Roy J. P. The Legitimacy of Strategic Alliances: An Institutional Perspective. *Strategic Management Journal*, Vol. 28, No. 2, 2007, pp. 169 – 187.

[73] Deephouse D. L. Does Isomorphism Legitimate? . *Academy of*

*Management Journal*, Vol. 39, 1996, pp. 1024 – 1039.

[74] Dimaggio P. J., W. W. Powell. The Iron Cage Revisited: Institutional Isomorphism and Collective Rationality in Organizational Fields. *Advances in Strategic Management*, Vol. 48, No. 2, 2000, pp. 147 – 160.

[75] DiMaggio, P. J., Walter W. The Iron Cage Revisited: Institutional Isomorphism and Collective Rationality in Organizational Fields. *American Sociological Review*, Vol. 48, 1983, pp. 147 – 160.

[76] Demil B., Lecocq X. Business Model Evolution: In Search of Dynamic Consistency. *Long Range Planning*, Vol. 43 (2 /3), 2010, pp. 354 – 363.

[77] Eisenhardt K M. Building Theories from Case Study Research. *Academy of Management Review*, Vol. 14, No. 4, 1989, pp. 532 – 550.

[78] Eisenhardt K M, Graebner M E. Theory Building From Cases: Opportunities and Challenges. *Academy of Management Journal*, Vol. 50, No. 1, 2007, pp. 25 – 32.

[79] Eckhardt G M, Houston M B, Jiang B, et al. Marketing in the Sharing Economy. *Journal of Marketing*, Vol. 83, No. 5, 2019, pp. 5 – 27.

[80] Fiss P C. Building Better Causal Theories: A Fuzzy Set Approach to Typologies in Organization Research. *Academy of Management Journal*, Vol. 54, No. 2, 2011, pp. 393 – 420.

[81] Glaser B G, Strauss A L. *The Discovery of Grounded Theory: Strategies for Qualitative Research*. Piscataway. NY: Transaction Publishing, 2008.

[82] Gioia D A, Corley K G, Hamilton A L. Seeking Qualitative Rigor in Inductive Research: Notes on the Gioia Methodology. *Organizational Research Methods*, Vol. 16, No. 1, 2013, pp. 15 – 31.

[83] Gobble M M. Defining the sharing economy. *Research – Technology Management*, Vol. 60, No. 2, 2017, pp. 59 – 63.

[84] Grönroos C., Voima P. Critical Service Logic: Making Sense of

Value Creation and Co – creation. *Journal of the Academy of Marketing Science*, Vol. 41, No. 2, 2013, pp. 133 – 150.

[85] Grönroos, C. Marketing as Promise Management: Regaining Customer Management for Marketing. *Journal of Business & Industrial Marketing*, Vol. 29, No. 5, 2009, pp. 351 – 359.

[86] Grönroos C. Adopting a Service Logic for Marketing. *Marketing Theory*, Vol. 6, No. 3, 2006, pp. 317 – 333.

[87] Greenwood R. Theorizing Change: The Role of Professional Associations in the Transformation of Institutionalized Fields. *Academy of Management Journal*, Vol. 45, No. 1, 2002, pp. 58 – 80.

[88] Hamari J, Sjoklint M, Ukkonen A. The Sharing Economy: Why People Participate in Collaborative Consumption. *Journal of the Association for Information Science and Technology*, Vol. 67, No. 9, 2016, pp. 2047 – 2059.

[89] Heinonen K. , Strandvik T. , and Jacob Mickelsson K. , Edvardsson B. , Sundström E. , Andersson P. "A Customer – Dominant Logic of Service", *Journal of Service Management*, Vol. 21, No. 4, 2010, pp. 531 – 548.

[90] Johnson M. W. , Christensen C. M. , Kagermann H. Reinventing Your Business Model. *Harvard Business Review*, Vol. 86, No. 12, 2008, pp. 57 – 68.

[91] John N. What is Meant by "Sharing" in the Sharing Sconomy? . *Built Environment*, Vol. 46, No. 9, 2020, pp. 11 – 21.

[92] Johnson A G, Neuhofer B. Airbnb-an Exploration of Value Co-creation Experiences in Jamaica. *International Journal of Contemporary Hospitality Management*, Vol. 29, No. 9, 2017, pp. 2361 – 2376.

[93] Meyer, J. , and Brian Rowan. Institutional Organizations: Formal Structure as Myth and Ceremony. *The American Journal of Sociology*, Vol. 83, No. 2, 1977, pp. 340 – 363.

[94] MagrettaJ. Why Business Models Matter, *Harvard Business Review*, Vol. 80, No. 5, 2002, pp. 86 – 92.

[95] Martin C J. The Sharing Economy: A Pathway to Sustainability or a Nightmarish Form of Neoliberal Capitalism? . *Ecological Economics*, Vol. 121, 2016, pp. 149 – 159.

[96] Mair J, Reischauer G. Capturing the Dynamics of the Sharing Economy: Institutional Research On the Plural Forms and Practices of Sharing Economy Organizations. *Technological Forecasting and Social Change.* Vol. 125, 2017, pp. 11 – 20.

[97] Malin, H. N. , Tomas B. "Co-creation as a Strategy for Program Management". *International Journal of Managing Projects in Business*, Vol. 8, No. 1, 2015, pp. 58 – 73.

[98] Miles M B. , Huberman A M. *Qualitative Data Analysis: An Expanded Sourcebook.* 2nd edn. Thousand Oaks, CA: Sage, 1994.

[99] Muñoz P, Cohen B. Mapping Out the Sharing Economy: A Configurational Approach to Sharing Business Modeling. *Technological Forecasting and Social Change*, Vol. 125, 2017, pp. 21 – 37.

[100] Morris M, Schindehutte M, Allen J. The Entrepreneur's Business Model: Toward a Unified Perspective. *Journal of Business Research*, Vol. 58, No. 6, 2005, pp. 726 – 735.

[101] Oliver C. Strategic Responses to Institutional Processes. *Academy of Management Review*, Vol. 16, No. 1, 1991, pp. 145 – 179.

[102] Prahalad C K, Ramaswamy V. Co – Creation Experiences: The Next Practice in Value Creation. *Journal of Interactive Marketing*, Vol. 18, No. 3, 2004, 18, pp. 5 – 14.

[103] Payne A, Storbacka K, Frow P, et al. Co-creating Brands: Diagnosing and Designing the Relationship Experience. *Journal of Business Research*, Vol. 563, No. 3, 2009, pp. 379 – 389.

[104] Parsons T. *Structure and Process in Modern Societies.* Glencoe:

Free Press, 1960.

[105] Ragin C C. *The Comparative Method*: *Moving Beyond Qualitative and Quantitative Strategies*. Berkeleyb and Los Angeles, CA: University of California Press, 1987.

[106] Ragin C C. *Redesigning Social Inquiry*: *Fuzzy Sets and Beyond*. Chicago: University of Chicago Press, 2008.

[107] Ragin C C, Fiss P C. *Intersectional inequality*: *Race, Class, Test Scores, and Pov*erty. Chicago: University of Chicago Press, 2016.

[108] Ruef M. Scott W. R. A Multidimensional Model of Organizational Legitimacy: Hospital Survival in Changing Institutional Environments. *Administrative Science Quarterly*, Vol. 4, No. 4, 1998, pp. 877 – 904.

[109] Scott W. R. *Institutions and Organizations*. Thousand Oaks: Sage, 1995.

[110] Strauss A, Corbin J. *Basics of Qualitative Research*. 3rd edn. Thousand Oaks, CA: Sage Publishing, 2008.

[111] Stephany, A. The Business of Sharing: Collaborative Consumption and Making it in the New Sharing Economy. New York: Palgrave Macmillan, Houndmills, Basingstoke, Hampshire, 2015.

[112] Sundararajan A. Commentary: The Twilight of Brand and Consumerism? Digital Trust, Cultural Meaning, and the Quest for Connection in the Sharing Economy. *Journal of Marketing*, Vol. 83, No. 5, 2019, pp. 32 – 35.

[113] Sundararajan A. *The Sharing Economy*: *The End of Employment and the Rise of Crowd Based Capitalism*. Cambridge: MIT Press, 2016.

[114] Tornikoski, E. T. , Scott L. Newbert. Exploring the Determinants of Organizational Emergence: A Legitimacy Perspective. *Journal of Business Venturing*, Vol. 22, 2007, pp. 311 – 335.

[115] Teece D. J. Business Models, Business Strategy and Innovation. *Long Range Planning*, Vol. 43, 2010, pp. 172 – 194.

[116] Timmers P. Business Models for Electronic Markets. *Journal on Electronic Markets*, Vol. 8, No. 2, 1998, pp. 3 – 8.

[117] Weber M. *Economy and Society: An Interpretive Sociology*. New York: Bedminister Press, 1968.

[118] Yin R K. *Case Study Research: Design and Methods*. 4th edn. Thousand Oaks, CA: Sage, 2009.

[119] Yin R K. The Case Study Crisis: Some Answers. *Administrative Science Quarterly*, Vol. 26, No. 1, 1981, pp. 58 – 65.

[120] Yin, R. K. *Case Study Research: Design and Methods* (5th). London: Sage Publications, 2014.

[121] Zimmerman M A, Zeitz G J. Beyond Survival: Achieving New Venture Growth by Building Legitimacy. *Academy of Management Review*, Vol. 27, No. 3, 2002, pp. 414 – 431.

[122] Zott C, Amit R. Business Model Design: An Activity System Perspective, *Long Rangw Planning*, Vol. 43, No. 2, 2010, pp. 216 – 226.

[123] Zott C, Amit R. Business Model Design and the Performance of Entrepreneurial Firms. *Organization Science*, Vol. 18, No. 2, 2007, pp. 181 – 199.

[124] Zott C, Amit R, Massa L. The Business Model: Recent Developments and Future Research. *Journal of Management*, Vol. 37, No. 4, 2011, pp. 1019 – 1104.

# 附　　录

| 文献来源 | 协作平台 | 闲置资源 | 互动共创 | 协同治理 | 资产模式 | 技术赋能 |
|---|---|---|---|---|---|---|
| 阿基耶（2017） | √ | | | √ | | |
| 贝尔克（2010） | | √ | √ | | | |
| 贝尔克（2014） | | √ | | | | √ |
| 博茨曼和罗杰斯（2011） | √ | √ | √ | | | |
| 科恩和基茨曼（2014） | √ | √ | | | | √ |
| 科恩和穆尼奥斯（2016） | √ | √ | | | | √ |
| 道诺瑞烯等（2015） | √ | √ | √ | | | √ |
| 哈马里、斯约克林特和乌科宁（2015） | | | | √ | | |
| 洪和李（2017） | √ | | | √ | | |
| 马丁、阿珀姆和克利彭（2017） | | | √ | √ | | |
| 马丁（2016） | √ | | √ | √ | | |
| 迈尔和赖肖尔（2017） | √ | √ | √ | √ | | √ |
| 理查森（2015） | √ | | √ | √ | | |
| 斯特凡尼（2015） | | √ | √ | | √ | |
| 森达拉然（2016） | √ | | √ | √ | | √ |
| 戴克清等（2017） | √ | | √ | | | √ |
| 费威（2018） | √ | | √ | | | √ |
| 关钰桥和孟韬（2018） | √ | √ | | | | √ |
| 郝金磊和尹萌（2018） | | | √ | √ | | √ |
| 郝雅立和志强（2019） | | | √ | √ | | √ |
| 黄电（2019） | | √ | | | √ | √ |

续表

| 文献来源 | 协作平台 | 闲置资源 | 互动共创 | 协同治理 | 资产模式 | 技术赋能 |
|---|---|---|---|---|---|---|
| 李强治（2016） | | √ | | | √ | √ |
| 刘蕾和鄢章华（2017） | √ | √ | √ | | | |
| 孟韬、李佳雷和郝增慧（2019） | √ | √ | | √ | | |
| 孟韬、关钰桥、董政和王维（2020） | √ | √ | √ | √ | | |
| 秦铮和王钦（2017） | √ | | | √ | | |
| 孙凯、王振飞和鄢章华（2019） | √ | √ | | √ | | √ |
| 王璟珉等（2018） | √ | √ | √ | | √ | |
| 王嘉琪（2017） | | √ | | | √ | |
| 王水莲、李志刚和杜莹莹（2019） | √ | √ | | √ | √ | |
| 姚小涛、黄千芷和刘琳琳（2018） | √ | | √ | √ | √ | |
| 杨学成和涂科（2016） | √ | √ | √ | | | |
| 杨学成和涂科（2017） | √ | √ | √ | | | |
| 赵光辉和李玲玲（2019） | | | | | | |
| 郑联盛（2017） | √ | √ | √ | | | |
| 周文辉、杨苗、王鹏程和王昶（2018） | √ | | √ | √ | | √ |

**附录 B** 　　　　近年国家有关共享经济的相关主要政策

| 文件名称 | 相关表述 | 日期 |
|---|---|---|
| 《2016年国务院政府工作报告》 | 要推动新技术、新产业、新业态加快成长，以体制机制创新促进分享经济发展。……支持分享经济发展，提高资源利用效率，让更多人参与进来、富裕起来。 | 2016年3月 |
| 《中华人民共和国国民经济和社会发展第十三个五年规划纲要》 | 促进"互联网＋"新业态创新，鼓励搭建资源开放共享平台，探索建立国家信息经济试点示范区，积极发展共享经济 | 2016年3月 |
| 《关于促进绿色消费的指导意见》 | 支持发展共享经济，鼓励个人闲置资源有效利用，有序发展网络预约拼车、自有车辆租赁、民宿出租、旧物交换利用等，创新监管方式，完善信用体系 | 2016年3月 |

续表

| 文件名称 | 相关表述 | 日期 |
|---|---|---|
| 《关于深入实施"互联网＋流通"行动计划的意见》 | 推进流通创新发展。鼓励发展共享经济新模式，支持发展协同经济新模式，大力发展流通创新基地…… | 2016 年 4 月 |
| 《关于深化制造业与互联网融合发展的指导意见》 | 推动中小企业制造资源与互联网平台全面对接，实现制造能力的在线发布、协同和交易，积极发展面向制造环节的分享经济，打破企业界限，共享技术、设备和服务 | 2016 年 5 月 |
| 《推进"互联网＋"便捷交通促进智能交通发展的实施方案》 | 发展"互联网＋"交通新业态，并逐步实现规模化、网络化、品牌化，推进大众创业、万众创新 | 2016 年 8 月 |
| 《关于促进分享经济发展的指导性意见》 | 按照"鼓励创新、包容审慎"的原则，……支持和引导各类市场主体积极探索分享经济新业态新模式 | 2017 年 7 月 |
| 《关于鼓励和规范互联网租赁自行车发展的指导意见》 | 指导意见明确了共享单车发展定位，是城市绿色交通系统的组成部分，实施鼓励发展政策；明确了城市人民政府的主体管理责任，要求各地建立公平竞争秩序，形成全社会共同参与的治理体系。"不鼓励发展互联网租赁电动自行车" | 2017 年 8 月 |
| 《电动自行车安全技术规范》 | 简称"新国标"，对符合标准且获得产品强制性认证证书的电动自行车登记上牌；对最高时速、车体质量、蓄电池标准、安全要求等进一步细分 | 2018 年 5 月 |
| 《关于做好引导和规范共享经济健康良性发展有关工作的通知》 | 对规范共享经济市场准入限制提出要求，要求各地要审慎出台新的准入政策，不能简单地提高准入门槛 | 2018 年 5 月 |
| 《2019 年国务院政府工作报告》 | "坚持包容审慎监管，支持新业态、新模式发展，促进平台经济、共享经济健康成长"。 | 2019 年 3 月 |
| 《交通运输新业态用户资金管理办法（试行）》 | 就网约车、汽车分时租赁和共享单车等交通新业态资金和押金管理办法向社会征求意见，尤其对共享单车的押金问题做了详尽的规定 | 2019 年 5 月 |

续表

| 文件名称 | 相关表述 | 日期 |
| --- | --- | --- |
| 《加快发展流通，促进商业消费的意见》 | "鼓励发展'互联网＋旧货''互联网＋资源循环'，促进循环消费。实施包容审慎监管，推动流通新业态新模式健康有序发展。""支持绿色智能商品以旧换新……建设信息平台和回收体系等给予一定支持。" | 2019 年 8 月 |
| 《关于支持新业态新模式健康发展激活消费市场带动扩大就业的意见》 | "培育发展共享经济新业态"中提出"鼓励共享出行、共享住宿等领域产品智能化升级和商业模式创新"等一系列发展意见 | 2020 年 7 月 |

资料来源：笔者整理所得。